국어교육의 전략과 탐색

저자 박덕유 외

박문사

국어교육의 전략과 탐색

머리말

　21세기 국제화라는 명분아래 영어의 위상이 날로 높아가고 있는 시점에 2007 개정 교육과정은 이에 편승하여 결국 국어 과목의 시수가 줄어 드는 정책으로 가고 있어 매우 아타까운 현실이다. 이에 국어교육의 연구가 더 활발히 논의해야 할 시점에 『국어교육의 전략과 탐색』의 책을 발간하게 되었다.

　본서는 제1장 '국어 규범의 전략과 탐색', 제2장 '국어교육의 전략과 탐색', 제3장 '문학교육의 전략과 탐색'으로 구성하였다. '국어 규범의 전략과 탐색'에서는 바른 언어생활의 필요성, 사이시옷 규정과 지도 방안을 통하여 날로 심각해져가고 있는 국어 오용 실태를 보이고, 이에 대한 국어 규범의 지도 방안을 제시하였다.

　국어교육의 전략과 탐색에서는 현장에 관련된 교수·학습 방안에 대한 연구로 우선, 2007 개정 국어과 교육과정의 <읽기> 영역 내용 검토를 통해 교육과정 속에 학교 현장에서 교수·학습법을 어떻게 활용할 것인가에 대해 고찰하였다. 그리고 매체언어적 동기유발 수업을 통한 자기표현능력 신장 및 평가 방안에 대한 연구를 통해 매체언어의 중요성을 제시하고, 매체언어적 동기유발 수업과 자기표현능력과의 관계, 나아가 교수·학습의 적용, 그리고 동기유발 수업의 평가 방안까지 고찰함으로써 학교 현장에서의 실제적인 학습 방안에 대한 논의를 하였다.

　다음으로 문학교육의 전략과 탐색에서는 우선, 상호텍스트성 문학교육 연구를 통해 구성주의 이론에 초점을 둔 상호텍스트성 문학교육으로 교과서에 실린 작품을 비교 분석하여 문학 교수·학습의 구성을 심층적으로 제시하였다. 또한, 현덕 소설 <남생이>의 사실구조 분석을 통해 문학사적 의의를 고찰하고, 외재적 관점을 중심으로 한 문학 읽기로 <날개>소설 작품과 황순원 후기 장편소설 연구를 통해 개인의 현실인식과 삶을 모색함으로써 보다 나은 문학교육 학습 방안을 제시하였다.

국어교육은 무엇보다도 정확한 언어생활을 영위할 수 있는 국어 규범 교육이 필요하다. 그리고 이를 바탕으로 학교 현장에서 필요한 실제적인 교수·학습 방안을 어떻게 전개할 것인가에 대한 전략이 필요하다. 거시적인 교육과정의 틀부터 미시적이고 구체적인 교수·학수 방안에 이르기까지 세심한 국어교육의 전략과 탐색이 필요한 때에 본서를 발간해주신 도서출판 박문사 관계자 여러분께 진심으로 고마움을 전한다.

2010년 10월
박덕유

│ 차례

제2장
국어교육의 전략과 탐색

**매체언어적 동기유발 수업을 통한
자기표현능력 신장 및 평가 방안 / 129**

제3장
문학교육의 전략과 탐색

상호텍스트성 문학교육 연구 / 183
설화 〈아기장수 우투리〉와 최인훈 희곡
〈옛날 옛적에 훠어이 훠이〉 비교

제 1 장
국어 규범의 전략과 탐색

제1장 국어 규범의 전략과 탐색

바른 言語生活의 필요성

사이시옷 규정과 지도 방안

바른 言語生活의 필요성

 **1** 국어 오용 사례의 급증 현상

밖으로는 한류 열풍으로 한국어를 배우려는 사람들이 갈수록 늘어나는 추세인 반면에, 정작 모국어 화자인 초중고등 학생들의 한국어 쓰기 실태는 오히려 더 심각한 오용 현상에 직면하고 있다. 더욱이 요즘 국어교육이 말하기-듣기 중심의 기능주의로 가고 있어 국어 오용 사례는 더욱 심각해지고 있는 상황이다. 본인이 지난 해 중학교 2학년 학생들을 대상으로 글쓰기를 실시한 결과 띄어쓰기와 문장이 잘못된 것은 제외하더라도 맞춤법이 잘못된 경우가 약 30%에 이르고 있다. 예를 들어 "어머니는 **아프싶니다. 슬펏던** 일, 사람들 **아페 못나감니다**, 일본이 **실습니다**. 여러가지가 걱정이 **돼다**. 지금까지 꿈은 수도없이 **밖엿다**" 등 잘못 쓰고 있는 경우가 너무 많아 그 어느 때보다도 정확한 언어생활을 할 수 있는 교육 정책이 필요하다.

또한, 20세기 대학생의 언어가 산업화에 따른 도시화, 그리고 대중매

체의 영향으로 현대사회의 상호작용의 다양성을 촉진시킴으로써 복합
적인 의미를 갖게 되었다면, 21세기의 언어는 컴퓨터와 인터넷의 확대
로 일상언어를 온라인상에서 사용하기 쉽게 변형시키고, 그에 따른 새
로운 의미를 오프라인에서까지 광범위하게 사용하고 있는 실정이다.
대체로 20세기의 대학생들의 은어(隱語)와 속어(俗語)는 풍자(諷刺),
반어(反語), 유희(遊戲), 해학적(諧謔的) 기능을 통해 당시 사회적 상
황을 시대별로 잘 드러냈다. 반면에 21세기의 은어와 속어는 인터넷
용어와 게임용어가 상당히 많았으며, 어법에 맞지 않고 사용하는 어휘
도 상당수에 이르는 것으로 조사되었다. 즉, 21세기의 은어와 속어의
특성은 언어적 유희에 치중하는 현상을 보여 주고 있으며, 또래 집단
만이 알 수 있는 은어적 기능을 강화시키는 과정에서 언어 파괴 현상
이 일어나고 있다.

　그리고 우리의 하루 일과는 廣告의 물결 속에서 이루어진다고 해도
過言이 아니다. 아침에 눈을 뜨고 신문을 집어들면서부터 만나는 것이
광고이다. 이외에 라디오, 텔레비전 등 매스컴의 광고와 출퇴근하기 위
해 거치는 전철역이나 버스 정류장의 옥외(屋外) 광고, 그리고 전철이
나 버스 안에서도 자연스럽게 접하는 것이 광고이다. 광고는 크게 文
字를 활용한 인쇄물과 영화, 비디오, 텔레비전 등 영상물(映像物)에 의
한 것으로 나눌 수 있다. 본고에서는 인쇄물에 의한 지하철 광고 언어
를 택하였다. 그 이유는 많은 사람들이 지하철을 이용하고 있으며[1], 제
한된 공간에 비교적 장시간 머물게 되므로 자연히 광고 언어를 볼 수
있기 때문이다. 지하철 광고 언어는 대부분 짧은 것보다는 긴 廣告文
의 형식으로 이루어져 있어 국어학적인 접근으로 분석할 경우, 광고

----

1) 서울지하철 1호선-8호선의 하루 이용객이 평균 600만 명 이상이라고 한다. 본
　고에서 광고 언어를 수집한 지하철은 1호선, 2호선, 공항철도이다.

언어의 오용(誤用) 실태를 유형별로 구체적으로 고찰할 수 있을 것이다.2) 이에 대하여 수도권 지하철 광고언어 165개를 조사 분석하여 오용 사례를 유형별로 "바른 언어생활의 필요성(2)"에서 제시할 것이다.

2 글쓰기 실태

실제적이고 효율적인 음운교육의 학습방안을 제시하기 위해 학생들의 글쓰기 실태를 분석하여 보일 것이다. 지난해 12월 서울, 인천, 천안의 6개 중학교생 200명을 대상으로 자유 주제를 주고 글짓기를 실시(45분 간)하였다. 그 내용을 분석한 결과 약 30% 정도가 기본적인 맞춤법조차 모르고 있었는데, 그 대부분이 문법 지식의 기본인 '음운'에 관련된 내용이어서 음운교육의 필요성을 새삼 확인하였다.3)

학생들이 쓴 글 중 띄어쓰기가 잘못된 것과 비문이 너무 많아 이에 대한 논의는 다음으로 미루고, 본고에서는 맞춤법에 국한시켜 200명 중 50명의 학생 글에서 잘못된 문장을 발췌하여 분석 대상으로 삼을 것이다. 이를 보이면 다음과 같다.

....

2) 물론, 韓國廣告自律審議機構를 통해 어느 정도 수정・보완된 내용이 게재된 것이지만, 바른 언어생활이라는 國語의 規範的인 측면에서 볼 경우 많은 문제점을 지니고 있다.

3) "'영어 배우느라 한글 잊었나'…초중고생 국어교육 소홀", 지난해 12월 서울과 인천, 충남 천안시의 6개 중학교에서 치른 글짓기 시험 답안을 보고 박덕유 교수는 고개를 흔들었다. 2학년 학생 200여 명이 자유로운 주제로 글짓기를 한 결과 맞춤법이 하나도 틀리지 않은 학생은 2명뿐이었다. <2006년 2월 16일 (목) 동아일보>

<표 1> 학생들의 글쓰기 실태

번호	학생들이 쓴 문장	잘못된 부분	영역
1	**한국가** 일본사이에 애매하게 위치해 있는 독도	가 → 과	조사
2	남북서로서로 휴전선을 **없에고** 통일을 한다면	에 → 애	고설모음화
3	월드컵과 월드컵까지 개최한 세계적인 국가가 **됬다**	되+었 → 됐	축약
4	노력 **할꺼고** 좋은 아빠가 **될꺼다**	ㄹ꺼고 → ㄹ 거고	발음
5	내 서적에도 안 **돼고** 여러 가지가 걱정이 **돼다**	되+고/되+다	축약
6	일본은 작은 섬 하나가 **모가** 그렇게 좋다고	모 → 뭐(무어)	축약
7	일본이 독도는 **자기꺼라고** 할때 기분이 **나빴다**	자기+거/나쁘+았 → 나빴다	발음, 탈락
8	**독도의 대해** 찾아볼것이다	의 → 에	조사
9	그 날도 나는 얼마 **안있음** 시작할 과외를 준비하기위해 거의 **달리다싶히** 집으로 걸어갔다	안 있음 → 안 있으면/달리다+시피	접미사
10	**저번해** 뉴스에서 이산가족상봉장면을 보았습니다	저번 +에	조사
11	지금까지 꿈은 수도없이 **밖였다**	바뀌+었+다	어휘, 축약
12	우리나라는 꿈의 독도를 **안삐끼는** 것 이다	안+ 빼앗 + 기+ 는	어휘, 발음

13	만약 **한국껏이**되면	한국 것이	발음
14	한번자면 수차례 꾸는 꿈 중에 한가지를 **쓸꺼다**	쓸+거다	발음
15	그리고우리**동뇨는**	동료	어휘
16	독도는 **어면히**우리땅인데 일본을 그렇게 **실어했는데**	엄연+히/싫+어	어휘
17	**그때잘했을껄**.. 이미 지나간 후회 **말해봤짜다**	했 을 + 걸 (것을)/말해+보+았+자	발음, 축약
18	강하다면 **두려울껀없다**	두려울+건(것은)	발음
19	북한에 대한 **말이라던가**	말+이 라+든+가	어미
20	**원례** 1학년 때는 왼쪽무릎의 쓸개골에 염증이 생겨 **깊스**를 했었습니다	원래 / 깁스	고 설 모 음화, 외래어 표기
21	작년이나 **제작년에는**	재+작년+에는	접두사/고설모음
22	2학년에 올라온지아직별로**안되**	안되→안+되어 (돼) → 안돼	축약
23	그집은 자매나**형재고**	형제	어휘
24	시험이**끊나고**	끝나+고	어휘
25	가장 **기뻣던일**	기쁘+었+던 → 기뻤던	탈락
26	**그니깐** 방학식날이라도 그게 **머냐면**	그러니까 / 뭐 (무엇)냐면	축약
27	이빨이 **않좋은게** 아니라	안(아니)+좋은 +게	탈락, 준말

28	이렇게 나쁜 날은 아마 **업을겁니다**	없+을+겁(것입)	어휘, 탈락
29	**자기소계**	자기소개	어휘/고설모음화
30	정말그렇게**됐음**좋겠다	되+었+으면 → 됐으면	축약
31	일본이란개념은없어진지 **오래됐다**	되+었(됐)+다	축약
32	용서가 **돼지** 않을만한 것이다	되+지 → 되지	축약
33	뜨거운 **포옹**, 다시 또 보고싶다	포옹	어휘
34	외국인과의 의사소통이 **않되었을때**	안(아니)+되+었+을+때	탈락, 준말
35	일본땅이라고 치밀한계획을세우고 한국을	약올리(약오르	어휘
	약오릴려는 수법이었다	다의 사동)+려는	
36	땀과눈물이 **흘렸다. 꿈이였다, 슬펐다**	흐르/꿈/슬프+었 → 흘렀다, 꿈이었다, 슬펐다	탈락
37	**언른** 나으셔서 오래오래 사시게 해주세요	얼른	어휘
38	앞으로 좋은꿈만 꿨으면 **조겠다**	좋+겠+다	어휘, 축약
39	**몇일전** 너무나 어이없고	며칠+전	발음
40	무슨일을**하던**, 무슨꿈을위해**달리던 구지** 하나만고집했다가	하든지, 달리든지/굳이	어미, 구개음화
41	**기술시간의** 배운 생명공학이라는	의 → 에	조사
42	태어나서 1살 때 한글 **떼고** 3살 **천자문때고**	떼+고	어휘
43	일본이 **실습니다**	싫+습니다	어휘, 발음

44	지금 난리라고 **합니다**	하+ㅂ니다	끝소리, 높임표현
45	사람들**아폐**못나갑니다	앞+에	발음
46	내생애 가장 **기뻣던** 일	기쁘+었+던	탈락
47	대학교발표날때 누나는 국사교육과를 **썻었다**	쓰+었+었+다 → 썼었다	탈락
48	또 **때부자가** 되었다	떼부자	어휘
49	**채벌**을 하지 않겠다	체벌	어휘
50	정이 있어서 **돌아가셨십니다**	돌아가+시+었+습니	축약, 높임표현
51	어머니는 **아프싶니다**	아프+시+ㅂ니다	끝소리, 높임표현
52	**슬펏던일**	슬프+었+던+일 → 슬펐던 일	탈락
53	**모만** 하면 걱정부터 앞서고 마음이 불안하다	뭐(무엇, 무어)	축약

<표 1>의 학생들이 쓴 문장 중 잘못된 사항을 영역별로 보이면 <표 2>와 같다.

<표 2> 영역별 글쓰기 실태(빈도수)

영역	세부 영역	빈도수(%)	세부 사항
음운	음운과 음운체계		
	음운의 변동	29(43.3%)	축약(13), 탈락(9), 구개음화(1), 끝소리규칙(2), 고설모음화(4)
단어	단어의 형성		
	품사	8(11.9%)	조사(4), 어미(2), 접사(2)

어휘		16(23.9%)	
문장4)	문장의 성분		
	문장의 짜임		
	문법 요소	3(4.5%)	높임표현(3)
규범	표준발음법	10(14.9%)	발음(10)
	외래어표기법	1(1.5%)	
		67(100%)	53개 항목이지만 12개는 복수 인정

　영역별 글쓰기 실태를 분석한 결과 잘못된 것을 빈도수로 보면 음운 영역(29), 어휘 영역(16), 표준발음법(10), 품사(8) 순으로 나타났다.5) 띄어쓰기를 제대로 한 학생은 거의 없어 본고에서 이 영역에 대해서는 언급하지 않았다. 음운 영역 중에서도 많은 학생들이 축약과 탈락 현상에 대해 오용 현상을 보이고 있어 이에 대한 원리와 실제 교육이 필요함을 알 수 있다.

　참고로 일반인들의 어문규정(맞춤법, 표준어) 인지(認知) 실태를 알아보기 위해 실제 언어생활에서 자주 사용하고 있는 단어 100문항에 대해 서울, 인천 지역에 거주하는 일반인 570명을 대상으로 연령별, 학력별로 설문 조사하였다. 100문항 중 정답률이 40% 이하는 모두 29개 항이다. 이 중 몇 가지를 보이면 아래와 같다.

---

4) 바른 문장을 사용하지 않은 경우가 너무 많아 이번 분석 대상에서 '비문'은 빈도수에 포함시키지 않았다.
5) 후술하겠지만 본고에서는 '표준발음법'도 음운 영역에 포함시킨다. 그럴 경우 실제로 학생들이 오용 현상의 58.2%가 음운교육에서 이루어짐을 알 수 있다.

닐리리(15.3%) → 닐리리   쌍용(18.6%) → 쌍룡

오뚜기(25.3%) → 오뚝이   산수갑산(26.1%) → 삼수갑산

서슴치(27%) → 서슴지   풍지박산(27.8%) → 풍비박산

생각컨대(29.4%) → 생각건대   흐리멍텅하다(31.1%)

                                                             → 흐리멍덩하다

숫소[황소](32.0%) → 수소   개나리봇짐(32.7%) → 괴나리봇짐

우뢰(32.8%) → 우레   숫놈(32.8%) → 수놈

설걷이(32.9%) → 설거지   곱배기(33.6%) → 곱빼기

집에 갈께(33.6%) → 집에 갈게   햇님(34.4%) → 해님

윗층(36.1%) → 위층   삯월세(37.8%) → 사글세

주초(37.8%) → 주추   홀홀단신(38.4%) → 혈혈단신

촛점(38.6%) → 초점   개발새발(39.4%) → 괴발개발

    연령별 성적은 나이가 많을수록 그 차이가 난다. 20대는 58.1점, 30대는 56.3점, 40대는 54.5점, 50대는 53.9점으로 이는 어문규정이 새로 적용된 1989년 이후의 교육적 효과를 무시할 수 없음을 보인다. 그러나 학력별 성적은 반드시 교육적 효과와 비례하지 않는다. 대재 및 대졸자가 57.1점이지만, 중졸이 55.8점으로 고졸 55.0점보다 오히려 높은 성적을 보였다. 따라서 어문규정이 개정된 이후에 일반인들을 대상으로 어문규정의 교육이 필요함을 보여준다.

3 은어와 속어의 특성과 실태

3.1. 20세기의 은어와 속어의 특성과 실태

　대학생의 특수어가 나타난 것은 1960년대부터이므로 10년 단위로 시대별 특성을 간략히 보이고자 한다. 1960년대의 은어와 속어의 특성은 주로 박정희 집권 당시의 정치와 시대적 상황을 나타냈다. 1970년대 대학생의 은어와 속어는 당시 정치, 경제, 사회, 문화 등 전반적으로 광범위하게 나타났다. 1980년대 대학생의 은어와 속어는 당시의 시대적 상황이나 권위주의를 배격하고 불만을 발산하는 풍자가 돋보인다. 산업화에 따른 도시화, 그리고 대중매체에 의해 파급된 속어는 1990년대에 들어와 현대사회의 상호작용의 다양성(多樣性)을 촉진시킴으로써 복합적인 언어의 의미를 갖게 되었다. 특히, 대학생활은 학구적이고 창조적이기 때문에 발랄한 자기표현이 강하게 지배함으로써 자유롭게 풍자적, 반어적, 해학적 그리고 유희적인 기능의 언어 표현을 하게 되었다. 그러나 1990년대에 들어와 국내의 속어 연구는 오히려 미진하였으며, 특히 대학생들의 은어와 속어에 대한 연구는 거의 없는 편이다. 다만, 성낙수(1993)와 장태진(1998)의 은어에 대한 연구가 있으나, 이는 기존의 모든 은어와 속어를 총망라한 것으로 시대별로 사회적 특성을 설명하기가 어렵다. 본고에 사용된 어휘나 구는 朴德裕(1995년부터 1999년까지 5년 간 조사)의 은어와 속어 200개를 분류한 것이다.

<표 3> 시대별 특성과 실례

연대	시대적 특성	실례6)
1960	당시 박정희 집권 당시의 정치와 시대적 상황을 나타냄	再建데이트(걸어 다니는 데이트), 미스터 박(그 사람 최고야(박정희 최고회의장)
	사회생활의 변화와 관계되는 은어로 풍자성, 은유성을 드러냄	트랜지스터 걸(애인은 아니고 쉽게 데리고 다닐 수 있는 여자), 미쓰 무르팍(치마를 짧게 입은 아가씨), 노란 샤쓰 입은 사나이(말이 적은 사람←말없는 그 사람은), 목사(안경 쓴 남자) 등
	서구어와 학생 생활에 관계되는 은어를 이용한 재치와 기지를 보여줌	룸 나인(room nine, 방귀), 독 테이블(dog table, 개판), 호반의 벤치(남녀의 만남 장소 빵집)
1970	당시 유행하던 광고를 이용하거나 외래어 및 외래어와 혼합함으로써 재치와 유희적 특성을 보여줌	코카콜라 사랑(오직 그것뿐), 퍼모스트 사랑(주고 싶고 받고 싶은 사랑), 알프스 드링크(A학점), 박탄 디(D학점), 인스턴트(하루살이 파트너)
	60년대의 순수한 性的 표현보다는 훨씬 더 노골적인 표현이 많음. 이는 당시 서구풍조의 영향과 일반사회인의 비윤리적 생활태도를 반영함	방망이·총알·냄비(성기), 개구리워밍업·총알 닦다(성교), 가겡까도리(한 여자가 여러 남자 상대)
	당시 사회상을 반영하는 것이 많음	주식회사(대학교), 새마을 산수공부(화투), 까만물(커피), 칸트(고민), 고래잡이(포경수술), 판돌이·판순이(다방 DJ), 칼질(양식집), 솥뚜껑운전수(식모)
	普通語의 轉意로 부정적인 의미의 것이 많음	D학년·벽돌부대·재돌이(재수생), 개구멍받이·벽돌생·14케(청강생), 반짝교수(늦게 들어와서 일찍 나가는 교수), 공생공사(시험답안지 바꾸기), 명강(휴강)

	미팅에 관계된 것이 많음	교양필수과목(미팅), 고팅(고고장 미팅), 바보들의 행진(단체 미팅), 피보기팅(한쪽 편에서 나오지 않는 미팅), 메인팅(돈을 부담하는 미팅)
1980	당시의 시대적 상황이나 權威主義를 배격하고 불만을 발산하는 풍자가 돋보임	짭새·짭시·짱부(형사), 폴리교수(정치에 적극 참여하는 교수), 장국밥 선거(부패선거), 국제호텔(형무소), 무광화호텔(경찰서), 삼수갑산(파출소), 파쇼팅(주최측이 마음대로 마음에 드는 파트너를 정하는 독자적 미팅)
	기존관념을 깨뜨리며, 기성세대를 비판하는 反語的인 의식이 담겨 있음	공주(공포의 주둥이), 제자(제멋대로 자란 놈), 저능아(저력있고 능력있는 아이), 천치(하늘을 다스리는 사람), 미녀(미친여자), 천재(천하에 재수 없는 사람), 경노석(경박하고 노련한 사람이 앉는 자리)
	유희성으로 흥미와 쾌감을 줄 뿐 아니라, 기지와 재치가 보임	8.15(모자라는 사람), 4,8작전(커닝), 18금(데이트 자금을 공동부담하자는 남자), 24금(데이트 자금을 전혀 안내는 남자), 방정식(애인이 여러 사람 있는 것), 옳소법칙(조는 학생), 오징어 땅콩팅(심심풀이), 차이코프스키(백조), 소월(금잔디), 정거장(신탄진)
	주로 학생들의 생활에 관계된 것으로 욕구불만이나 억제된 의식을 표현하는 배출구로 풍자적, 반어적, 유희적인 특성을 나타냄	홍당무(붉은 스타킹을 신은 여자), 왕십리(엉덩이가 큰 사람), 해골표조미료(비듬), 비포장도로(여드름), 자갈공사(여드름 짜기), 빨래집게(A학점), 눈운동(눈만 돌려 남의 시험지를 훔쳐봄), 녹음기(매년 똑같은 강의를 하는 교수), 빠다형교수(영어를 많이 사용하는 교수), 팽귄(지도교수)

....

6) 시대별 특성에 대한 실례는 간단하게 몇 가지만 보이고자 한다. 이에 대한 자세한 것은 박덕유(2004:177-192) 참조하기 바람.

	산업사회의 영향과 광고, 선전 등을 활용한 것이 많음		뽕뽕팅(전자오락 게임 성적결과에 따른 만남), 골드핑거(학점이 후한 교수), 비실비실(B,C), 시들시들(C,D), 권총(F), 바캉스용 학점(여름학기 학점), 두꺼비(진로), 새마을 소주(냉수), 용비어천가(막걸리), 하이타이(맥주)
	기존 사회질서나 사회구조에 대한 반심리적인 것으로 당시의 사회적 비판의식이나 시위적 행동에 관련된 것이 많음		지랄탄·구름과자·안개(최루탄), 블랙박스(페퍼포그차), 닭장차(전경버스), 백골단(사복경찰관), 야사(야전사령관, 시위주동자), 꽃병(화염병), 떡(돌멩이), 로마군단(진압경찰대), 수학여행(시위에 관련하여 경찰서로 연행되는 학생들), 신문팔이(유인물을 거리에 배포하는 것), 비행기(기습시위)
1990	입시부정, 고액과외, 실업자, 따돌림, 性 문제 등 사회문제에 대한 풍자적인 것이 많음	시사성7)	강남(서울역앞), 닭집(대학로), 락카페(신촌로터리), 미아리(청량리), 부잣집(신세계백화점), 비디오방(대한극장), 옷가게(동대문), 잠실야구장(동대문운동장)
		입시	돌격대(점수가 안 좋아 미달학과에 들어온 사람), 문 닫고 들어오다(꼴찌로 입학하다)
		과외	돼지키우기(부유한 학생만 골라 하는 고액 과외), 슈퍼돼지(초고액 과외), 배꼽누르기(초인종을 눌러서 하는 방문 과외)
		백수	주택관리사, 비디오 평론가, 장판연구가, Free Lancer(백수), 백조(여자 백수), 흰손 라이온킹(백수의 왕)
		따돌림	빙빙따조(돌아가면서 따돌림시키는 것), 매직따조(어떤 날은 따돌리고, 어떤 날은 그렇지 않음)

		性	호두(1학년), 귤(2학년), 석류(3학년), 토마토(4학년), 모범생(숫처녀), 우등생(기혼녀), 전학생(재혼녀), 낙제생(이혼녀)
		학생	교양없는 사람(전공과목만 듣는 학생), 온돌왕자(방안에 처박혀서 공부만 하는 학생), 항아리(얼굴이 하얗고, 몸은 뚱뚱하며 공부만 하는 학생), 휴먼제록스(남의 보고서를 그대로 복사하는 학생)
		교수	나홀로 50분(교수가 학생들의 반응은 상관없이 수업을 하는 것), 수면제(졸리게 수업하는 교수), 의지의 한국인(학생들의 반응은 상관없이 수업을 끝까지 하는 교수), 교수에게 강간당하다(너무 쉬웠거나, 어려웠을 경우)
	당시 사회적 모순에 의한 저항적인 표현으로 기존 어휘의 의미를 어두문자의 결합으로 재해석하여 반어적으로 표현함		공자(공장에 다니는 사람), 군자(군고구마집 아들), 귀공자(귀한 공부 시간에 잠만 자는 학생), 노약자석(노련하고 약삭빠른 자가 앉는 자리), 무능력자(무한한 능력이 있는 사람), 미친놈(아름답고 친한 놈), 미인(미친 인간), 바보(바다의 보배), 석학(돌대가리), 우등생(우주에서 떨어진 등신같은 생물), 장학생(장차 학업을 포기할 의사가 있는 사람)
	오락성의 특성으로 진부한 생활을 탈피하고 싶은 욕구의 유희적인 것이 많음		고래사냥(포경수술), 국보손실(내가 죽는 경우), 설상가상(雪上加霜, 립스틱의 접촉), 설왕설래(說往說來, 키스), 수학여행(가출했다가 돌아오다), 숲속의 빈터(대머리), 씨받이(학점이 모두 C), 자체휴강(혼자 수업 빼먹기), 조미료학점(2.5)

....
7) 1990년대 대학생의 시사적 언어의 일부는 1997년 6월 '한총련' 사건 때 시위장소를 은폐시키려는 목적으로 사용되었다.

어휘의 의미에 대하여 다양한 유사성의 은유적인 것이 많음	모양의유사	각설탕(하얀색 티코), 깻잎(앞머리를 이마에 바짝 붙임), 도시락(얼굴이 네모난 사람), 텔레토비(얼굴이 크고 배가 나오고 다리가 짧은 사람)
	빛깔의유사	깍두기 국물(피), 떡볶이(생리 중인 여자와 관계를 갖는 경우), 불법체류자(얼굴이 검고 지저분한 사람), 빨간색 풍뎅이(빨간 색 프라이드), green field(채소밥상)
	기능의유사	금메달(취업과 애인 모두 구함) 은메달(취업만 됨), 동메달(애인만 구함), 목메달(취업도 애인도 모두 못 구함), 발발이(1학년), 스피츠(2학년), 포인터(3학년), 미친개(4학년)
본래의 의미에서 벗어나 연상의 관계로 해석하여 다른 의미로 사용하는 것이 많음		삐삐얼다(연락이 안 오다), 원고(1차 학사경고), 인생강의실(술집), 캔디(삐삐가 안 오는 사람), 허위자백서(엉터리 답안지), 2호선 타다(명문대에 가다), AIDS(걸리면 죽는다, 무서운 선생님), dog table(개판), hot dog(보신탕)

3.2. 21세기의 은어와 속어의 특성 및 실태

언어가 어떤 사회 구성원의 약속에 의해 성립되더라도 문화의 발달과 인간 사회의 제반 요소들에 의해 끊임없이 변화한다. 특히 문명이 발달하면서 사회는 더욱 복잡해지기 시작했고, 더불어 수많은 발명품과 새로운 물질이 개발되고 있어 이를 표현하기 위한 새로운 어휘가 만들어지는 것은 당연한 것으로 볼 수 있다. 21세기에는 인터넷 사용과 PC 통신이 확대되면서 인간 생활의 모든 영역을 변화시키고 있는 추세이다. 이러한 정보통신의 중심적인 역할을 하고 있는 세대는 20대의 젊은 층이며, 그 중에서도 대학생들의 통신언어는 수많은 새로운 어휘를 만들어 내고 있다. 21세기의 대학생들이 일상생활에서 사용하는 언어는 1990년대 언어와는 또다른 특성을 갖고 있다. 새로운 언어의 창조라고 볼 수도 있지만, 무분별하게 사용되는 언어는 오히려 우리 언어를 파괴하는 상황까지 이르게 된 것이다. 이에 2000년대 대학생들이 사용하는 언어 중 은어와 속어를 중심으로 그 특성을 고찰한바 인터넷 용어와 게임용어가 상당히 많았으며 어법에 맞지 않고 사용하는 어휘도 상당수에 이르는 것으로 조사되었다,

20세기 대학생의 은어와 속어가 재치와 풍자 등 당시 사회상을 반영하는 특성이 잘 나타냈다면, 21세기의 은어와 속어의 특성은 주로 言語的 遊戲에 치중하는 현상을 보여 주고 있다. 즉, 20세기 대학생의 언어가 산업화에 따른 도시화, 그리고 대중매체의 영향으로 현대사회의 상호작용의 다양성을 촉진시킴으로써 복합적인 의미를 갖게 되었다면, 21세기의 언어는 컴퓨터와 인터넷의 보급으로 일상언어를 온라인상에서 사용하기 쉽게 변형시켜 어법에 상관없이 편리하게 사용한다는 점이다. 대체로 20세기의 대학생들의 언어가 은어와 속어의 기능적 특성인 풍자, 반어, 유희, 신기, 해학적 기능을 잘 드러냈으나, 2000년대는 오히려 이러한 기능이 약화됨을 보여준다. 대신 또래 집단만이 알 수 있는 은어적 기능이 강화된 것으로 볼 수 있다. 이는 컴퓨터와 인터넷의 사용 확대와 21세기에 급변하는 문화적 환경에서 의사소통의 편리성과 유희성을 살리는 욕구에서 나온 것으로 대학생의 의식변화를 알 수 있다. 이에 인천, 서울, 경기도를 중심으로 1500명에 의해 조사된 朴德裕(2008)의 대학생의 은어와 속어 520개를 대상으로 분석한 것이다.

<표 4> 2000년대 특성과 실례

2000년대 특성	실례
인터넷 등 통신어 사용의 확대	강퇴(강제 퇴장), 긁어오다(리포트 쓸 때 인터넷에서 그대로 복사해 옴), 넷심(네티즌의 마음), 떡밥(화제, 이얏기거리), 득 템(아이템을 얻음), 불펌(불법으로 남의 글 도용), 성지순례(유 명한 게시물을 방문하다), 인터넷폐인(인터넷에 미친 사람들), 해피캠퍼스에가다(리포트를 모아 놓은 사이트에서 리포트를 돈주고 사온다는 의미)
게임 용어 등장	강간당하다(컴퓨터 게임을 했을 때 상대방에게 비참할 정도로 패한 것을 의미), 갠전(개인전의 준말로 개인 대 개인의 게임), 발리다(게임에서 한쪽의 전략에 완전히 속아 제 실력을 발휘 하지 못하고 짐), 오링(올인에서 나온 말로 돈을 모두 잃거나 쓴 것), 팀킬(게임상에서 같은 편을 죽임), 피(게임할 경우 체 력이 바닥 났을 때 '피가 딸린다'고 함)
상당수 어휘가 어두문자의 결합으로 이루어짐	중도(중앙도서관), 기포(기말고사를 포기하다), 노사모(노무현 을 사랑하는 모임), 닥공(닥치고 공부하라는 말), 대닥군(대등 은 닥치고 군대 가라는 말), 동방(동아리방), 듣보잡(듣도 보도 못한 잡놈), 반장(반액 장학금), 밥터디(밥 먹는 스터디의 집 단), 볼매(볼수록 매력있다는 뜻), 삼소(삼겹살과 소주), 소백 산맥(소주, 백소주, 산사춘, 맥주), 썩소(썩은 미소), 안습(안구 에 습기 차다는 의미로 눈물이 난다는 뜻), 여휴(여학생휴게 실), 자소서(취업시 제출하는 자기소개서의 준말), 중동(중앙 동아리), 출첵(출석 체크), 깜놀(깜짝 놀라다), 쎈캐(쎈 캐릭터)
어법에 맞지 않는 어휘	갠춘하다(괜찮다), 갮(개병신), 긱사(기숙사), 냉무(내용 없음), 네이년(네이버 지식인), 넬(내일), 뤵미(뭐임을 잘못친 경우), 셤(시험), 안뇽(안녕), ㅇ벗어(없어), 오나전(완전), 식고자라 ('씻고 자라'에서 변형된 말로 '그냥 잠이나 자라)', ㅉㅇ(짜증), 재섭다(재수없다), 췩오(최고), ㄱㄱ(고고), ㄴㄴ(노노), ㄱㅅ (감사), ㄷㄷㄷ(덜덜덜), ㅅㄱ(수고해), ㅇㅇ(응), ㅇㅆ(알써,알 았어), ㅇㅋ(OK), ㅈㅅ(죄송)

기능적 유사성의 은유적 표현		곰신(군대 간 남자친구를 기다리는 여자친구), 공 굴리기(당구), 금메달 따다(시험 칠 때 시험지를 가장 빨리 내는 경우), 더부살이(전과, 편입했거나, 다른 학과 가서 복수전공하는 사람), 배둘레햄(배가 많이 나온 것), 별다방(스타벅스 커피전문점), 본좌(어떤 특정 분야에서 최고의 지위에 있는 사람, 본인을 스스로 높여서 부르는 말), 안구웰빙(잘생긴 사람들을 보는 눈요기), 잠수타다(대인관계 속에서 연락을 끊다), 족보(과거 출제 문제를 모아 놓은 것)
무리를 이루어 신종 집단을 형성		더블라이프족(본업 외에 또다른 삶의 목적을 이루기 위해 일을 갖는 사람들), 디지털코쿤족(인터넷 등을 통해 외부와 끊임없이 의사소통하면서도 칩거증후군을 가진 사람들), 신기러기족(안정된 전문직을 얻기 위해 뒤늦게 가족과 떨어져 지방 의대와 한의대 진학), 아베크족(산책하는 쌍쌍의 남녀들을 가리킨 데서 유래, 어두운 곳에서 몰래 데이트 하는 커플들), 여피족(도시 주변을 생활기반으로 지적 직업에 종사하며 새로운 삶을 지향하는 젊은이들)
풍자적 특성	정치, 사회	노무자의 말(노무현의 무식한 막말), 고소영(고려대 소망교회 영남권 인물), 강부자(강남 땅 부자), 강금실(강남의 금싸라기 땅을 실제로 소유한 사람), 놈현스럽다(노무현 대통령이 국민에게 실망을 준 것처럼 기대를 저버리고 실망을 주는 데 사용 한 용어), 명계남(명박 계보만 남는다), 딴나라당(한나라당을 비하하여 쓰는 말), 땅박이(이명박을 지칭, 도곡동 땅 등 땅 투기 의혹에서 생긴 말), 허본좌(허경영,제17대 대통령후보로 출마)의 허풍은 그 수준이 가히 극한의 경지에 다다랐다는 의미에서 최고수라는 본좌를 붙임
	취업, 경제	골드미스(경제력 있는 30대 미혼 여성), 낙바생(낙타가 바늘구멍을 들어가듯이 어려운 관문을 뚫고 취업한 사람), 독수리아빠(형편이 좋아서 언제든지 외국으로 가족을 보러 갈 수 있는 아빠), 이구백(이십대 구십(90)%가 백수), 이태백(20대 태반이 백수), 사오정(45세 정년 퇴직자), 신의 아들(공기업 취업자), 십장생(십대도 장래(취업)를 생각해야 한다는 뜻), 장미족(장기간 미취업 졸업생), 사람의 아들(사기업 취업자), 어둠의 자식들(백수), 이공삼공(2030)(청년실업)

외모 관련	꽃돌이(꽃미남을 귀엽게 부르는 말로 잘생긴 사람), 쌩얼(화장하지 않은 맨 얼굴), 드럼통(몸매의 굴곡이 없는 여자), 오크녀(못생긴 여자), 추파춥스(머리가 큰 사람, 마른 사람), 튜닝(성형수술), 훈남(얼짱처럼 잘 생기지는 않았지만, 훈훈한 매력이 있는 사람), 호빗(키가 작은 사람)
性的인 표현	고구마(남자의 성기), 다꽝(남성의 성기), 대딸(여성이 손으로 자위해주는 것), 대물(거대한 남근), 똘똘이(남자의 성기), 불화자(브래지어, 브라자), 세수(성관계를 돌려 이르는 말), 쌩아(성경험이 없는 여자), 원나잇(처음 본 여성과 하루 성관계를 가지는 것), 주대감(주면 대단히 감사하다), 홈런(나이트에서 만나 성관계를 갖는 것), 후장치기(항문 성교), DDR, TTL(남자의 자위 행위)
방송 관련	노세요(코미디 프로의 유행어), 녹방(녹화방송), 마봉춘(MBC 방송국), 무도(MBC 방송의 무한도전의 준말), 부비부비(나이트클럽 등에서 남녀가 몸을 밀착시키고 추는 춤), 빵상(TV에 출연한 외계인과 식물과 대화를 할 수 있다는 아주머니를 빗댄 말), 스브스(SBS), 이건 아니잖아(코미디 프로의 유행어), 일드(일본 드라마)

요즘 청소년들은 물론, 대학생들까지도 언어 파괴 사용은 매우 심각한 수준에 이르고 있다. 20세기 젊은 세대들의 언어가 재치와 풍자 등 당시 사회상을 반영하는 특성이 잘 나타냈다면, 21세기의 언어는 주로 언어적 유희(遊戲)에 치중하는 현상을 보여 주고 있다. 특히, 컴퓨터와 인터넷의 보급으로 일상언어를 온라인상에서 사용하기 쉽게 변형시켜 어법에 상관없이 편리하게 사용하고 있다는 점이다. 어두문자의 결합으로 사용하거나 어법에 맞지 않은 어휘를 서슴없이 사용하고 있다.

(1) 어두문자의 결합

버충카(버스 충전 카드), 중도(중앙도서관), 학식(학교식당), 깜놀(깜짝 놀라다), 쎈캐(쎈 캐릭터), 기포(기말고사를 포기하다), 닥공(닥치고 공부하라는 말),

동방(동아리방), 듣보잡(듣도 보도 못한 잡놈), 반장(반액 장학금), 밥터디(밥 먹는 스터디의 집단), 볼매(볼수록 매력있다는 뜻), 삼소(삼겹살과 소주), 썩소(썩은 미소), 안습(안구에 습기 차다는 의미로 눈물이 난다는 뜻), 자소서(취업시 제출하는 자기소개서의 준말), 출첵(출석 체크)

(2) 어법에 맞지 않은 어휘

갠춘하다(괜찮다), 갊(개병신), 긱사(기숙사), 냉무(내용 없음), 네이년(네이버 지식인), 넬(내일), 뭥미(뭐임을 잘못친 경우), 셤(시험), 안뇽(안녕), ㅇ벗어(없어), 오나전(완전), 식고자라('씻고 자라'에서 변형된 말로 '그냥 잠이나 자라'), ㅉㅇ(짜증), 재섭다(재수없다), 칙오(최고), ㄱㄱ(고고), ㄴㄴ(노노), ㄱㅅ(감사), ㄷㄷㄷ(덜덜덜), ㅅㄱ(수고해), ㅇㅇ(응), ㅇㅆ(알써,알았어), ㅇㅋ(OK), ㅈㅅ(죄송)

물론, 일부에서 제기하고 있는 것처럼 지금은 21세기 국제화 시대로 우리 한국어만을 고집할 때가 아니며, 세계 공용어인 영어를 수용할 수밖에 없는 상황이고, 또한 급부상하고 있는 중국어 역시 머지않아 받아들여야만 할 상황에 국어의 규범 정책은 무의미하다고 하여 문법 무용론까지 제기되고 있는 실정이다. 그러나 역으로 언어는 민족의 정신과 사상을 수반한다는 거시적인 논의는 접고서라도, 언어는 강력한 경제력의 수단으로 각국마다 자국어 보존과 확대에 엄청난 노력을 기울이는 추세이라, 자칫 소홀히 여길 경우에 한국어가 이 지구상에서 소멸될 수도 있다는 것을 명심해야 할 것이다. 따라서 그 어느 때보다도 정확한 언어생활을 할 수 있도록 바른 언어 생활을 할 수 있는 文字言語 중심의 교육 정책이 필요한 때이다.

4 한국어가 소멸된다?

인구 규모를 유지하는 데에 필요한 출산율은 2.08명인데, 최근 우리 나라의 출산율은 1.08명이다. 이러한 출산율이 계속 유지된다면 2,050 년에 3천만 명으로, 2200년이면 500만 명으로 줄어들다가 2,800년이면 완전히 멸종될 것이라는 UN미래보고서의 보고가 있었다. 그러나 이보다 더 시급한 것은 한국어에 대한 소홀이 지금처럼 진행된다면 한국어가 이 지구상에서 사라질 날도 그리 멀지 않았다는 것이다.

지구상에는 약 1만여 개의 언어가 존재했었다. '에스놀로그(Ethnologue)' 에 따르면 현재 지구상에 사용되고 있는 언어는 6,912개이며, 이들 언어 가운데 언어 전수 기능이 가능한 언어는 300개 미만으로 세계인의 96%가 사용하고 있다고 한다. 이도 100년 후에는 절반으로 줄어들 것이며, 영어, 중국어, 스페인어 등 일부 언어만 살아 남고 나머지는 모두 소멸될 것이라고 한다. 과학적으로도 훌륭한 문자라고 자랑하는 우리 한국어도 예외는 아니다.

요즘 우리나라는 온통 영어로 난리법석이다. 각종 중고등학교 입학시험이나 평가시험, 대학 입학시험, 취업 시험 등 영어 점수가 낮으면 그 어디에도 들어갈 수 없는 시대가 되었다. 게다가 앞다투어 경쟁이라도 하듯이 각 지방자치마다 영어마을 선포식을 갖는 등 영어는 어느새 우리 민족의 얼과 문화를 잠식해 가고 있다. 특히, 2009년부터는 초등학교 1학년에서 영어를 가르치도록 되어 있어 수면 밑으로 가라 앉았던 영어 공용어 바람이 거세게 불어 한국어의 위기는 갈수록 심각할 것이다.

한글은 실질적 의미를 나타내는 어근에 문법적 의미를 나타내는 형태소가 붙어 문법적 기능을 나타내는 형태적 특징의 언어로 첨가어(添

加語) 또는 교착어(膠着語)이며, 자음과 모음 40개의 음소문자로 발음의 전부 또는 일부를 해당글자로 사용하는 표음문자이다. 이 유형에 속하는 언어는 한국어 외에 일본어, 터키어, 몽골어, 헝가리어 등 우랄 알타이어계 언어들이다.(이중 알타이어는 한국어, 몽골어, 터키어, 퉁구스어 등임) 표음문자에는 단어의 음절 전체를 한 단위로 나타내는 문자인 음절문자와 음소적 단위의 음을 표기하는 음소문자[자모문자]로 나뉜다. 전자의 예로 일본의 가나 문자를, 후자의 예로 로마자와 우리 한국어를 들 수 있다. 그런데 한글은 단순히 자음과 모음의 결합으로 이루어진 것에서 한걸음 더 나아가 음운자질을 반영하는 글자이다. 즉, 발음기관을 본 따 만든 기본 글자(ㄱ,ㄷ,ㅂ,ㅈ)에 가획의 원리(ㅋ,ㅌ,ㅍ,ㅊ)와 병서의 원리(ㄲ,ㄸ,ㅃ,ㅉ)로 거센글자와 된소리 글자를 만들어 냈다. 따라서 로마자가 무성음과 유성음의 2분법적인데 반해 우리 한글은 3분법적의 음운적 특징으로 세계 모든 언어를 음성기호로 표기할 수 있는 아주 우수한 문자이다.

영국과 미국이 50여 개 이상의 연방국가로 세계를 장악하고, 중국이 50여개 이상의 소수민족을 연합하여 거대국으로 급부상하고 있다. 또한 아랍국이 연합하고 유럽이 연합하고 있다. 이제 언어도 영어, 중국어, 유럽어, 아랍어 등 몇 개 언어로 좁혀질 것이다. 언어 전쟁이 시작되고 있다. 우리도 남북통일은 물론 일본, 몽골, 중앙아시아, 터키 등을 연결하는 알타이어계의 중심어로 자리 잡아 나아가야 한다. 그러려면 여러 가지 한국어교육 정책이 필요하겠지만 그 중 대외적으로는 한민족의 디아스포라 연구가 필요하다. 현재 700만 한민족 동포가 180여 개국에 산재되어 있다. 이들을 기저로 한국어교육 정책을 펼칠 전문기관이 필요하다. 국민 정부 시절 한국어교육에 관련된 교재를 정부에 보내달라고 하니 대통령 자서전을 보냈다는 웃지 못할 일이 다시는 일어나서는 안 된다.

　그러나 무엇보다 중요한 것은 한국어를 사용하는 내국인에게 말하기-듣기 중심의 기능주의에서 벗어나 정확한 언어생활을 할 수 있도록 문자언어 중심의 교육 정책이 필요하다. 언어 소멸 속도는 굉장히 빠르다. 갑자기 한두 세대만에 사라질 정도로 우리는 언어 전쟁 속에 살아 가고 있다. 세계의 언어 경쟁력에서 살아 남을 수 있도록 바른 언어생활 교육을 제대로 하지 않으면 '한국어가 소멸된다'는 가설은 곧 현실로 다가올지 모른다.

참고문헌 ──────────────────────────────────

고영근(2000), 「우리나라 학교문법의 역사」, 새국어생활, 국립국어연구원,
        pp.27-46.

교육부(2002), 고등학교 문법, 서울대 사범대학 국어교육연구소.

김광해(1997), 국어지식 교육론, 서울대출판부.

김호정・박재현・김은성・남가영(2007), 「문법 용어를 통한 문법 지식체계
        구조화 연구(1):음운」, 국어교육학연구 28, 국어교육학회.

김혜숙(1999), 「광고의 언어 표현 행위에 나타난 사회언어학적 특성」, 사회
        언어학 7-2, 한국사회언어학회, 261~286.

_____(2001), 「광고 언어의 국어 교육적 수용 방안과 실제: 특히 문법 교육
        에 광고 언어를 적용하기 위하여」, 국어교육 105, 한국국어교
        육연구회, 1-33.

민현식(1999), 국어문법연구, 역락.

_____(2002), 「국어 지식의 위계화 방안 연구」, 국어교육 108, 한국국어교육
        연구회, pp.67-125.

朴德裕(1997), 「고등학교 문법 교과서의 문제점」, 국어교육학연구 7, 국어교
        육학회, pp.51-80.

_____(1998a), 國語의 動詞相 硏究, 한국문화사.

_____(1998b), 「국어 語文規程의 認知 실태와 그 문제점」, 국어교육 97, 한
        국국어교육연구회, pp.137-162.

_____(1999), 「학교문법에 나타난 相의 문제점과 그 해결방안 연구>, 국어
        교육 100, 한국 국어교육연구회, pp.39-62.

_____(2002), 문법교육의 탐구, 한국문화사.

_____(2004), 「현행 문법교과서 내용 분석」, 문법교육 1, 한국문법교육학회,
        pp.89-139.

_____(2005a), 「문법 지식 지도의 필요성과 발전 방향」, 새국어교육 71, 한
        국국어교육학회, pp.91-118.

_____(2005b), 「國語科 敎育課程의 改善 方案 연구: 고등학교 선택과목을
        중심으로」, 어문연구 128, 한국어문교육연구회, pp.431-452.

_____(2006), 학교문법론의 이해, 역락출판사.

_____(2007), 「효율적인 음운교육의 학습방안 연구」, 새국어교육 제77호, 한
        국국어 교육학회, 99-120.

_____(2008), 「社會言語學的 관점에서 본 大學生의 의식변화 고찰: 隱語와 俗語를 중심으로」, 새국어교육 제80호, 한국국어교육학회, 515 -544.

박영순(2002), 한국어 문법교육론, 박이정출판사.

박재현(2005), 「발음교육 변천사」, 국어교육론2, 한국문화사, pp.131-160.

배주채(2003), 한국어의 발음, 삼경문화사.

백낙천(1999), 「문법 교육과 문법 교과서」, 새국어교육 57, 한국국어교육학 회, pp.5-26.

서덕현(2000), 「학교문법에 수용된 문법 이론에 대한 소고」, 국어교육학연구 10, 국어교육학회, pp.197-228.

신지영·차재은(2004), 우리말 소리의 체계, 한국문화사.

위호정(1999), 「고등학교 문법 교과서에 나타난 맞춤법 교육의 문제점>, 국 어교육학연구9, 국어교육학회, pp.235-256.

이관규(1998), 「학교문법의 내용 체계」, 새국어교육 56, 한국국어교육학회, pp.73-92.

_____(2001), 「학교 문법 교육에 있어서 탐구학습의 효율성과 한계점에 대 한 실증적 연구」, 국어교육 106, 한국국어교육연구학회, pp.31- 64.

_____(2002a), 「제7차 문법 교육 과정과 교과서의 문법 내용적 특징에 대한 고찰」, 국어 교육학연구 14, 국어교육학회, pp.321-354.

_____(2002b), 학교문법론, 월인.

李喆洙(1997), 韓國語音韻學, 인하대출판부.

이충우(1997), 「국어교육 문법연구」, 국어교육학연구 7, 국어교육학회, pp.1- 30.

이춘근(2001), 「문법 교육 내용의 계열화 분석 및 평가」, 국어교육학연구 13, 국어교육학회, pp.411-463.

장경희(1992), 「광고 언어의 유형과 특성」. 새국어생활 2-2, 국립국어원, 6 5~80.

Clarence Sloat · James E. 1978. *Introduction to Phonology*, Oregon University.

George Yule, 1985. *The Study of language*, Cambridge University Press.

Guy Cook. 1989. *Discourse*, Oxford University Press.

사이시옷 규정과 지도 방안

 ## 1 사이시옷 표기의 혼동 양상

한글 맞춤법은 형태음소적 원리에 의해 소리를 반영하면서도 읽기 쉽도록 뜻을 밝혀 적는 것을 근간으로 하고 있다. 이 원리는 합성어를 표기할 때도 동일하게 적용된다. 즉 합성어를 구성하는 각각의 단어가 지닌 본래 표기를 유지해 표기의 동일성을 유지해야 하면서도 합성과 함께 음가의 충돌이 일어난 경우는 변한 소리를 반영해야 한다는 두 가지 원리가 공존하고 있는 것이다. 이 변한 소리(사잇소리 현상)를 표기하는 방법이 사이시옷이다.

어떤 경우에 사이시옷을 받쳐 적느냐 하는 문제는 맞춤법 규정 중에서 가장 어려운 문제 중의 하나다. 사이시옷을 표기하는 데 있어 발생하는 어려움은 규정 자체가 한때는 받침이 아닌 글자와 글자 사이에 독립된 'ㅅ'을 쓰기도 했고, 또 한때는 '냇과', '칫과' 등으로 광범위하게 쓰기도 하면서 여러 차례 바뀌어 온 탓도 있지만 바뀐 규정을 제대로 안내할 지침서도 없었을 뿐 아니라 일반인들에게 지속적으로 올바른 표기를 알려주는 정책적 지원이 없었던 탓도 있다.

그동안 사이시옷에 대한 연구는 학자마다 다양한 이론에 근거하여 다채로운 해석을 선보인 바 있지만 이를 종합하여 사이시옷에 대한 일치된 의견을 제시하지는 못했다. 한글 맞춤법의 규정만을 참조하여 사이시옷을 제대로 표기할 수 없는 어려움이 있고 사전을 참조할 때도 사이시옷이 들어가 있는 단어가 사전마다 다른 경우도 있다 보니[1] 혼동이 가중되는 면이 있었다.

표준국어대사전의 표제항을 살펴보면 '머리말, 머리글, 머리글자, 머리소리'에는 사이시옷을 표기하지 않고 '머릿결, 머릿돌 머릿그림'에는 표기하고 있다.[2] 단어가 합성명사의 구성요소가 될 때 어떤 단어와 합성되는지에 따라 사이시옷의 표기가 정해지기 때문에 정확한 표기를 위해서는 사전을 참조해야 함을 알 수 있다. 또한 '등굣길, 하굣길, 가르맛길, 가욋길'은 사이시옷을 적어 한 단어로 처리하여 사전에 등재되어 있지만 '성묫길'이나 '학굣길'은 등재되어 있지 않아 '성묘 길, 학교 길'과 같이 구로 처리해야 함을 알 수 있다.

이처럼 사전에 등재된 사이시옷 표기도 사이시옷이 개재될 수 있는 모든 단어를 포함하고 있지는 않다. '미숫가루, 뼛가루, 후춧가루, 고춧

----

1) 국어사전에서 사이시옷 개재를 서로 다르게 처리한 예는 김창섭 (1996:46~47)에 제시되어 있다. 가슴∅살 (이희승)/ 가슴ㅅ살(금성), 농사∅일(금성)/농사ㅅ일(우리말) 장∅바구니(우리말)장ㅅ바구니(금성). 민현식(1999:440)<금성>- 머리말, 꼬리말, 본디말, 예사말, 인사말 ; 혼잣말. <한글>-머리말, 인사말 ; 꼬릿말, 본딧말, 예삿말, 혼잣말

2) 표준국어대사전의 편찬 이후에는 사이시옷이 들어간 표기가 많아졌다는 지적이 있었고 급기야는 7차 교육과정에 의해 편찬된 교과서는 사전에서 제시한 사이시옷 표기 내용을 반영하지 않아 맞춤법 오기가 많은 교과서라는 오명을 입기도 하였다.

가루, 명탯국, 동탯국, 북엇국, 김칫국, 감잣국, 갈칫국, 겟국, 고깃국, 만둣국'은 사전에 등재되어 있으나 '떡만둣국, 가로숫길, 감잣가루'는 등재되어 있지 않다. 사이시옷이 개재될 수 있는 환경이 주어지면 사전에 표제어로 등재될 수 있는 잠재적인 단어(예를 들면, '학교 길'과 '성묘 길'같은 구 구성이 단어화 되는 경우)가 많이 있는 것을 생각하면 사이시옷을 올바르게 표기하는 문제는 지속적인 관찰과 노력이 요구됨을 알 수 있다.

전에 사이시옷을 배제하고 사용했던 수학 용어 역시 헷갈리는 것은 마찬가지인데 '꼭짓점, 최댓값, 근삿값, 절댓값'은 한자어와 우리말이 결합된 합성어이므로 사이시옷이 나타나지만 '꼭지각, 최대급, 최대치, 극대점'에서는 한자어끼리 결합된 합성어라 사이시옷이 나타나지 않는다. 결국 사이시옷을 표기하기 위해서는 각 단어별로 합성에 참여하면서 음운의 변화가 일어나는지, 그리고 그 변화를 표기에 반영하는지 꼼꼼하게 살펴보아야 함을 알 수 있다.

본고는 한글 맞춤법에 제시된 사이시옷 규정을 토대로 사이시옷을 효율적으로 지도할 수 있는 원리를 모색하고자 하는 의도에서 시작되었다.[3] 먼저 사이시옷의 개념과 그 성격을 규명할 필요가 있기에 국어학계에서 지금까지 논의해온 사이시옷에 대한 연구를 살펴보고 그 연구 성과가 어문 규정과는 어떻게 연관되어 있는지 살펴볼 것이다. 또한 사이시옷에 대한 규정을 교육적으로 지도할 수 있는 방법은 무엇인지에 대해서도 논의해 보고자 한다.

---

3) 사이시옷에 대한 일반적인 지도 원리를 제시하는 데 목적이 있으므로 학습대상을 굳이 국어학습자와 한국어 학습자로 구분하지 않는다.

 **2 사이시옷에 대한 국어학적 논의**

사이시옷은 두 말이 합해 새로운 말이 될 때 사이에서 소리가 덧날 경우 표기되는 시옷으로 앞 말의 끝소리를 빨리 닫고 앞말과 뒷말을 구분한 뒤 뒷말의 첫소리를 된소리로 만들거나 'ㄴ'이나 'ㄴㄴ'이 덧날 때 적는다. 한글 맞춤법 제 1항에는 '소리대로 적되 어법에 맞도록 함을 원칙으로 한다'는 표현이 있다. 표기에 있어 표음문자인 한글의 장점을 살리면서도 이해하기 쉽고 읽기에 편리하도록 형태를 밝혀 적는다는 뜻이다. 따라서 합성어의 경우에도 합성어를 구성하는 각각의 요소를 그 형태를 밝혀 적으면서도 동시에 합성과정에서 일어난 음운의 변화를 표기에 반영하려는 원리를 적용하게 된다.

사이시옷은 합성과정에서 음운의 변화가 일어났음을 알려주는 것뿐만 아니라 '고깃배-고기배'에서처럼 의미를 변별해 주는 역할도 하고 있다. 사이시옷을 개재하여 표기하고 있는 합성어는 표기의 보수성으로 인해 맞춤법 표기 규정에 맞지 않는다고 일순간에 사이시옷을 제거할 수 없다. 마찬가지로 언중에게 사이시옷을 개재하지 않은 채로 굳어진 합성어 표기를 규정에 맞지 않으니 일순간에 표기하라고 강요하기도 어려운 일이다. 이처럼 사이시옷은 복잡한 양상으로 실현되고 그 기능도 단순하지 않다.[4]

4) 이은애(1995:3), 시정곤(1994:202-219), 임홍빈(1981), 김창섭(1996), 김인균 2004), 하세경(2006) 참조.

<표1> 사이시옷의 명칭 및 기능

사이시옷의 명칭	사이소리, 사잇소리, 중간음, 삽요음, 삽입자음	단순한 음성적인 현상에 치중한 명칭
	된시옷	음성적 기능에 치중한 명칭
	사이시옷, 사이ㅅ, 중간시옷, 중간기호	형태상의 표기에 치중한 명칭
사이시옷의 기능	선행명사를 속격형 또는 관형형으로 만드는 접사	
	중세국어에서 '-익/의'와 함께 속격표지로 기능한 통사적 요소,	
	정인승(1954), 이희승(1955)	
	근대국어 이후 속격 ㅅ은 통사적 기능을 상실하고 합성명사의 표지가 됨, 이기문(1972:209), 허웅(1975)	
	단어 표지 형태소	
	선행음의 말음에 삽입되어 후행 장애음을 경음화5)시켜주는 요소, 안병희(1968)	
	의미의 특수화와 통사적 파격의 해소를 위한 표지, 임홍빈(1981)	
	통사론적 의미와 어휘적 의미가 동시적으로 존재할 때 나타나는 표지, 하세경(2006)	
	선행하는 명사가 후행하는 명사를 수식하게 만드는 관형의 의미표지, 심재기(1979)	

5) 사잇소리현상은 합성명사에서 선행 명사의 말음이 유성음으로 끝나는 경우 후행 명사의 두음인 장애음이 경음화되는 경우로 'ㅅ' 첨가와 'ㄴ' 첨가현상이며, 경음화 현상은 선행어의 말음이 장애음으로 끝나는 경우 후행어의 두음인 장애음이 된소리로 발음되는 현상이다. ① 음운론적으로 조건된 경음화: 폐쇄음 뒤에서 평음의 경음화 : 국밥, 듣고, 잡지, 잎사귀 ② 형태·통사적인 범주 의존적 경음화─ⓐ관형사형 ㄹ 뒤의 경음화 : 갈 사람, 올 것, 먹을 밥 ⓑ한자어에서 ㄹ 뒤에서 설정음(ㄷ,ㅈ,ㅅ)의 경음화 : 발생, 발달, 발전 ⓒ용언어간 비음 뒤의 경음화: 감고, 감자, 감다

    <표1>에 제시된 사이시옷의 다양한 명칭과 기능은 사이시옷에 대한 다각도의 국어학적 논의와 관련이 있다. 사이시옷을 역사적인 맥락에서 통시적으로 접근하는 논의와 공시적으로 사이시옷이 출현한 합성어들을 분석하는 논의로 대별해 볼 수 있으나, 본고는 국어학의 학문 영역에 속하는 음운론, 형태론, 통사·의미론의 영역에서 사이시옷에 대해 논의해온 내용을 살펴보기로 한다.

    첫째로 사이시옷을 음운론적 환경으로 설명하고자 하는 일련의 논의들이 있다.6) 국어의 '명사+명사' 구조에서 선행어의 말음이 유성음이면 후행 장애음은 선행어의 영향으로 유성음화되는 것이 일반적이다(봄가을, 비단주머니). 그런데 사이시옷이 개재된 합성명사에서는 유성음을 말음으로 지닌 선행 명사 뒤에서 후행 장애음이 경음으로 난다(봄바람, 돈주머니). 합성명사의 후행 명사가 음성적으로 유성음화할 위치에 놓여 있을 때 그 유성음화를 방지하기 위해 사이시옷이 개입한다고 보는 음운론적 설명은 동일한 음운 환경에서 때에 따라 서로 다른 음운현상인 유성음화와 경음화가 나타나는 이유를 설명할 수 없다는 단점을 지닌다.7)

----

  6) 생성음운론에서는 사이시옷 현상을 형태소 경계 문제로 설명한다. 김진우(1970), 이정민(1972), 김충배(1974), 김영기(1975) 잠자리(蜻蛉)/잠ㅅ자리(寢所) 그러나 어느 예에나 형태소 경계가 있을 뿐 아니라 사이시옷이 개재되고 안 되는 음운론적 환경도 완전히 혹은 거의 동일하기 때문에 설명의 한계를 지닌다. 고기배(魚腹)/고깃배(漁船), 나무배/나뭇배, 책상다리(跏趺坐)/책상ㅅ다리, 불고기/물ㅅ고기. 사이시옷이 형태소 경계에 나타나지만 그렇다고 형태소 경계에 사이시옷이 어김없이 나타나는 것이 아니기 때문에 필연적인 연관은 없다. '골짜기, 잠꼬대, 새끼, 팔짱'에서 형태소 경계는 있지만 '-짜기, -꼬대, -짱'이 무엇을 뜻하는 지 알 수 없기 때문에 사이시옷이 개입한 것인지 제2 형태의 두음이 본래 된소리인지는 선명하지 않다. 사이시옷은 온전히 음운론적인 현상만은 아니며 그 자체에 고유한 기능을 가진 형태소적인 존재이다.(임홍빈1998가:308) 참조.

둘째로 사이시옷을 속격표지의 하나로 보는 논의[8]가 있다. 오늘날의 사이시옷은 통시적으로 중세국어의 속격조사에 이어지는 것으로 중세 국어의 사이시옷은 통사론적인 측면에서 이해될 수 있는 것이었지만, 현대국어에서는 사이시옷이 일반적으로 단어형성에 국한하여 나타나므로 형태론적 측면을 아우르게 된 것으로 볼 수 있다. 중세국어에서 소유격(속격/관형격) 조사는 선행체언이 유정물이면서 평칭이면 '의/의'를, 선행체언이 무정물이거나 존칭의 유정물이면 'ㅅ'을 구분하여 썼다.[9] 따라서 사이시옷은 기원적으로 속격 'ㅅ'으로서 속격 구성의 명사구가 단어화하면서 합성명사 형성에 참여하기 시작하면서 생겨난 구의 단어화 표지로 볼 수 있다.

셋째로 사이시옷이 나타나는 의미관계를 살펴 사이시옷을 규명하려는 통사 의미론적 접근의 논의가 있다. 선행명사가 시간, 장소, 기원/소유주 관계일 때 현대국어나 중세국어에서 대응하는 속격 구성(통사적 구조인 '의'가 개입할 수 있는 구조)을 찾아볼 수 있다. 이들 선행명사는 모두 무정체언이므로 중세국어에서라면 속격 표지로 'ㅅ'을 가질 수 있는 예들이다. 그러나 선행명사가 형상, 재료, 수단인 경우는 대응하는

----

7) 이 외에도 임홍빈(1998가:312)에서는 국어에서 유성자음과 무성자음의 음운론적 인식이 동일하며 형태소의 동일성을 해치는 것은 오히려 경음화 쪽이라는 비판을 제기하였다(江月[강딸]이라하여 '달月'을 딸(女息)로 오해할 수 있다). 엄태수(2006:167)에서도 '국밥[국빱]'은 종성폐쇄음의 불파화에 이끌려 경음화된 것이고 '소금밥, 감밥, 나물밥, 감자밥'은 공명성 자질을 가진 음운 뒤에서 '밥'에 경음화가 발생하지 않은 것인데, 김밥[김빱]의 경우는 사이시옷이 개입하여 경음화한 것으로 보아 김밥에 대해서 음성학적으로 설명이 불가능하다고 하였다.

8) 마에마(前間1909), 오구라(小倉, 1929), Ramstedt(1939), 양주동(1947), Martin (1954), 이희승(1955), 안병희(1968), 이기문(1972, 1978), 서정목(1977, 1978), 전철웅(1979)는 임홍빈(1998가:310)참조.

9) 안병희·이광호(1990), 『중세국어문법론』학연사, p.174.

통사적 구성이 존재하지 않는 의미관계이며 동격 구성의 경우는 통사적 구성이 존재하지만 속격 구성은 불가능해 속격 표지 '-의'를 가지지 못해 사이시옷이 개입하지 못한다. 이와 같은 통사·의미론적 해석은 모든 사이시옷이 개입하는 속격구조의 합성명사가 분명하게 '의'를 개입하여서 설명할 수 있는 것은 아니라는 문제가 제기될 수 있다(용도와 관련, 나뭇배, 고깃배). 김창섭(1996:54)에서 사이시옷이 나타나는 의미 관계는 대부분 앞 명사가 뒤에 오는 명사를 소유한 것으로 나타나지만 이러한 의미 관계가 아닌 경우도 사이시옷이 나타나 두 명사 사이의 의미 관계가 사이시옷 실현을 직접적으로 설명하는 범주가 아니라고 한다. 또한 형상, 재료, 수단 방법, 시간, 장소, 기원, 용도, 동격, 유정체언, 무정체언 등의 개념이 동일한 차원에서 분류된 범주들일 수 없다는 점과 이들 범주가 선행명사와 후행명사의 가능한 모든 관계를 빠짐과 겹침 없이 나눈 것이라는 보장이 없다는 점에서 문제를 제기하였다.

다음으로는 사이시옷을 의미 특수화의 관점으로 접근한 논의가 있다. 임홍빈(1998:323-5)에서 사이시옷은 통사적인 존재일 뿐만 아니라 의미론적인 존재이기도 하다. 먼저 사이시옷은 통사적 구성의 파격, 말하자면 통사적 연결의 부자연성이나 불가해성을 극복하는 수단이다.[10] 통사적으로 파격을 이루는 구성은 의미론적으로 먼 거리에 있는 요소를 뜻하고 이를 결합하는 능력이 있음을 뜻한다. 어떤 명사가 그 본래의 의미를 가지고 통사적인 구성의 독자적인 단위로 쓰일 때에는 사이시옷이 나타나는 일이 없지만 그 본래적인 의미에서 일탈하여 의미의

---

10) ① 장소부사+명사 : 아랫사람 가운뎃소리 안ㅅ방, 사잇길 ② 시간부사+명사 : 어젯일, 오늘ㅅ밤, 보름ㅅ달 ③ 기원부사+명사 : 솔ㅅ방울, 인천ㅅ고리, 경깃미 ④ 방법/수단 부사+명사 : 구둣발, 눈ㅅ대중, 손ㅅ대중, 손ㅈ재주 ⑤ 목적대상+명사(비행동성 명사) : 고깃배, 잠ㅅ자리, 술ㅅ집, 담뱃불, 영엇공부(어떤 행위의 이름) ; 도시 분할(행동성 명사:분할, 행정, 공부) 경기 행정, 영어 공부

특수화를 경험할 때는 사이시옷이 나타난다고 한다. 그러므로 관계가 먼 두 요소를 결합하는 촉매적인 작용을 하는 존재가 사이시옷이다. 즉 사이시옷은 두 요소 가운데 어느 한 요소의 의미를 특수화한다. '콩밥'과 '공밥'을 비교하면 '콩밥'은 밥이지만 '공ㅅ밥'은 한 끼니를 거저 얻어먹으면 되지 그 종류(우동, 국수, 밥, 죽, 라면)는 문제되지 않는다. '담뱃불'의 의미 역시 담배에 붙은 불만을 가리키지 않고 담배에 불을 붙일 수 있는 라이터나 성냥불도 '담뱃불'일 수 있기에 '담배'와 '불' 사이의 관계는 사이시옷에 의하여 간접화되고 의미론적으로 이와 같은 거리에 있는 두 요소가 결합되는 것으로 볼 수 있다는 것이다.

그런데 김창섭(1996:43~44)에서는 의미적으로 먼 거리를 극복하는 수단이라는 설명에 대해서 사이시옷의 여부와 상관없이 의미적 거리가 극복되고 있다고 보이는 예를 제시하고 있다(床ㅅ다리, 가위∅다리, 공부ㅅ방, 노래∅방, 세수ㅅ비누, 화장∅비누…). '床ㅅ다리'와 '가위∅다리'를 살펴보면 사이시옷을 가지지 않는 '가위다리'의 경우가 더 의미적 거리가 멀어 보이고 '床ㅅ다리'의 경우 사이시옷의 힘을 빌려서가 아니라 '다리'가 독자적으로 획득한 비유적 용법에 의해 유정물의 '다리'를 무정물에 적용하는 것으로 보아야 한다고 하였다.

마지막으로 임홍빈(1998:329)에서는 형태론적으로 연결되는 두 명사 가운데 의미 특질인 시간, 장소, 기원 등의 의미적 관련성에 의해 반드시 'ㅅ'을 앞에 두는 명사와 'ㅅ'을 뒤에 두는 명사들이 있다고 해석하고 있다. 이들을 각각 'ㅅ' 전치명사(ㅅ가게 ㅅ값, ㅅ국, ㅅ길, 'ㅅ' 후치명사(예ㅅ, 개ㅅ, 뒤ㅅ, 우ㅅ, 아래ㅅ)라 한다. 그런데 김창섭(1996: 68)에서는 ㅅ전치성과 ㅅ후치성은 정도성을 가져 '국, 집'과 같이 거의 절대적인 'ㅅ'전치성을 가지는 명사가 있는가 하면 '값'과 같이 대단히 높은 'ㅅ'전치성을 가진 명사가 있고 '방'과 같이 거의 절대적인 ∅전치성을 가지는 것도 있다고 한다. 구조적으로 사이시옷이 개입될 수 없는 자리인데도 사이시옷이 출현하는 경우는 후행명사의 높은 'ㅅ'전치성, 혹은 선행명사의 'ㅅ'후치성에 의한 것으로 설명할 수 있다. 시간명사와 장소명사는 사이시옷을 후치하는 경향이 특별히 강하다는 사실도 눈여겨 볼 일이다.

지금까지 사이시옷에 대한 학자들의 여러 논의를 살펴보았다. 사이시옷이 개재되는 환경이 다양하고 이를 설명하고자 하는 이론 역시 다양한 이유는 사이시옷이 역사적으로 일부 표현에서 화석화된 채 오늘날에 이른 것과 새롭게 형성된 표현들이 뒤섞여 있어 일관성 있는 법칙을 이끌어내기 어렵기 때문으로 보인다. 사이시옷 현상을 형태론이나 음운론에 근거한 규칙만을 적용하여 이해하기는 어렵고 통사·의미의 측면도 고려하여 종합적으로 이해해야 함을 알 수 있다. 사이시옷에 대한 일관된 법칙을 정연하게 설명하기는 어려워도 사이시옷을 현상적으로 이해하는 노력(사이시옷을 예외적으로 개입할 수 있거나 없는 유형들이 있다는 사실을 밝히는 것)을 기울이는 것이 사이시옷에 관한 보다 나은 연구를 위해 중요하다고 본다.

3 어문 규정의 사이시옷 표기 규정

3.1. 한글 맞춤법의 사이시옷 표기 규정[11]

현행 맞춤법은 1988년에 당시 문교부에서 공포한 것으로, 1933년에 조선어학회에서 제정한 "한글 마춤법 통일안"을 개정한 것이다. 맞춤법을 개정하기 전에는 병원의 내과, 외과, 소아과 등이 된소리 [내:꽈], [외:꽈], [소아꽈]로 발음되는 것을 반영하기 위해 "냇과", "욋과", "소앗과"로 표기되었다. 그러나 매번 사이시옷을 쓰는 것은 꽤 번거로울 뿐 아니라, 한자를 병기하면 사이시옷을 쓸 수 없고, 같은 글자를 쓰는 다른 단어에서 된소리가 나지 않는 경우도 있어서 맞춤법을 개정하면서 원칙적으로 한자어에는 사이시옷을 쓰지 않는 쪽으로 바뀌었다.

현행 맞춤법에서 사이시옷에 대한 규정이 제시되어 있는 부분은 <한글맞춤법> 제4장 30항이다. 이는 아래 표와 같다.

---

11) 이에 대가 되는 사이시옷 발음법은 표준발음법 제30항에서 다음과 같이 제시하고 있다.
  1. 'ㄱ, ㄷ, ㅂ, ㅅ, ㅈ'으로 시작되는 단어 앞에 사이시옷이 올 때에는 이들 자음만을 된소리로 발음하는 것을 원칙으로 하되, 사이시옷을 [ㄷ]으로 발음하는 것도 허용한다. 냇가[내 : 까/낻 : 까] 콧등[코뜽/콛뜽] 햇살[해쌀/핻쌀] 고갯짓[고개찓/고갣찓] 샛길[새 : 낄/샏 : 낄] 깃발[기빨/긷빨] 뱃속[배쏙/밷쏙] 빨랫돌[빨래돌/빨랟돌] 대팻밥[대 : 패빱/대 : 팯빱] 뱃전[배쩐/밷쩐]
  2. 사이시옷 뒤에 'ㄴ, ㅁ'이 결합되는 경우에는 [ㄴ]으로 발음한다. 콧날[콛날→콘날] 툇마루[퇻 : 마루→퇸 : 마루] 아랫니[아랟니→아랜니] 뱃머리[밷머리→밴머리]
  3. 사이시옷 뒤에 '이'소리가 결합되는 경우에는 [ㄴㄴ]으로 발음한다. 베갯잇[베갣닏→베갠닏] 나뭇잎[나묻입→나문닙] 뒷윷[뒫 : 늗→뒨 : 늗] 깻잎[깯입→깬닙] 도리깻열[도리깯녈→도리깬녈]

<표2> '한글맞춤법'의 사이시옷 표기 규정

한글맞춤법 제4장 형태에 관한 것 제4절 합성어 및 접두사가 붙은 말

제 30 항 사이시옷은 다음과 같은 경우에 받치어 적는다.
  1. 순우리말로 된 합성어로서 앞말이 모음으로 끝난 경우
    (1) 뒷말의 첫소리가 된소리로 나는 것
       고랫재, 귓밥, 나룻배, 나뭇가지, 냇가
    (2) 뒷말의 첫소리 'ㄴ, ㅁ' 앞에서 'ㄴ'소리가 덧나는 것
       멧나물, 아랫니, 텃마당, 아랫마을
    (3) 뒷말의 첫소리 모음 앞에서 'ㄴㄴ' 소리가 덧나는 것
       도리깻열, 두렛일, 뒷일, 베갯잇, 나뭇잎
  2. 순우리말과 한자어로 된 합성어로서 앞 말이 모음으로 끝난 경우
    (1) 뒷말의 첫소리가 된소리로 나는 것
       귓병, 머릿방, 전셋집, 아랫방, 횟가루
    (2) 뒷말의 첫소리 'ㄴ,ㅁ' 앞에서 'ㄴ' 소리가 덧나는 것
       곗날, 제삿날, 훗날, 툇마루, 양칫물
    (3) 뒷말의 첫소리 모음 앞에서 'ㄴㄴ' 소리가 덧나는 것
       가욋일, 사삿일, 예삿일, 훗일
  3. 두 음절로 된 다음 한자어
    곳간, 셋방, 숫자, 찻간, 툇간, 횟수

사이시옷 규정이 의미하는 바는 첫째, 사이시옷이 들어가려면 합성어이어야 하며 둘째, 합성어이면서 다음과 같은 음운론적 현상이 나타나야 한다. 앞말의 끝소리는 모음이면서 (1) 뒷말의 첫소리가 된소리로 나거나(나룻배, 나뭇가지), (2) 뒷말의 첫소리 'ㄴ, ㅁ' 앞에서 'ㄴ' 소리가 덧나거나(아랫니, 텃마당), (3) 뒷말의 첫소리 모음 앞에서 'ㄴㄴ' 소리가 덧난다.(뒷일, 나뭇잎)

셋째, 합성어를 이루는 구성 요소 중에 적어도 하나는 고유어이어야

하고 구성 요소 중에 외래어가 없어야 한다는 것이다. 구성 요소가 모두 한자어이면 '곳간(庫間), 셋방(貰房), 숫자(數字), 찻간(車間), 툇간(退間), 횟수(回數)'에만 사이시옷을 표기한다.

규정만 살펴보면 사이시옷 표기 규정은 간단하게 보인다. 그러나 실제로 사이시옷을 표기하는 문제는 다음 절에서 후술하겠지만 그리 간단치 않으며 언중은 규정이 정해 놓은 대로 사이시옷을 표기할 때 거부감을 느끼는 일이 있다. 일례로 '-국'을 후행명사로 갖고 있는 합성어의 경우, 슈퍼에 진열되어 있는 인스턴트식품인 '북어국'만 해도 규정의 표기인 '북엇국'을 지키지 않고 있으며 식당에 '만둣국'이라고 메뉴를 제시한 곳이 있을까 의문이다. 사이시옷에 관한 맞춤법 규정은 1988년에 고시된 한글 맞춤법 이후 개정된 적이 없음에도 교육부가 7차 교육과정에 근거한 교과서를 편찬하는 과정에서 문화관광부 소속이던 국립국어원이 편찬한 표준국어대사전에 수록된 사이시옷이 표기된 표제어들을 받아들이지 못했던 것도 이를 방증한다고 할 수 있다.

3.2. 사이시옷의 표기 규정에 나타난 문제점

본 절에서는 사이시옷 표기 규정에서 생각해 볼 수 있는 문제점에 대해 논하기로 한다. 우선 사이시옷 표기 규정은 규정 자체가 발음에 근거한 표기 원칙을 제시한다는 것이다. 예를 들면, '개구멍'은 [개꾸멍]으로 소리나지 않으므로 '개구멍'으로 적지만, '개값'은 [개깝]으로 소리나기 때문에 '갯값'으로 적는다. 같은 이유에서 '배다리, 새집, 머리말'은 사이시옷을 붙이지 않고, '냇가, 뱃가죽, 샛길, 귓병, 홧김'은 사이시옷을 붙여 적는다. 발음은 지역적으로, 개인적으로 차이가 날 수도 있는 요인인데 사이시옷 표기를 위한 원칙으로 제시되는 것이 바람직한 것인지 의문이며 발음이 영구불변한 것이 아닌데 표기 규정이 발음에 종속적으로 끌려가는 느낌이 없지 않다. 그리고 선행명사의 말음이 모음일 때만 사이시옷을 표기할 수 있다는 것은 받침을 가진 선행명사는 사이시옷을 쓸 수 없기에 후행어가 된소리로 발음되는지는 표기에 반영할 수 없다.12) 또한 선행명사가 모음으로 끝났어도 후행명사에 경음이나 격음이 있는 경우도 사잇소리가 개재하였는지 알 수가 없다. 그러므로 사이시옷 표기 규정은 사잇소리 현상이 일어나는 단어 중 일부를 적는 표기법이라고 할 수밖에 없다.

발음과 관련해서 "뒷말의 첫소리 'ㄴ, ㅁ' 앞에서 'ㄴ' 소리가 덧날 때 사이시옷을 받쳐 적는다"는 규정도 문제이다. 사이시옷이 있으면 'ㄴ' 소리가 덧난다고 되어있지 않고, 'ㄴ' 소리가 덧나면 사이시옷을 받쳐 적는다고 되어 있으니, 그 단어가 'ㄴ' 소리가 덧나는 합성명사인지 판단해야 한다. 모어화자에게도 어려운데 외국인의 경우는 과연 후행명사에 'ㄴ' 소리가 덧나는지 무슨 수로 알 수 있을지 우려된다. 게다가 'ㄴ'삽입현상은 사이시옷과 직접적인 관련이 없다고 한다. 임홍빈(1998:312~313)에서는 사이시옷과 달리 'ㄴ'삽입은 음운론적 조건에 의해서 그 개입이 결정된다고 한다. 'ㄴ'은 단어 경계에서 제1요소가 자

12) 임석규(2008:18-19)에서는 '윗옷'과 같이 세부 발음 조건에서 ㄷ소리가 덧나는 경우가 있다. 이를 피명[피멍] 기와집[기와집]과 같이 통합에서의 발음이 그대로 표준 발음이 되는 경우를 제외하고 피기[피끼], 처갓집[처가찝]처럼 통합에서 교체 또는 첨가와 같은 음운 변동이 확인되는 경우만 사이시옷을 쓰자고 주장한다. 개별 단어의 표준발음이 제대로 규정되는 경우에 이 제안은 실현성이 있을 것이다. 사이시옷이 개입하기 어려운 음운론적 제약은 현대국어에서 자음과 비음의 결합에는 사이시옷이 개입하기 어렵다(앞마을). 또한 후행명사가 모음으로 시작하면 사이시옷이 개입하지 않는 경향이 있어서 [아래옫], [바다아이]로 발음하는 경향이 있고 '개어귀', '개언덕'에서 'ㅅ'이 보이지 않는 이유도 후행명사가 모음으로 시작하기 때문으로 보인다.

음으로 끝나고 제2요소가 '이'나 반모음 'y'로 시작할 때 개입하는 것으로 이는 사이시옷의 의미적 요구와는 다른 것이다. 어젯일이 'ㄴ'음이 아닌 [어제 딜]로도 발음될 수 있는 것과 이러한 현상이 합성어에만 국한되지 않고 "어제 하던 일, 할 일이 많다, 어제 뽑은 이" 등에서도 자연스럽게 일어남을 근거로 제시하였다. 임홍빈(1998)에서는 이를 형태소의 동일성을 유지하려는 노력으로 추정하고 있다.

한글맞춤법 규정이 전반적으로 형태음소적 원리에 근거하여 '낮, 낫, 난, 낭-, 낯, 낱', '없-, 훑-, 곬, 흙'과 같이 본음을 적어 문자 언어의 독자성을 인정하고 표기 원리가 독해에 이바지하는 바를 중시했듯이 다소 현실적인 발음을 그대로 반영할 수는 없어도 시각적으로 같은 의미를 지닌 단어는 동일한 모양으로 표기하도록 하는 것이 바람직하다. 학술용어 '볏과(-科), 갯과, 솟과'를 보고서 禾, 犬, 牛를 뜻한다고 아는 것도 쉽지 않고 의미와 형태가 동일한 단어 '벼'를 발음이 다르다는 이유로 '벼이삭, 논벼, 올벼: 볏과 볏가리, 볏가을, 볏가락'으로 표기해야 하는 불편함이 있다.

동일한 맥락에서, 사이시옷을 표기하려면 합성어를 이루는 요소가 고유어인지, 한자어인지 아니면 외래어인지를 어원적으로 알아야 하는 부담이 있다. 대부분의 서적과 간행물이 한글전용으로 되어 있어 어떤 단어가 한자어인지 파악하는 것이 어렵고 한자어가 고유어와 같이 인식되는 경우도 있어 쉽게 적용할 수 있는 원칙이 아니라 하겠다. 그러므로 합성 구성에서 결합될 단어가 고유어냐 한자어냐를 구분하여 동일한 형태를 '제사상', '제삿날', '전셋집', '전셋돈', '전세금', '수돗물', '수도세'와 같이 달리 표기하는 것도 규정을 지키기 어렵게 만드는 요인이라 하겠다. 따라서 표기의 편의성을 생각하면 형태와 의미가 같은 한자는 동일한 표기로 나타내는 편이 좋다.

사이시옷 규정에 의하면 사이시옷은 합성어에 개입되는 것이므로 합성어가 무엇이며 단어란 무엇인지 구가 무엇인지 그 개념을 알고 있어야 한다. 그런데 사이시옷이 정말 합성어에서만 개입되는 것인지도 의문이다. 임석규(2008:17)은 어문 규정에서 사이시옷은 합성어에 적는다고 했는데 김창섭(1994:121)에서 제시된 파생명사 '뒷갈이', '윗막이' 및 '깃발', '핏기', '핏대' 등의 파생어에 쓰인 사이시옷을 적절히 포함할 수 없는 문제점이 있으므로 '사이시옷은 합성어에 씀을 **원칙으로 한다**는 표현으로 수정할 것을 제안한다. 또 북한의 [붙임] 규정에서도 앞에 선 낱말이 접사로 간주될 때에만 사이시옷을 붙이고 있다(새+ㅅ+별 → 샛별). 임홍빈(1998가: 310)에서는 종래 명사+ 명사의 구성에만 주의를 모아 사이시옷에 대해 관형사적인 기능만을 인정한 것이지 '옛, 그릇, 여럿, 첫, 헛, 웃, 앳, 샛'은 명사적(그릇(僞)이 진실로 통해서는 안 된다)으로 쓰이는가 하면 부사적(앳되다, 헛되다, 그릇되다, 샛노랗다)으로 쓰이고 있음을 예로 제시하는 한편, '귀엣-고리, 눈엣-가시 앞엣사람 앞으롯 일 밖엣 일, 아벗님, 어멋님'에서도 사이시옷이 관찰됨을 논의하면서 사이시옷이 정말 명사+명사 구성에만 나타나는 속격 표지인가 하는 의문을 제시하였다. 또한 김창섭(1996:45)에서도 사이시옷은 주로 합성명사에 남아 있지만 합성명사의 제1요소나 제2요소가 접사로 발달한 경우에는 파생명사에서도 나타날 수 있다고 본다.13)

사이시옷 규정에서 한자어의 사이시옷 표기를 6개의 단어에 국한하여 인정하고 있다. 그러나 하세경(2006:32~46)에서는 한자어의 경우에 원칙적으로 사이시옷이 들어가지 않는다고 본다. 예외적으로 경음화가

---

13) -ㅅ집(자기 집안에서 시집간 여자): 金ㅅ집, 李ㅅ집, -ㅅ주머니(X가 많은 사람): 고생ㅅ주머니, 병ㅅ주머니, -꾸러기(X가 많은 사람): 잠꾸러기, 욕심꾸러기, -ㅅ머리(가장 기본적인X <X의 처음): 財數ㅅ머리, 싹수ㅅ머리

나타나는 한자어의 경우는 제2요소가 명사 기능을 가지고 있고 그러한 이유로 명사+명사 구성에서의 사이시옷과 관련되어 있다고 본다. 비슷한 논의가 엄태수(2006:192-193)에서도 제기되었는 바, 한자어에서 발생하는 경음화는 제2요소의 기능이 변화하여 생기는 것으로 합성명사에서 제1요소가 중요하게 취급되는 것과 다르다고 하였다. 한자어에서 발생하는 경음화는 경음화된다는 사실을 제외하고는 사이시옷에 의한 경음화임을 객관적으로 확인할 길이 없다. 한글맞춤법에서 6개의 한자 합성어에서 사이시옷 표기를 인정하는 것은 표기와 현실발음이 그만큼 동떨어져 있기 때문이지 어휘적 사이시옷과 성격이 다름을 구분하지 않은 것으로 보인다.14) 한자어에서 선행명사의 'ㄹ'뒤 후행명사가 설정음을 두음으로 가질 때 설정음(ㅅ,ㄷ,ㅈ)은 경음화된다. 이 규칙은 2음절 한자어에서 예외 없이 적용되고 파생어로 인식되는 3음절 한자어에까지 적용된다(발전, 발달, 수술대, 발생, 미술적). 이는 음운론적 요인으로 경음화되는 것이므로 사이시옷에 의한 것으로 해석하지 말아야 한다.15)

14) 엄태수(2006:192~193)는 '세+방 =셋방'의 경우는 어휘적 사이시옷으로 볼수 있으나 '間'은 '곳간 찻간, 툇간 한칸 두칸'의 기저형을 [깐]으로, '字'는 '숫자 한자'의 기저형을 [짜]로, '數'는 '횟수 어림수'에서 기저형 [쑤]로 기저형을 변경할 수 있음을 논의했다. 국문과의 [꽈]는 복합명사의 제2요소와는 달리 한자어 어근의 변화로 인한 것이고 관형구성도 아니고 속격구조도 아니며, 3음절 한자어에 결합하는 이러한 접사기능의 한자어가 자신의 기능이 변화되어 기저형을 바꾸는 것으로 본다.
15) 한자어의 경음화에 대해서는 송기중(1992:18~19), 「현대국어 한자어의 구조」, <한국어문>1 한국정신문화연구원. 참조. 그러나 한자어에서 발생하는 경음화도 경음의 기능을 최대한 이용하여 의미변별에 사용되고 있는 것으로 보며 한자어에서 사이시옷을 인정하는 견해도 있다. 임홍빈(1998:.321) 한자어와 사이시옷의 관련성은 더 복잡한데 한자어에는 한문구성의 원리와 국어의 통사적 구성의 원리가 교차하고 있기 때문이다. 한자가 한문구성의 원리에 따라 행동할 때는 사이시옷은 나타나지 않으며 일단 단어로서 확립된 한자어는 고유어

사이시옷 규정은 앞서 살펴본 국어학적 논의의 의미론적 견해를 제 공하지 않고 있다. 또한 사이시옷을 표기하는 데 유용한 'ㅅ'전치 명사, 'ㅅ'후치 명사의 개념을 참고할 필요가 있다.16) 비록 사이시옷 표기 규 정이 명쾌한 지침을 제공하지 못하고 일상생활에서 마주치는 모든 언 어 현상을 설명할 수는 없을지라도 언어가 끊임없이 변화하듯이 규정 도 언어 현상을 더 올바르게 설명하고자 하는 방향으로 나아갈 필요가 있다. 규정이 전면적인 수정을 거치기까지는 미비한 규정이라도 준수 하면서 언어 현상을 올바로 파악하는 것이 중요하다. 학문적 성과가 정책적으로 규정에 반영되고 널리 알려지기까지 각고의 노력이 요구 되겠지만 늘 변화하는 언어를 하나로 고정하여 표기하려는 상황에서 빚어지는 괴리는 피할 길이 없는지도 모르겠다.

3.3. 북한의 사이시옷 표기 규정

한국에서는 1933년 조선어학회에서 "한글 마춤법 통일안"을 공표한

적인 통사적 단위로서 우리말과 동일한 원리에 의해 지배를 받는다. 특히 병렬 구성이 아닐 때 1음절 한자어가 문제가 되는 것은 1음절 한자어가 국어로서는 독자적인 통사단위가 되기 어렵기 때문이다. ①한자어+고유어 : 계ㅅ돈, 수도 ㅅ물, 장ㅅ대, 요ㅅ나라 ②단음절 한자어+고유어: 전ㅅ날, 전ㅅ사람, 전ㅅ달, 후ㅅ날, 후ㅅ사람 후ㅅ달 촌ㅅ집 촌ㅅ길 ③한문구성 : 전일, 전인, 전직 후일 후세 후속 후진 촌부 촌시 촌장 ④ 단음절한자어+고유어적 단어: 전ㅅ직업, 전ㅅ시대, 후ㅅ작업 후ㅅ시대 촌ㅅ관사 촌ㅅ부인 ⑤고유어적 단어+ 단음절 한 자어: 기본ㅅ권 일반ㅅ법 사진ㅅ기 ⑥한문구성: 영사기, 촬영기, 제빙기 ⑦고 유어+단음절 한자어 : 얼음ㅅ기, 칠ㅅ기, 뜀ㅅ대, 숫막. 고유어와 한자어가 한 단어 내에서 통사적인 구성을 이루는 방법이 없기 때문에 단음한자어가 고유 어를 만나 복합어를 이루면 사이시옷을 갖는다.
16) 이처럼 다각적인 논의가 있었음에도 여전히 동일한 형태와 의미를 지닌 한자 어가 발음이 달리 나는 이유를 국어학적으로 설명할 수 없는 사례(공법-사법 주민증-영수증 사건-물건 성격-자격)가 여전히 존재한다.

이후 오늘날까지 사이시옷을 'ㅅ'으로 적어오고 있으나 북한에서는 "조선어 철자법(1954)"에 의해 사이표(')를 사용해오다 1966년 "조선말 규범집" 이후로 지금까지(조선말 규범집, 1987년 개정) 사이시옷을 밝혀 적지 않고 있다. 북한은 사이시옷을 표기에 거의 반영하지 않지만 사잇소리 현상에 의한 발음은 인정한다(바다일[바단닐], 대잎[댄닙], 수여우[순녀우]). 또한 'ㅂ'이 덧나거나 순한 소리가 거센소리로 바뀌어 나는 것은 바뀐 대로 적는다(마파람, 살코기, 수캐, 수퇘지, 좁쌀, 휘파람, 안팎). [제 15항 붙임] 규정에는 소리가 같은 다음의 고유어는 혼동을 피하기 위해 일부 사이시옷을 붙여 구분한다는 예외도 제시하고 있다(샛별 / 새 별(새로운 별), 빗 바람(비가오면서 부는 바람)/ 비바람(비와 바람)).

<표3> 북한의 사이시옷 규정

---

1. 조선어 철자법(1954) 제19항
   : 합성어의 사이에 첫째번 어근의 끝소리가 모음이나 <ㄴ>, <ㄹ>, <ㅁ>, <ㅇ>인 때에 재래의 소위 <사이 ㅅ> 소리가 나는 것과, 둘째번 어근의 첫소리가 <야>, <여>, <요>, <유>, <이>인 때에 다시 구개음화한 [ㄴ]나 <ㄹ>가 나는 것은 그 중간에 <사이 표> (')를 둔다. 나무'가지[나문까지], 이사'짐[이산찜], 바다'가[바닫까], 사'건[사껀], 총무'과[총무꽈], 고위'급[고위끕], 집'일[짐닐], 볼'일[볼릴], 앞'이[암니]

2. 조선말 규범집(1966) 제18항
   : 종전에 써오던 사이 표 (')는 발음교육 등을 목적으로 하는 특수한 경우를 제외하고는 모두 없앤다.

한국과 북한의 사이시옷에 대한 규정이 서로 다르기 때문에 한국과

북한에서 출판된 서적에는 이철동의어가 상당수 존재하는 결과를 초래하고 독해에 어려움을 야기할 수 있다.[17]

> "공화국기발을 높이들고…, 전투원들의 모습이 뒤무대에 보인다.",
> "흩날리는 비발속으로", "후날이라도 혹시…"
>
> (박일순, 2002:40)

같은 언어를 사용하는 북한과 한국이 언어생활을 원활히 수행할 수 있기 위해서는 통일된 규범을 모색할 필요가 있다. 북한의 규정과 같이 사이시옷이 없을 경우, 뒷말의 첫소리가 된소리로 되거나 'ㄴ' 소리가 덧나는 현상(고래재[고랟째], 깨잎[깬닙], 귀병[귇뼝])을 합리적으로 설명하기 어렵다. 중세국어에 존재하던 어두자음군의 화석형 'ㅂ'과 중세국어의 'ㅎ' 종성체언의 화석형이 남아 있는 단어의 'ㅂ'과 'ㅎ' 소리는 반영하면서(좁쌀, 마파람, 살코기) 사이 'ㅅ'만을 표기에서 제외하는 것은 일관성이 없으며 이로 인한 동음이의어 식별에 어려움이 생기게 된다.

한국의 사이시옷 표기 규범은 여섯 개의 한자어 합성어에서만 적용된다는 근거가 부족하고 'ㄴ'소리가 덧나거나 된소리가 날 때마다 사이시옷을 표기해야 한다면 사전 표제항이 늘어나는 부담이 있을 뿐 아니라 세대, 지역 개인 간의 발음 차이도 존재하여 발음과 표기 양면에서 언중이 혼동을 피할 수 없는 복잡한 규정이라는 약점이 있다.

사이시옷이 개입된 '등굣길(등교길)'이 이상한 것처럼 사이시옷이 없는 '후날(훗날)'도 이상하다. 이는 단어의 표기가 고정된 이후 오랜 시간 동안 시각적으로 표기가 익숙해졌는데 이와 다른 표기를 수용하기

----

17) 박일순(2002: 38~41)

가 쉽지 않기 때문이기도 하다. 사이시옷을 개재하여 형태와 의미가 동일한 표기를 달리 표기하는 것이나 사이시옷을 제거하여 동음이의어가 많이 생기는 것 모두 시각적인 편의성을 생각하면 문제가 있다. 사이시옷을 개재할 지의 여부는 실증적인 조사를 통해 신중히 그 득과 실을 검토해야 할 것이다. 한국 남북 공통의 표기법이었던 1933년 "한글 마춤법 통일안"에 근거해서 남북의 학문적 성과와, 실제 언어생활의 편의를 고려하여 의견을 조율할 필요가 있다.

 ## 4 사이시옷 지도 방안

지금까지 사이시옷에 대한 국어학적 논의와 어문규정에서 제시하고 있는 사이시옷 규정을 살펴보았다. 학문적으로 종합된 논의를 기다리는 시점에 더구나 규정의 미비한 점을 논의한 이후에 이런 상황 속에서 사이시옷을 지도할 수 있는 방안을 모색하는 것은 당연히 많은 문제점을 포함하고 있을 수밖에 없는 한계가 있다.

그럼에도 불구하고 일상적인 글쓰기에 도움을 받을 만한 규정의 존재는 참으로 고마운 일인 것이다. 규정은 다소 미비해도 그것을 모두 지킨다면 어떤 의미에서는 통일된 문자 생활이 가능해질 수도 있다. 본고는 어문 규정에서 사이시옷에 대한 새로운 규정이 생기기 전까지는 규정을 준수해야 한다는 입장과 함께 언어 현상을 올바로 인식하기 위해 규정이 필요한 것이며, 규정이 언어 현상을 모두 설명할 수 없다는 의식 또한 지녀야 한다는 입장이다.

사잇소리 현상을 공부하는 학생들에게 다소 혼동하기 쉬운 면이 있겠지만 우리가 사용하는 언어 자체가 다양한 면모를 보이고 있으며 체계화하는 것이 쉽지 않은 때문이기도 하다는 것을 인식시킬 필요가 있다. 합성어를 이루는 자립적인 어근도 생산적인 쓰임을 지니면 접사가 되기 때문에 어근과 접사의 경계가 모호한 경우 사이시옷을 쓸 것인지 하나하나 정해야 하며, 句로 쓰이던 어휘도 합성어로 굳어져 사이시옷이 개입할 근거가 있다면 표기에 반영해야 하는 것이다. 언어는 지금도 변화하고 있는데 표기는 보수적인 성향을 보이기 때문에 익숙하게 써 온 표기를 규정에 맞게 바꾸는 일도 쉽지 않아 이런 저런 모양으로 규정과 부합하지 않는 사례가 발견될 수 있음을 이해해야 한다.

사이시옷 표기 규정을 이해하고 준수하기 위해서는 합성어, 한자어, 고유어, 된소리, 속격 구성 및 합성어를 구성하는 요소들 간의 의미 관계에 대한 국어 지식이 요구된다. 따라서 사이시옷 표기 규정을 종합적으로 설명하고 지도하는 것은 김인균(2004)에서도 밝힌 바 있듯이 국어과 문법 교육 과정에 근거하면 중학교 3학년 이후가 적합한 것으로 보인다.[18]

한국어 교육에서는 외국인이 합성어 구성요소를 어원적으로 구분하는 문제나 음운변화를 이해하는 점이 어렵다는 점을 고려할 때 어휘를 지도할 때 그때그때 단어의 표기와 발음을 개별적으로 지도하는 것이 가장 좋을 것이다. 그러나 표기 규정에 대한 이해도 필요하기 때문에

....

18) 제7차 국어과 교육과정 문법영역 9학년에 제시된 지도 내용을 보면 가) 남북한 언어의 차이를 안다. 나)국어의 음운변동 규칙을 안다. 바) 맞춤법에 맞게 국어를 사용한다. 사)맞춤법에 맞게 국어를 사용하려는 태도를 지닌다. 김인균 (2004:455)에서는 고유어·한자어의 개념을 알고 '표준발음법'에 맞게 발음할 수 있도록 교육을 받는 6학년 때부터 서서히 사이시옷이 개재된 합성명사의 표기 및 발음을 단편적이나마 설명하면서 사이시옷에 대한 구체적이고도 종합적인 교육은 9학년 때 하는 것이 바람직하다고 보고 있다.

일반 한국어 능력시험(Standard TOPIK)의 등급별 평가기준표의 중급 (3급)에 제시된 "문어와 구어의 기본적 특성을 구분해서 이해하고 사용할 수 있다"는 내용과 쓰기 영역의 언어 사용 면의 평가기준인 "맞춤법에 맞게 표기 하였는가"를 고려할 때 한국어 중급 학습자부터 사이시옷에 대한 규범적 설명을 서서히 제시하는 것이 필요하다.

본고에서는 국어교육이나 한국어 교육의 특수성을 고려하여 구체적인 사이시옷 지도 방법에 대한 논의를 하지 않고 일반적인 사이시옷 지도 방법을 논의하려고 한다. 그러므로 본고에서 제시하는 지도방법은 교사가 학습자의 특성과 수준을 고려하여 수업에 필요한 내용을 선별하고 구체적인 학습지도안을 만들 때 이용할 수 있는 보조 자료로서의 성격을 지닌다. 아래 <표4>는 사이시옷을 받치어 적는 경우를 어문 규정을 중심으로 적되 국어학적 논의에서 유용하다고 생각되는 내용을 첨부한 것이다.

<표4> 사이시옷의 개재 조건

```
1) 형태 조건 : 합성명사(A+B)
2) 어원 조건 : A와 B중 적어도 하나는 고유어.
             (고유어+고유어, 고유어+한자어, 한자어+고유어, 일부의
             한자어+한자어 구성)
3) 음운 조건 : 선행 명사가 모음으로 끝나면서
             ① 뒷말의 첫소리가 된소리로 나거나,
             ② 뒷말의 첫소리 'ㄴ', 'ㅁ' 앞에서 'ㄴ' 소리가 덧나거나,
             ③ 뒷말의 첫소리 모음 앞에서 'ㄴㄴ' 소리가 덧나는 경우
4) 통사·의미 조건: 관형구성 중 속격구성, A(선행명사)는 무정물.
             A가 B의 시간, 장소, 기원·소유주, 용도의 의미로
             쓰이는 경우
```

> 5) 어휘 조건[19] : 합성명사의 구성 A+B에서 B가 무엇이든지 간에 거의
> 　　　언제나 A에 사이시옷을 개재시키는 명사('ㅅ 후치 명
> 　　　사'-갯, 뒷…), A가 무엇이든지 간에 거의 언제나 B에
> 　　　사이시옷을 개재시키는 명사('ㅅ 전치 명사'-ㅅ간(間),
> 　　　ㅅ길…)
> 6) 사전의 이용: 합성명사의 표기에 사이시옷이 개재되었는지, 합성명사
> 　　　의 올바른 발음은 무엇인지 사전의 표제항을 확인하고
> 　　　사전의 표기를 따른다.
>
> ※ 1)~3)은 사이시옷 개재에 있어 모두 만족되어야 하는 필수조건이며
> 　　조건 4)~6)은 참고조건임.

우선 <표4>를 통해 사이시옷이 표기되는 환경을 제시하고 이를 바탕으로 구체적인 용례를 살펴볼 필요가 있다. 위에서 제시한 원칙에 따라 사이시옷을 표기하는 원리지도법과 각각의 사례를 통해 사이시옷이 표기되는 경우와 그렇지 않은 경우를 대조해 보면서 대비지도를 하는 것이 유용하다. 다음에 제시된 지도 방법은 <표4>에 제시된 사이시옷 개재 조건을 교수·학습의 편의와 단계적 접근을 위해 각각의 조건을 구분하여 원리를 파악하도록 하는 것이기 때문에 교사는 학생들이 각각의 조건을 별개의 독립적인 내용으로 인식하지 않도록 주의해야 하며, 각각의 조건을 학습한 이후에 종합적으로 사이시옷에 대한 규정을 이해할 수 있는 확인 자료를 제시해야 할 것이다.

---

19) 엄밀한 의미에서는 합성에 참여하는 구성요소에 대한 내용이므로 형태론적 논의에 부합하나 구성요소의 개별성에 중점을 두어 개별 요소를 알아두는 데 초점이 있어 '어휘적 조건'이라고 하였다.

1) 형태 조건에 의한 사이시옷 개재

사이시옷 개재 조건	원리지도 사이시옷 ○	대비지도 사이시옷 ×	
합성명사(A+B)	등굣길, 하굣길 머릿속, 뱃속,	해님, 부처님, 예수님	명사+접사
		학교 길, 모자 속, 배 속(船內)	句 구성

사이시옷이 개재하는 형태 조건은 합성명사를 전제로 하기 때문에 접사는 제외되며, 구 구성은 사전을 참고하여 표제어로 등록되어 있지 않은 경우 띄어 쓰고 사이시옷을 적지 않는다.

2) 어원 조건에 의한 사이시옷 개재

사이시옷 개재 조건	원리지도 사이시옷 ○	대비지도 사이시옷 ×	
A와 B중 적어도 하나는 고유어	등굣길, 전셋집, 수돗물, 제삿날	로데오길, 피자집	외래어+고유어
		전세금, 수도세, 제사상	
한자어+한자어	곳간(庫間), 셋방(貰房), 숫자(數字), 찻간(車間), 툇간(退間), 횟수(回數)	방법(方法), 고가(高架), 간단(簡單)	한자어+한자어
		① 기능변화(어근→접사, 접사→어근)로 설명이 가능한 한자어 : 국문과, 사회성, 마음적, 總務課, 外科, 內科, 齒科, 高價, 代價, 時價, 大氣圈, 難治病, 年賀狀, 採點, 焦點, 利點, 月貰房, 傳貰房, ② 유추, 사회심리적 요인 : 사건, 효과	

| | ③ 의미변별에 기여하는 발음 전략
: 發病-발病[발뼁], 功績[공적]- 公的[공쩍]
高架道路[고가--]-高價[고까] |

    합성어를 구성하는 요소 중 적어도 하나는 고유어를 포함하는 것으로 한자어로만 구성된 합성어나 외래어가 섞여 있는 경우는 사이시옷을 개재할 수 없으므로 합성명사를 구성하는 요소가 동일 요소('전세')이더라도 어떤 단어와 합성을 이루는가를 따져보아야 한다. 한자어의 경우는 동일한 한자어가 들어 있는 단어여도 합성이 이루어지면서 발음이 달라지는 예가 있어 각별히 발음지도에 유념해야 하며 사이시옷을 표기하는 것은 원칙적으로 6개의 단어에 국한하고 경음이 발생하는 한자어는 사이시옷에 의한 것이 아니라 한자어의 기능변화 혹은 사회·심리적 요인에 의한 경음화에 의한 것, 동음이의어의 의미변별을 돕기 위한 발음 전략으로 설명한다.

3) 음운 조건에 의한 사이시옷 개재

사이시옷 개재 조건		원리지도 사이시옷 ○	대비지도 사이시옷 ×
모음으로 끝나는 선행명사	① 뒷말의 첫 소리가 된소리 로 나거나	갯값, 고랫재, 귓밥, 귓병, 깃대, 나룻배, 나뭇가지, 냇가, 머릿방, 뱃가죽, 뱃사공, 샛강, 샛길, 셋돈, 아랫방, 자릿세, 전셋집, 찻잔, 촛 불, 콧병, 텃세, 핏기, 햇수, 횟김	개구멍, 고 래기름, 기 와집, 말방 울, 새집(鳥 巢), 은돈, 콩밥…
	② 뒷말의 첫 소리 'ㄴ', 'ㅁ'	곗날, 냇물, 뒷머리, 멧나물, 뱃놀 이(船遊), 봇물, 빗물, 아랫니, 아	머리말, 인사 말

	앞에서 'ㄴ'소리가 덧나거나	랫마을, 양칫물, 잇몸, 제삿날, 콧날, 텃마당, 툇마루, 팻말, 훗날	
	③ 뒷말의 첫소리 모음 앞에서 'ㄴㄴ'소리가 덧나는 경우	갈댓잎, 가욋일(加外-), 고춧잎, 깻잎, 나뭇잎, 담뱃잎, 댓잎, 도리깻열, 두렛일, 뒷윷, 뒷일, 베갯잇, 사삿일, 예삿일, 허드렛일, 훗일	꼬마잎(=잔잎)배추 잎, 상추 잎
B의 첫소리가 된소리나 거센소리인 경우		개똥, 개펄, 뒤끝, 뒤처리, 뒤탈, 뒤편, 배탈, 보리쌀, 아래층, 위쪽, 허리띠, 허리춤; 셋째, 넷째	⇐ 사잇소리 현상은 있지만 표기에 사이시옷을 개재할 수 없다.
A의 끝소리 ㄴ, ㄹ, ㅁ, ㅇ 뒤에서 B의 첫소리가 된소리가 되는 경우		길가, 등불, 말소리, 물독, 밤길, 봄비, 산길, 촌사람; 군불, 범가죽	

사이시옷이 개재하는 음운 조건은 맞춤법 규정에 충실하되 규정에서 명시하지 않은 사잇소리 현상은 있으나 표기가 불가능한 예들을 알려준다. 동일한 음운환경이지만 사이시옷이 개재되지 않은 예들을 대비해 주고 이를 해결하기 위해 통사·의미 조건이나, 어휘 조건에 의한 사이시옷 개재 조건이 필요함을 주지시킨다.

4) 통사·의미 조건에 의한 사이시옷 개재

사이시옷 개재 조건			원리지도 사이시옷 ○	대비지도 사이시옷 ×
		A가 B의 시간	겨울밤, 밤일, 밤잠, 봄비, 아침밥, 어젯밤, 여름방학, 오홋반	가을고치, 풍년거지

구성		의미	예	예
관형구성	속격	A가 B의 장소	귓구멍, 뒷집, 들쥐, 바닷고기, 산돼지, 안방, 촌닭, 문고리, 물고기, 민물조개	코감기, 민물도요
		A가 B의 기원·소유주 (A=무정물)	나뭇가지, 바람소리, 솔방울, 땀방울, 빗방울, 촛불, 밀가루, 장밋빛, 잿물	
		A가 B의 용도	고깃배, 잠자리, 맥줏집, 안경집, 곗돈, 붙임줄, 싸움닭, 동냥자루, 세숫비누	노래방, 짐수레, 과일접시, 화장비누
	비속격	A가 B의 형상	머릿돌, 코뿔소	반달, 벙어리장갑, 소나기밥, 실비, 새우등, 올챙이배, 참외배꼽,
		A가 B의 재료	김칫국, 북엇국, 판잣집, 눈사람	기와집, 금가락지, 나무배, 도토리묵, 사기그릇, 종이배
		A가 B의 수단·방법	눈칫밥, 동냥글	도끼집, 불고기, 불장난, 전기다리미, 전기밥솥
		A가 B의 기원·소유주 (A=유정물)	머슴방, 부잣집, 할매집	고기배, 개다리, 돼지머리, 소가죽, 새소리
병렬구성				봄가을, 눈바람, 물불, 논밭, 아들딸, 피땀, 개돼지, 밤낮

사이시옷은 역사적으로 무정체언 뒤에 쓰는 속격표지였기 때문에 사이시옷이 속격의 관형구성에서 발생하는 것이 원칙임을 설명해줄 필요가 있다. 통사·의미 조건에 의한 의미론적 해석은 다소 혼잡한 양상을 보이므로 언어 현상을 관찰하는 학습 자료로 구성하되 예외 사례를 많이 강조하다보면 혼동이 되는 일이 있기 때문에 일반적으로는

합성명사의 구성요소 A가 후행요소 B의 시간, 장소, 기원·소유주, 용도인 경우에 사이시옷을 쓴다는 원리 중심으로 설명하는 것이 바람직하다. 학생들이 일상적으로 많이 쓰는 표현이나 간판, 메뉴, 교과서, 서적, 거리이름, 사전을 이용해 자료를 수집하도록 하여 학습 흥미를 유발시키고 탐구 과제를 제시하는 것도 좋을 것이다. 동음이의어나 동일한 합성요소를 포함하는 단어 쌍을 제시하고 의미를 변별해 보도록 지도하는 것도 하나의 방법이 될 수 있다(나무집-나뭇집, 고기배(魚腹)-고깃배(漁船), 밤밥(夜食)-밤밥(栗飯), 산불(生-)-산불(山-), 잠자리(곤충)-잠자리(寢牀) // 고춧가루-고추장, 칼자루-칼국수, 손가방-손잡이, 장밋빛-장미색).

5) 어휘 조건에 의한 사이시옷 개재

사이시옷 개재 조건	원리지도	대비지도
	사이시옷 ○	사이시옷 ×
ㅅ 후치 명사	강ㅅ: 강달, 강바람, 강가, 강골, 강고기 갯: 갯가재, 갯논, 갯다슬기, 갯바닥, 갯바위, 갯버들 길ㅅ: 길바닥, 길동무 논ㅅ: 논두렁, 논고랑, 논길, 논다랑이, 논도랑, 논고, 논김 뒷: 뒷골목, 뒷공론, 뒷날, 뒷날개, 뒷대 들ㅅ: 들개, 들장미, 들고양이 땅ㅅ: 땅집, 땅벌레, 땅거미 바다ㅅ: 바닷고기, 바닷새, 바닷새, 바닷길, 바닷바람, 바닷속 밤ㅅ: 밤손님, 밤짐승, 밤거리, 밤공부, 밤교대, 밤길 방ㅅ: 방구들, 방바닥, 방고래 아래ㅅ: 아랫것, 아랫길, 아랫녘, 아랫니, 아랫목, 아랫사람	

	예ㅅ: 옛날, 옛말, 옛이야기, 옛일, 옛적 윗/웃: 웃돈, 윗사람, 윗마을 차ㅅ: 찻바퀴, 찻소리, 찻길, 찻삯	
ㅅ 전치 명사	ㅅ가게: 담뱃가게 만홧가게 반찬가게 쌀가게 연탄 　가게 ㅅ간(間): 개숫간, 곳간, 극간, 찻간, 뒷간 ㅅ값: 땅값, 술값, 물값, 나잇값, 대폿값, 최댓값, 반 　값 ㅅ국: 고깃국, 김칫국, 된장국, 북엇국, 콩국 ㅅ기슭: 강기슭, 귓기슭, 늪기슭, 산기슭, 물기슭 ㅅ길: 고갯길, 들길, 밤길, 뱃길, 산길, 샛길, 벼슬길, 　출셋길, 자갈길 ㅅ바닥: 길바닥, 논바닥, 발바닥, 손바닥 ㅅ살: 가슴살, 갈빗살, 눈살, 비곗살, 엉덩잇살, 주름 　살	구멍가게

　어휘 조건에 근거한 사이시옷 개재 여부는 사이시옷이 합성명사에 발생하기 때문에 합성 명사를 구성하는 요소가 사이시옷을 개재한 채 생산적인 용법을 보이는 경우 그러한 합성명사 구성 요소를 아는 것이 표기를 용이하게 한다는 전제하에 교육될 필요가 있다. 어휘적 접근은 체계화와는 다소 거리가 있어 개개의 어휘 구성소를 하나하나 익혀야 하는 불편함이 있지만 표기가 눈에 익고 나면 불편함이 점차 사라질 것이다. ㅅ 전치 명사가 자음으로 끝나는 선행명사와 결합하거나 자음으로 끝나는 ㅅ 후치 명사는 발음에는 사잇소리가 나지만 표기에는 사이시옷을 개재할 수 없기에 발음 지도에 각별히 주의를 기울일 필요가 있다.

　원리지도법과 대비지도법으로 사이시옷 표기 규정을 설명할 때 형태, 어원, 음운에 의한 조건을 동시에 만족시키는 경우에 이차적으로 통사·의미와 어휘 조건을 고려하는 것이 바람직하다.[20] 그다음에 일반 원리에서 벗어난 사례는 개별적으로 알아둘 필요가 있다. 교사는 대비지도를 하면서 오히려 원칙을 혼동하지 않도록 세심한 주의를 기울여야 할 것이다. 가급적이면 원칙과 원칙에 해당하는 용례를 많이 설명해주고 학생들이 원칙에 익숙해지고 나서 예외적인 경우를 설명하는 것도 좋다.

　마지막으로 교사는 사이시옷 규정에 대한 원리 학습을 하는 과정에 학생들이 사전을 이용하도록 격려할 필요가 있다. 국립국어원에서 편찬한 표준국어대사전은 인터넷을 통해 검색이 가능하며 <자세히 찾기> 기능이 있어 관련 어휘나 동일한 합성 명사 구성 요소를 일괄적으로 검색하기에 좋다.

5 정리

　이제까지 사이시옷에 대한 국어학적 논의 및 한글 맞춤법 규정 그리고 지도 방법에 대해 살펴보았다. 언제 사이시옷을 쓰고 안 쓰는지를 따져서 표기하는 것은 무척 번거로운 일이다. 한글이 한국어를 표기하는 데는 최적의 음소문자이지만, 그렇다고 해서 표기가 모든 발음을

---

20) 본고는 어문 규정을 중심으로 사이시옷을 개재하는 통사·의미 자질과 어휘 자질을 통합하려고 하였으나 엄태수(2006:179~187)에서는 규정의 내용보다 통사·의미 자질과 어휘 자질에 중점을 둔 것으로 보인다. 원리의 강도 ①>②>③ ① 병렬관계에는 사이시옷이 개입하지 않는다. ② ㅅ전치성, ㅅ후치성 명사에 의해 결정되며 ㅅ 전치/후치 명사를 결정하는 원칙은 다음 세 조건중 하나 이상을 만족하는 경우라고 한다. ⓐ제1요소가 무정체언인 속격구성 속에서 일관되게 사이시옷이 나타난다. 속격구성에서도 사이시옷이 예외적으로 쓰이지 않기도 하지만 비속격 구성에서도 사이시옷이 나타난다. ⓒ비속격구조에서 일관되게 사이시옷이 나타난다. ③ 무정체언의 속격구조에 사이시옷이 개입한다.

완벽하게 반영할 수는 없다. 사이시옷 표기는, 소리 나는 대로 표기하여 읽기를 어렵게 하는 것을 막고자 형태를 많이 바꾸지 않으려는 일면과 동시에 바뀐 소리도 반영하고자 하는 양극단의 결합이 빚은 문제를 고스란히 안고 있는 것으로 보인다.

국어학의 하위 영역에서도 사이시옷에 대한 다각적인 연구가 행해지고 있으나 아직 모든 논의를 종합할 이론적 합의는 없다. 규정에도 여러 문제점이 있으니 권위 있는 기관에서 개선책을 마련하고 지속적으로 정책적인 지원을 할 필요가 있다. 사이시옷 규정이 지닌 문제점 중에서도 사이시옷 표기 규정은 표기 규정임에도 지나치게 발음 위주의 규정임을 문제시하지 않을 수 없다. 표기를 올바르게 하는 점에 중점을 두면 다소 쓰는 사람은 번거로워도 보고 읽기에 편리하도록 형태와 의미가 동일한 요소는 동일한 표기로 나타낼 필요가 있다. 따라서 규정에 형태·의미론적 정보를 명시하여 문자 언어적 특성을 부각시켜야 할 것이다.

국어교육과 한국어 교육에서 사이시옷을 지도할 경우 학습자가 사이시옷 규정에 필요한 국어 지식을 이해할 수 있는 수준이 되었을 때 원리지도와 대비지도를 통해 사이시옷에 대한 종합적인 이해를 하는 것이 중요하다. 이를 위해 본고에서는 사이시옷이 개재할 수 있는 형태, 어원, 음운, 통사·의미, 어휘 조건에 대해 논의하였다. 사이시옷이 개재되는 환경이 다양하고 예외도 많고 설명할 수 없는 예들도 있다 보니 학습에 어려움이 있다. 그러나 복잡한 언어 현상을 있는 그대로 관찰하고 탐구하는 자세를 교육하는 것은 언어 현상을 정확하게 이해할 수 있는 능력을 기르는 데 도움을 줄 수 있다.

국어교육과 한국어 교육 현장에서 학생들에게 맞춤법 규정을 정확하게 이해할 수 있는 기회를 수업 환경으로 제공할 수 있도록 교과서나 여러 제반 여건을 구비해갈 필요가 있다. 원리에 대한 교수·학습은 짧은 시간 동안에 이루어지지만 원리 학습을 통해 실제로 응용할 수 있는 능력을 갖추면 수업의 파급 효과는 자못 큰 것이다. 학생들이 언어를 탐구하고, 실제 언어생활에 원리를 적용하며 맞춤법 규정에 맞게 언어를 사용하고자 하는 의식을 함양하고 태도를 기를 수 있기 때문이다.

참고문헌 ─────────────────────────────

구본관(2008), 「맞춤법 교육 내용 연구-한글 맞춤법의 원리를 중심으로」, <국어교육>127, pp.195~232.

김기혁(2001), 『국어학』, 박이정, pp.109~113.

김인균(2002), 「합성명사의 의미 관계와 사이시옷에 대하여」, <한국어 의미학>11, pp.119~137.

_____(2004), 「사이시옷 교육론」, <어문연구> 32-2, 한국어문교육연구회, pp.437~460.

김창섭(1996), 『국어의 단어형성과 단어구조 연구』, 태학사, pp.23~73.

문교부(1988), 『국어 어문 규정집』, 대한교과서주식회사.

민현식(2008), 『국어 정서법 연구』, 태학사.

박갑수(2005), 「중국의 "조선말맞춤법"과 한국어 교육」, <국어교육연구>16, pp.7~45.

박일순(2002), 「남북한 언어의 동질성 회복을 위한 연구」, 선문대 석사논문, pp.38~41.

시정곤(1994), 『국어의 단어형성 원리』, 국학자료원, pp.202-219.

엄태수(2006), 「현대국어 사이시옷 현상의 검토」, <국제어문>38, pp.165~200.

이은애(1995), 「사이시옷의 교수-학습 방안」, 전남대학교 석사논문.

이희승·안병희(1994), 『고친판 한글 맞춤법 강의』, 신구문화사.

임석규(2008), 「사이시옷 규정의 문제점 고찰」, <우리말글> 43. pp.1~23.

임홍빈(1981가), 「사이시옷 문제의 해결을 위하여」, <국어학>10, 국어학회, pp.1~35.(『국어 문법의 심층 2』(1998), 태학사, pp.307~340. 재수록).

_____(1981나), 「존재 전제와 속격 표지 {의}」, <언어와 언어학> 7, 외대언어연구소, pp.61~78.(『국어 문법의 심층 2』(1998), 태학사, pp.283~306. 재수록).

전철웅(1990), 「사이시옷」, 『국어연구 어디까지 왔나』, 동아출판사, pp.186~194.

하세경(2006), 현대국어 사잇소리 현상의 형태론과 음운론, 서울대학교 박사논문.

한송이(2004), 「사잇소리 지도방안 연구」, 한국교원대 교육대학원 석사논문.

제 2 장
국어교육의 전략과 탐색

제2장 국어교육의 전략과 탐색

쓰기에서의 인지주의 사고 모형 탐색
　‘계획하기 단계’를 중심으로

2007 개정 국어과 교육과정의 〈읽기〉 영역 내용 검토

매체언어적 동기유발 수업을 통한
　자기표현능력 신장 및 평가 방안

쓰기에서의 인지주의 사고 모형 탐색

―'계획하기 단계'를 중심으로―

 **1 쓰기 교육의 전략과 탐색의 필요성**

　사회 변화에 따른 새로운 요청에 따라, 사려 깊은 판단과 창의적인 사고를 할 줄 아는 사람이 그 어느 때보다도 강조되고 있다. 이에 교육의 본질적인 목표 중의 하나는 '생각하는 힘'을 길러 주는 일, 즉 사고력 신장이 되었다. 교육의 본질적인 목표가 생각하는 힘을 길러 주는 일이라면, 쓰기 교육의 목표도 거기에서 크게 벗어나지 않을 것이다.

　지금까지 쓰기 교육은 쓰기 이론에서 쓰기 현상을 어떻게 규정하고 정의하느냐에 따라 쓰기 교육의 구체적인 모습도 함께 변화해 왔다. 대체로 쓰기 이론은 쓰기 교육의 내용을 제공하면서 큰 영향력을 행사해 왔고, 쓰기 교육은 이를 기반으로 하여 교육 방법을 구성해 왔다. 지금까지 논의된 쓰기 이론에는 형식주의 쓰기 이론, 개인 인지주의 쓰기 이론, 사회 구성주의 쓰기 이론 등이 있다. 이들 이론은 쓰기 현상을 이루는 여러 요소들 가운데 텍스트의 자율성을 중시하느냐, 혹은 의미 구성의 과정을 중시하느냐, 의미 구성 과정에서의 사회적 맥락을 중시하느냐에 따라 관점의 차이가 생겨난 것이다. 그런데 여기에서 한 가지 문제점이 발견된다. 이들 쓰기 이론은 사고력 개발을 위한 핵심적인 요소인 필자[1]의 사고 과정에 관한 정보를 제공하지 못하고 있다.

이에 본 연구에서는 계획하기 단계에서 필자가 어떤 단계나 절차를 거쳐 상황·맥락적 요소와 텍스트적 요소를 수용하여 의미를 구성하는가를 밝히고, 이를 토대로 하여 텍스트 생산 과정에서의 필자의 내적 사고 과정을 쓰기 모형으로 구안해 보고자 한다.

이를 위하여 기존 쓰기 이론과 이와 관련된 대표적인 쓰기 모형[2]에서 의미 구성의 과정을 어떻게 설명하는가를 고찰하면서, 실제 쓰기 활동에서 필자의 내적 사고 과정을 설명하는 데 갖는 한계를 제시하고자 한다. 그런 다음 인하대학교에서 2009년 1~2학기 글쓰기 수업을 듣는 1학년 학생들이 '계획하기 단계'에서의 쓰기 활동을 면밀하게 관찰하여 필자의 '내적 사고' 과정을 구명하고자 한다. 대상 학생을 연구자의 글쓰기 수업을 듣는 학생들로 선정한 까닭은 대상 학생들의 급 (학년) 정도 되어야 내적 사고 과정을 비교적 정확하게 파악할 수 있으리라고 생각했기 때문이다.

....

1) 본 연구에서 '필자'는 '글 쓰는 이' 혹은 '작가'를 뜻하는 용어로 사용하고, '연구자'는 '실제 연구자'를 가리키는 용어로 사용하고자 한다.
2) 쓰기 활동은 인간 행위의 한 현상으로서, 이를 탐구하고 설명하기 위한 기제가 필요하다. 이 때 '이론'이나 '모형'이라는 용어를 사용할 수 있다. 여기에서 '쓰기 이론'은 쓰기 활동에 대한 가정적인 설명을 의미하고, '쓰기 모형'은 쓰기 이론을 구성하는 요인들의 상관관계를 구체화시키고, 추상적인 구조를 명시적인 구조로 나타낸 것을 말한다.

 필자의 '사고'를 중심으로 살펴본
쓰기 이론과 쓰기 모형

　쓰기 행위는 의미를 구성하는 행위이다. 전통적 수사 이론에 그 뿌
리를 둔 쓰기 이론은 최근에 이르러 언어학, 심리학, 사회학 등의 분야
에서 이루어진 연구 결과들을 종합하여 사회적이고 개인적인 성격을
동시에 지닌 의미 구성 현상을 설명하는 데 주력하고 있다. 의미 구성
행위의 설명을 주된 목적으로 하는 쓰기 이론은 개별 필자의 특성이나
내적 사고 활동, 쓰기 활동의 결과인 텍스트, 텍스트 생산에 관여하는
사회·문화적 상황 사이의 관계를 어떻게 설명하느냐에 따라 크게 형식
주의 쓰기 이론, 인지주의 쓰기 이론, 사회 구성주의 쓰기 이론으로 분
류할 수 있다. 이들 쓰기 이론에 대한 자세한 설명은 여러 연구에서 자
세히 다루었으므로 여기에서는 쓰기 활동에서 의미를 구성하는 데 필
자의 내적 사고 과정에 초점을 두고 살펴보고자 한다.

　1960년대 이전까지 쓰기 이론은 형식주의적 성향을 띠고 있었다. 형
식주의 쓰기 이론가들은 언어는 객관적인 요소로 조직된 고정된 체계
이기 때문에 텍스트의 의미는 그 자체로서 자율성을 지닌 텍스트 내에
존재한다고 보았다. 그리고 필자는 자신이 생각한 바를 전달하기 위해
형식이나 어법, 문체, 문법 등을 중시하며 텍스트를 구성하고, 텍스트
는 필자가 표현한 의미를 명시적으로 드러낸다고 주장하였다. 즉 형식
주의 쓰기 이론에서는 텍스트 자체를 분석의 대상으로 삼으며, 텍스트
의 개념을 의미를 온전히 담고 있는 자율적인 실체로 규정하고, 필자
를 의미의 전달자로, 독자를 의미의 수동적인 수신자로 취급하였다. 형
식주의 쓰기 이론가들은 의미 구성 방식에 관하여 필자가 모범적인 수
사적 규칙을 활용하여 텍스트를 구성하면, 객관적인 지식의 실체를

담은 텍스트가 스스로 작동하여 독자에게 의미를 전달하게 된다고 보았다.

형식주의 쓰기 이론을 대표하는 모형으로는 Roman & Wlecke(1964)의 '단계적 쓰기 모형'을 들 수 있다.

<그림-1> 단계적 쓰기 모형

단계적 쓰기 모형은 쓰기 전(prewriting), 쓰기(writing), 쓰기 후(postwriting)의 세 단계로 이루어져 있다는 점에서 필자의 의미 구성 능력을 어느 정도 인정하고 있다고 볼 수도 있다. 하지만 위의 모형은 필자 개인이 가지고 있는 경험이나 지식의 차이에 따른 역동적인 의미 구성 행위를 설명하기보다는 텍스트를 완벽하게 모범적으로 구성하기 위하여 쓰기 과정을 나눈 것으로 보는 것이 타당하다. 따라서 형식주의 쓰기 이론과 모형은 텍스트를 완벽하게 모범적으로 구성하면 의미가 전달된다는 점에 초점을 둔 모형으로, 쓰기 과정에서 필자의 의미 구성 능력은 거의 고려되지 않은 것으로 볼 수 있다.

1980년대에 접어들면서 쓰기는 기본적으로 역동적인 의미 구성 과정, 즉 계층적으로 조직된 인지적 표상을 텍스트로 번역하는 과정이라는 인식이 쓰기 이론가들 사이에 널리 확산되었다. 인지주의 쓰기 이론가들은 언어는 인간의 경험을 조직하고 형상화함으로써 그 경험에 의미를 부여하고, 이렇게 생성된 의미는 우리 머릿속에 저장되어 여러 정신 작용을 조정하기도 하고, 나아가서는 새로운 의미를 구성하는 작용을 활성화하는 것으로 보았다. 이들은 의미를 구성하는 필자에 주목하여, 개별 필자의 쓰기 행위를 분석의 대상으로 삼았다. 그들은 필자가 쓰기 과정에서 부딪치는 문제들을 다양한 전략을 사용하여 해결하며 의미를 구성해 나간다고 보았다. 인지주의 쓰기 이론에서는 텍스트는 필자의 계획과 목적, 사고를 언어로 번역한 것으로 규정하고, 필자를 수사론적 문제 해결자로, 독자를 능동적이고 목표 지향적인 해석자로 설명하고 있다.

필자의 인지 과정에 관한 연구 가운데 대표적인 쓰기 모형은 Flower와 Hayes(1980)가 제안한 '인지적 쓰기 모형'이다. 개인 인지주의 쓰기 이론을 바탕으로 이루어진 쓰기 모형들은 대체로 그 중심 요소가 쓰기의 과정과 필자의 사고 내적 구성에 중점을 두고 있다. Flower와 Hayes 또한 쓰기 과정에서 일어나는 필자의 인지 행위를 탐색하기 위하여 주로 대학생들을 대상으로, 사고 구술법(think-aloud method)을 통해 쓰기 과정에서 일어나는 필자의 인지 행위를 탐색하여 다음과 같은 모형을 제시하였다.

<그림-2> 인지적 쓰기 모형

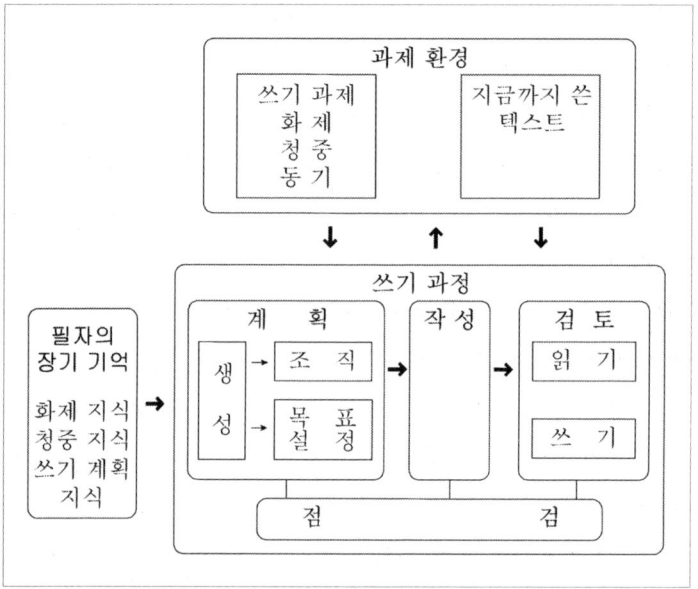

Flower & Hayes(1980)는 필자들이 글을 쓰는 동안 어떠한 사고 과정을 거치는지를 관찰하여, 의미 구성 과정에 영향을 미치는 핵심 요인으로 '쓰기 과제 환경', '필자의 인지 과정', '필자의 장기 기억' 세 가지를 제시하였다. 이들에 의하면, 쓰기 활동은 목표 지향적인 사고 과정(a goal-directed thinking process)이고, 이 과정은 필자의 의식 속에서 스스로 설정하여 조직화하는 목표에 의해 이루어진다. 필자는 글을 쓸 때 먼저 수사적인 문제 상황을 인식하고 목표를 설정한 다음, 이를 해결하기 위하여 목표를 이루는 하위 문제를 살펴보고, 이를 해결하려고 한다. 필자는 해결 가능한 문제를 발견하고 하위 목표에서부터 높은 수준의 목표를 해결해 나간다. 이러한 과정은 계획하기, 작성하기, 검토하기의 쓰기 전(全)과정을 통해 일어난다고 파악하고, 쓰기

과정을 문제 해결의 과정이며, 의미를 구성해 가는 과정이라고 설명하고 있다.

인지주의 쓰기 이론과 모형에 의하면, 필자에 의해 구성된 의미는 텍스트를 거쳐 독자에게 전달된다. 필자는 전략을 활용하여 문제를 해결함으로써 의미를 구성하고 그것을 텍스트로 표현하는데, 이 때 필자는 독자를 고려[3]하여 아이디어를 생성, 조직, 표현하게 된다. 인지주의 쓰기 이론은 필자가 글을 쓰는 과정에서 일련의 문제 해결 행위를 통해 의미를 구성한다는 점을 밝혔다는 점에서는 큰 의의가 있지만, 글쓰기를 개인에 한정된 문제로만 인식할 뿐 쓰기가 이루어지는 구체적인 사회·문화적 상황이나 맥락(독자)의 영향을 받으며 의미를 구성하는 필자의 인지적 사고 조작 과정을 간과했다는 한계를 지닌다.

1970년대의 쓰기 연구가 필자 개인의 인지적 과정에 대한 연구에 치중했다면 1980년대의 쓰기 연구는 필자를 둘러싸고 있는 환경이나 개인과 개인 사이의 관계에 치중하는 경향을 띠었다. 사회 구성주의 쓰기 이론가들은 필자 개개인은 개별적으로 쓰기를 하는 것이 아니라 의미를 구성하는 과정에 영향을 미치는 언어 사용 집단 혹은 언어 공동체의 일원으로서 쓰기 행위를 한다고 주장하였다. 또한 텍스트의 실질적인 의미는 필자 자신과 타인 사이 또는 개인과 언어 공동체의 협상과 해석의 결과이기 때문에, 담화 공동체 구성원들 간의 대화를 강조

....

3) 형식주의 쓰기 이론에서는 독자의 역할을 거의 인식하지 못했지만 개인 인지주의 쓰기 이론에서는 부분적으로 이를 인정하고 있는 것이다. 하지만 인지주의 쓰기 이론에서 독자는 필자의 인지 과정 외부에 존재하면서 쓰기 행위에 영향을 주는 의미만 지닐 뿐, 쓰기에 영향을 주는 본질적인 요인은 되지 못한다. 다시 말해서 인지주의 쓰기 이론에서 독자는 필자와 직접적인 상호 작용을 하기보다는 글을 쓰기 전에 필자가 고려해야 할 대상으로 간접적인 영향을 준다고 볼 수 있다.

하였다. 즉 사회 구성주의 쓰기 이론가들은 필자가 텍스트를 구성하는 과정에서 수많은 다른 사람들과 사회적 혹은 내적인 대화에 참여하면서 의미를 구성한다고 보았다. 이 때 대화는 한 사람의 통일된 목소리를 내는 대화뿐만이 아니라 서로 다른 입장을 가진 쌍방 간의 대화를 포함하는 넓은 의미로 이해하였다.4)

Nystrand(1989)는 텍스트의 의미는 필자와 독자 간의 상호 작용에 의해 구성된다고 주장하면서 이를 다음과 같은 쓰기 모형으로 제시하였다.

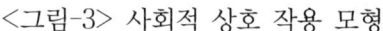

<그림-3> 사회적 상호 작용 모형

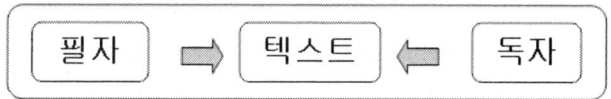

위의 그림에서 알 수 있듯이, 사회적 상호 작용 모형에서는 의미 구성 과정에서 어떤 독자와 어떤 대화를 나누느냐에 따라 텍스트의 내용, 구성, 표현이 달라진다. 따라서 쓰기 요소 가운데 독자(언어 공동체)를 분석의 대상으로 삼으며, 텍스트를 언어 공동체의 담화 관습 및 규칙의 집합으로 정의내렸다. 그리고 필자와 독자는 담화 공동체의 사회화

---

4) 구성원 간의 대화를 해석하는 방식에 따라, 사회 구성주의 쓰기 이론과 대화주의 쓰기 이론으로 나누는 것이 가능하다. 사회 구성주의 쓰기 이론은 사회적 합의나 타협을 강조하고, 대화주의 쓰기 이론은 개인과 개인 사이에 균형을 유지하려는 상호 작용을 중요하게 다룬다는 점에서 구별이 가능하다. 하지만 두 이론 모두 사고의 기반을 공동체에 두고 있으며, 의미는 공동체 구성원들 간의 대화적 상호 작용을 통해서 생성된다는 점에서 동일한 관점을 가지고 있다. 이에 본 연구에서는 두 이론이 동일한 철학 기반을 지닌다는 점에 주목하여 이를 구별하지 않기로 한다.

된 구성원으로 보고, 텍스트를 통한 의미 구성 능력은 언어 사용 집단 으로서의 담화 공동체 혹은 학문 공동체의 참여로 가능하다고 생각하 였다.

하지만 Nystrand(1989)의 '사회적 상호 작용 모형'은 이러한 내용을 담은 기본적인 모형의 틀만 제시하고 있을 뿐, 모형을 이루는 세부 요 소나 요소 간의 관계를 파악할 수 있는 장치가 마련되어 있지 않다. 이 후 구안된 사회 구성주의 쓰기 모형에서는 쓰기 과정에서 작동할 수 있는 상호 작용적 변인들, 필자가 예측하고 해석하는 독자의 기대, 독 자에 대한 선행 의사소통의 영향, 필자가 지금까지 작성한 텍스트의 영향, 필자가 예측하는 독자의 반응, 의사소통을 시발하는 맥락 등과의 관계를 파악할 수 있는 장치를 마련하기는 했지만, 이들 사이의 관계 가 구체적으로 구명되지 않았다.

사회 구성주의 쓰기 이론과 이들 구체화한 쓰기 모형은 필자와 텍스 트와 독자가 상호작용을 통하여 새로운 의미를 창출한다는 점을 밝혔 다는 점에서 의의가 있다. 하지만 이들 간의 관계를 분명하게 파악하 지 못했을 뿐만 아니라, 의미 구성을 가능하게 하는 필자의 내적 사고 과정을 간과했다는 한계를 지닌다.

지금까지 '형식주의 쓰기 이론', '인지주의 쓰기 이론', '사회 구성주 의 쓰기 이론'에서 쓰기 현상을 어떻게 바라보고 있는지 분석해 보고, 쓰기 이론을 구체화된 형태로 제시한 '단계적 쓰기 모형'(Roman & Wlecke, 1964), '인지적 쓰기 모형'(Flower & Hayes, 1980), '사회적 상 호 작용 모형'(Nystrand, 1989)을 통해 필자의 내적 사고 과정에 주안 점을 두고 의미 구성 방식을 검토해 보았다. 형식주의 쓰기 이론이나 인지주의 쓰기 이론, 사회 구성주의 쓰기 이론은 필자와 텍스트, 독자 를 둘러싼 사회·문화적 상황 사이의 상호 작용을 통한 의미 구성을 설명하기에는 부족한 점이 많다. 실제 그것이 투입되는 국면에서는 선명한 구분들이 무너지거나 통합적으로 운영되는 경우가 많다.

그렇다고 해서 각 이론이나 모형이 잘못되었다는 것은 아니다. 이들 쓰기 이론과 쓰기 모형이 수립하고 있는 쓰기에 관한 특징이나 요소 간의 관계는 쓰기 현상을 이해하는 데 부분적으로 유용한 지식이나 정보를 제공해 준다. 하지만 쓰기 과정에서의 필자의 내적 사고 과정을 온전하게 설명하기 위해서는 실제 쓰기 활동에서 필자가 문맥과 상황을 이해하고, 쓰기 지식을 활용하며 의미를 구성해 나가는 활동을 탐색하여 설명하는 일이 무엇보다 필요하다.

다음에서는 필자의 개별적인 사고 과정에 초점을 두되, 고립된 상황에 놓여 있는 필자를 대상으로 한 것이 아니라 담화 공동체의 일원으로 역동적으로 의미를 구성하는 필자를 대상으로 하여, 텍스트 생산 과정을 관찰하여 분석해 보고자 한다. 이 때 쓰기 행위는 사회적인 힘 내지는 관습에 영향을 받기 마련이다. 담화 공동체와 그 공동체의 관습은 필자의 언어와 사상, 수사적 움직임에 영향을 미칠 수밖에 없다. 이와 같은 점에 유의하면서, 쓰기 활동 중에 필자가 외부에서 유입되는 다양한 정보를 어떻게 인식하면서 내용을 생성하고, 다른 새로운 관점의 생성으로 인해 지금까지 구성된 사고 내용과 의미 구성체5)를 재해석하는 경우나 혹은 원래의 관점을 버리고 새로운 관점으로 바꿈으로써 의미를 구성하는 과정을 면밀히 관찰, 분석함으로써 필자의 내적 사고 과정을 탐색해 보고자 한다.

5) 본고에서는 '사고 내용'과 '의미 구성체' 이 두 용어를 구별하여, '사고 내용'은 쓰기 대상인 하나의 사건, 사물, 현상 등에 대해 필자가 생각하거나 생성해 낸 내용을 의미하는 것으로, '의미 구성체'는 이 사고 내용이 체계화되어 있는 결과를 의미하는 것으로 사용하고자 한다.

3 '계획하기 단계'에서의 필자의 내적 사고 과정 탐색

실제 쓰기 활동을 살펴보면, 필자는 먼저 쓰기 과제를 확인하고 나름대로 문제를 마음속에 표상한 다음, 필요한 전략을 동원하여 사고 조작의 과정을 거치면서 글을 써 나간다고 볼 수 있다. 필자는 자신이 지닌 장기 기억 내에 보관되어 있는 여러 정보들 가운데 과제를 해결하는 데 필요한 내용을 선택하여 마음속에 문제를 표상한다. 우리가 어떤 물건이나 사건을 경험하면 그 내용은 우리의 머릿속에서 어떠한 형태로든 흔적으로 남게 되는데, 이것을 '표상'이라 부른다. 필자는 과제 환경에 따라 장기 기억에서 지식을 인출하여 이를 변형, 조직하는 '심리적 표상' 단계와 이를 기호화하는 '언어적 표상' 단계를 거치게 된다. 보통 글을 쓸 때에는 자신의 머릿속에 의미를 만들어 내는 구성 행위와 그것을 문자로 옮겨 적는 필사의 행위가 동시에 일어나기 때문에, 이 두 행위는 서로 간에 영향을 주고받으며 복합적으로 작용한다. 필자가 쓰기 과제를 처음 만나서 의도적으로 의미를 구성하기 위해서 생각을 집중하고 통제하는 사고 활동의 서열화하면 다음과 같다.

① 먼저 필자가 쓰기 과제(화제)를 만난다.
② 이 때 필자의 장기 기억(내용스키마/형식스키마) 가운데 일부분이 화제에 자극을 받아 작동한다.
③ 화제와 관련하여 쓰기 과제에 필요한 작동 기억(내용스키마/형식스키마)이 작동한다.
④ 쓰기의 과정-계획하기, 아이디어 창안·조직하기, 표현하기 단계-을 거친다. 6)

쓰기의 각 과정은 크게 두 단계로 나누어진다.

step1: 정보를 심리적으로 표상하는 단계
step2: 언어로 표상하는 단계(단어, 구, 절, 문장, 문단...)

⑤ 쓰기 전(全) 과정이 담화 공동체와 그 관습으로 둘러싸여 있다.
⑥ 과제 환경으로 새롭게 유입되는 정보와 작성된 텍스트가 있고, 이는 또 다시 장기 기억을 자극하여 회귀적으로 쓰기 과정을 거친다.

본 연구자가 특히 주목한 점은 필자가 쓰기 과제에 대하여 생각하는 바를 언어로 표현하는 방식이다. 필자는 각 쓰기 과정별로 해결해야 할 문제를 중심으로 의미를 구성해 나가고, 이 과정이 머릿속에서 이

---

6) 쓰기 과정은 기능을 기준으로 나누는 방식과 시간의 흐름에 나누는 방식이 있다. 기능 중심으로 나누는 방식은 텍스트를 생산하기 위해 필자가 각 단계에서 구체적으로 무엇을 하는지에 대한 정보를 얻을 수 있다는 장점이 있다. 그리고 쓰기 행위에서 나타나는 역동성이나 순환성을 보다 잘 설명할 수 있다는 이점도 있다. 따라서 본고에서는 쓰기 과정을 기능을 중심으로 '계획하기-아이디어 생성·조직하기-표현하기 단계'로 나누고자 한다. '아이디어 생성하기' 단계와 '아이디어 조직하기' 단계를 통합한 까닭은 '아이디어 생성하기' 단계에서 생성된 내용은 아이디어를 조직하는 방식에 영향을 미치기도 하고, '아이디어 조직하기' 단계의 원리는 새로운 아이디어를 생성하는 데 효과적인 방법이 되기도 하면서, 서로 밀접한 관계를 맺기 때문이다. 본고에서 '수정하기'를 독립된 쓰기 단계로 설정하지 않은 까닭은 수정하기를 단순히 초고를 고쳐 쓰는 행위로 파악하기보다는 필자 내에서 혹은 필자와 공동체 사이에서 발생하는 대화를 통해 의미가 역동적으로 구성된다는 점을 강조하기 위해서이다. 다시 말해서 수정하기를 쓰기 활동의 회귀적인 특성을 설명하는 요소로 파악하여 쓰기 전체 과정에서 수시로 일어나고, 이로 인해 의미 구성이 촉진된다고 보았다. 이와는 달리 쓰기 과정을 쓰기 전(prewriting), 쓰기(writing), 쓰기 후(postwriting)와 같이, 시간의 흐름에 따라 나누는 방식도 있다.

루어지면 '심리적 표상 단계'에 해당되고, 문자 언어로 기록되면 '언어적 표상 단계'에 해당된다. 간혹 학생들이 "제가 뭘 말하려고 하는지는 알겠는데, 그걸 어떻게 언어로 표현해야 할지 모르겠어요"라고 말하는 경우는 표상의 단계가 심리적 표상 단계와 언어적 표상 단계로 나뉘어져 있음을 보여준다. 필자는 새로운 정보를 기억하고 그 정보를 가지고 무엇인가를 생각하기 위해서 이 정보를 언어적으로, 또는 비언어적으로 내적인 심리적 표상을 한다. 글쓰기를 할 경우, 이러한 심리적 영상(mental image)들 가운데 어떤 것들은 손쉽게 언어적인 표상으로 옮겨지지만 어떤 것들은 그렇지 못한 경우가 발생하기도 한다(원진숙·황정현, 2006:128). 이 단계들은 심리적 표상 후에 언어적 표상 단계로 순차적으로 진행되거나 최소한 병행한다. 필자가 심리적 표상 단계에서 의미를 구성하지 못한 채 언어적 표상 단계로 넘어가게 되면 필자는 다음 쓰기 과정에서 직면하게 되는 문제를 해결하는 데 많은 어려움을 겪을 것이고, 구성된 의미가 명료하거나 구체적이지 못하기 때문에 잘 쓴 글로 평가받지 못할 것이다. 결국 글쓰기를 의미 구성 행위로 보는 관점에서는 쓰기 과정에서 행해지는 심리적 표상 단계가 의미 구성에 중점이 되고, 그 나머지 것은 주변이 된다고 할 수 있다.

이러한 쓰기 활동은 계획하기, 아이디어 창안·조직하기, 표현하기 단계에서 순환적으로 이루어진다. 이들 각 단계들은 문제 해결적 글쓰기의 하위 목표라고 볼 수 있다. '계획하기'는 글을 쓸 준비를 하는 활동을 말하는데, 과제를 분석하고, 글을 쓰는 목적이 무엇인지, 내가 쓴 글을 읽을 독자는 누구인지 등을 생각하는 단계이다. '아이디어 창안·조직하기'는 글을 쓰기 위해 화제와 관련된 아이디어를 떠올리고 수집하며, 이렇게 생성한 내용을 글의 주제나 목적, 독자 등을 고려하여 적절히 조절하는 단계이다. '표현하기'는 내용을 생성하고 조직한 것을 바탕으로 하여 초고를 쓰는 단계이다.

이제부터 계획하기 단계에 한정하여, 대학교 1학년 학생들[7]의 쓰기 활동을 면밀하게 관찰하여 '쓰기 인지 조작'[8]의 요소와 과정을 탐색해 보고자 한다. 계획하기 단계에서 개별 필자의 사고 작용을 살펴보기 위해서 학생들에게 화제(topic)를 제시하고, 한 편의 글을 완성하기에 앞서 주제문 작성하기를 하였다. 주제문 작성하기는 필자의 쓰기 목적 이나 텍스트 유형의 결정, 텍스트 형식과 내용의 결정, 그리고 독자 요 인 등과 밀접한 관련을 맺고 있다. 따라서 학생들이 주제문을 작성하 는 과정을 관찰하는 것은 필자가 계획하기 단계에서 학교라는 사회적 맥락 안에서 어떻게 의미를 구성하고, 이를 언어로 표상하게 되는지를 좀 더 분명히 밝히는 데 도움이 될 것이다. 계획하기 단계에서의 학생 들의 쓰기 활동을 정리하면 다음과 같다.[9]

---

7) 사례연구는 인하대학교에서 2009년 1학기부터 2학기까지 <글쓰기와 토론> 수업을 듣는 1학년 학생들을 대상으로 하였다. 인하대학교 글쓰기 수업은 e-class를 통한 '이론 수업'과 본 연구자가 진행하는 '실습 수업'으로 나누어져 있다. 수업에서는 학생들이 쓰기에 필요한 지식을 충분히 학습하고 실습 수업 에 참여한다고 생각하고, 쓰기 지식에 관한 내용을 되도록 직접적으로 언급하 지 않았다. 수업은 과정 중심 접근법에 의하여 진행하였다.

8) '인지 조작'은 여러 유형의 사고 과정에 영향을 미치는 일반적인 것이 있는가 하면, 어떤 것들은 특수한 인지 과제에 주로 관련된 매우 정밀한 것이 있다. 인지 심리학자들은 이를 구별하여, '사고 기능(인지 기능)'와 '복합적 사고 과 정'이라 부르고 있다. 본 연구에서는 복합적 사고 과정에 주목하여, 쓰기 과정 에서 나타나는 필자의 사고 과정을 탐색하였다.

9) 본문의 예는 학생들이 조별 토의한 후 제출한 내용과 발표할 때 질의-응답을 기록한 것을 종합하여 제시한 것이다. 여러 자료 가운데 학생들의 사고 과정 이 잘 드러난 것을 선택하였다. (밑줄 필자)학생들이 작성한 내용 가운데 어법 에 맞지 않거나 어색한 표현이 있더라도 수정하지 않고, 원문을 그대로 제시하 였다.

<그림-4> 계획하기 단계에서 주제문 작성하기 학생 활동

▨ 과제: '우연과 필연'에 대해 글을 쓸 경우, 적절한 주제문 작성하기

≪'우연'과 '필연' 정의하기≫	≪제재글 분석하기≫
○ 우연: 어떤 사건이 어떤 조건과 직접 연관되어 있지 않은 경우를 뜻한다. ○ 필연: 어떤 사건이 특정한 조건과 직접 연관되는 경우	○ 우연을 맞닥뜨린 사람들 ○ 9·11의 비극 ○ 우연 없는 뉴턴의 세계 ○ 엔트로피, 무질서의 법칙 ○ 카오스 이론 ○ 양자역학의 우연

⇩

가주제문: 모든 현상은 필연적으로 돌아간다.

⇩

○ 클레오파트라의 코: 클레오파트라의 코가 한 치만 낮았더라면 안토니우스가 그 미모에 홀려, 처남인 옥타비아누스와 전쟁이 일어나지 않았을 것이다.
⇒ 이는 권력 다툼의 과정이었을 것이다.
○ 사라예보의 총소리: 세르비아 청년이 오스트리아의 황태자에게 총을 쏜 이 우연한 사건 때문에 1차 세계대전이 일어났다.
⇒ 이는 나라를 잃은 청년의 울분으로 볼 수 있다.

⇩

참주제문: 상황에 따라 우연과 필연은 결정된다.

위의 <그림-4>에서 알 수 있듯이, 먼저 학생들은 주제문 작성이라는 과제를 해결하기 위해서 화제(topic)에 대하여 생각하기 시작했다. 학생들은 화제를 인식하기 위해서 화제를 정의의 방식으로 접근해 보기도 하고, 교재에 나와 있는 여러 사례들을 우연과 필연을 중심으로 분류해 보기도 하였다. 이후 교재에 실려 있는 제재글을 분석하면서

화제를 더 구체화하거나 추상화하는 사고 활동을 통해 우연과 필연에 대한 개념을 형성해 나갔다. 교재에는 '우연을 맞닥뜨린 사람들', '9·11의 비극', '우연 없는 뉴턴의 세계', '엔트로피, 무질서의 법칙', '카오스 이론', '양자역학의 우연' 6편의 제재글이 수록되어 있다. 지금까지의 학생들의 사고 과정은 화제를 깊이 있게 이해하는 과정에서 자연스럽게 이루어지는 사고 조작의 과정으로 이해할 수 있다. 이는 사고의 대상 또는 생각거리와 관계된 사고로 '사실적 사고 과정'에 해당한다고 볼 수 있다.

여기에서 주의 깊게 살펴볼 점이 있다. 쓰기가 한 개인 내에서만 이루어지는 것이 아니라는 점이다. 이 과정에서 학생들은 대학이라는 공간에서 유통되는 대화 방식과 참여 구조 등에 대하여 학습을 하게 되고, 이는 곧 학교 장르에 대한 지식의 축적으로 이어진다. 언어 사용자로서 학생들은 단순히 텍스트를 생산하는 것이 아니라 Bakhtin의 용어를 빌리면, 1차 발화 장르와 2차 발화 장르를 습득하면서 자신이 속한 담화 공동체로부터 영향을 받게 된다. 즉, 계획하기의 사실적 사고 과정에서 학생들은 동료들과 화제에 관한 이야기를 나누면서 소집단 속에서 일어나는 다양한 상호 작용을 통해 의미를 구성하고 그 의미를 유지해 나간다고 볼 수 있다.

다음으로 학생들은 화제에 대하여 이해의 과정을 거친 후에, 주장(가주제)을 뒷받침할 수 있는 내용으로 '무엇을 쓸 것인가'에 대한 대답을 찾으면서 '클레오파트라의 코'와 '사라예보의 총소리'와 같은 이야기를 예로 들며 자신의 주장을 뒷받침하였다. '클레오파트라의 코'와 '사라예보의 총소리'는 주로 이야기 텍스트로 이루어져 있다. 학생들이 논증의 목적을 실현시키기 위해 이야기 텍스트와 함께 이것을 논리적으로 분석하는 과정에서 설명적 텍스트를 사용하고 있다고 볼 수 있다.

학생들이 논증을 목적으로 하는 글을 생산할 때, 여러 텍스트의 요소를 혼합하여 사용하고 있는 현상은 학생들이 쓰기 상황에서 장르를 고정된 언어 형식으로 보지 않고, 글의 목적과 독자, 사회적 상황에 따른 맥락의 산물로 장르를 새롭게 생성하고 있는 것으로 볼 수 있다. 이러한 현상은 사회·문화적 맥락적 요소와 장르라는 형식적인 요소가 개별 필자의 사고 과정에 의해 어떻게 통합되어 의미 형성에 기여하게 되는지를 잘 보여 준다. 지금까지의 쓰기 활동은 학생들이 주제문을 작성하기 위해 사실적 사고 과정에서 생성한 의미 구성체를 토대로 하여, 화제와 관련된 '클레오파트라의 코'와 '사라예보의 총소리'와 같은 새로운 내용을 떠올린다는 점에서 추론적 사고 과정으로 볼 수 있다.

이러한 과정을 거치면서 앞서 작성했던 '모든 현상은 필연적으로 돌아간다'는 가주제를 '상황에 따라 우연과 필연은 결정된다'는 참주제로 수정하였다. 참주제의 의미가 명시적으로 전달되지 않아 그 의미를 묻자 "각 사건은 보는 이의 관점에 따라 혹은 사건이 발생한 시간과 공간에 따라 달라질 수 있다는 것을 표현한 것"이라고 설명하면서, 덧붙여 "이것이 원래 가주제와 관점이 달라진 것은 아니고, 우연적인 현상에서 필연적인 법칙을 발견하는 것이든 필연적인 현상에서 우연적인 법칙을 발견하는 것이든 규칙성을 발견하려는 인간의 의지가 중요하고, 바라보는 관점이 중요하다"고 대답하였다.

이 과정은 필자가 먼저 작성했던 가주제를 명시적으로 전달하기 위하여 분석하고, 타당한 부분과 부적절한 부분을 변별하였다는 점에서 '비판적 사고'의 과정에 해당한다. 그런데 위의 활동을 유심히 살펴보면, 학생들의 사고는 해석과 판단에서 멈추는 것이 아니라 해석과 판단의 내용을 토대로 하여 새로운 아이디어나 지식을 창조하는 활동으로 이어지고 있다. 이는 텍스트 생산 과정에서 비판적 사고가 창의적 사고의 출발점으로서의 기능을 한다고 볼 수 있다.

이렇게 볼 때 비판적 사고 가운데 여러 정보에서 논리를 발견하고 이에 따라 의미를 생성하는 부분은 추론적 사고로 이해할 수 있고, 발견한 논리에 따라 판단하고 새롭게 의미를 생성하는 부분은 창의적 사고로 파악할 수 있다. 따라서 본 연구에서는 '비판적 사고'를 구성하는 요소 가운데 '논리'와 관련된 부분은 '추론적 사고'로, '판단'과 관련된 부분은 '창의적 사고'로 상정하고자 한다.

정리하면, 학생들은 계획하기 단계에서의 사실적 사고 과정에서 핵심어인 '우연'과 '필연'에 대해서 정의 내리고, 교재에 실려 있는 '우연을 맞닥뜨린 사람들'과 '9·11의 비극' 이야기를 정리한 내용을 토대로 가주제를 작성하였다. 이 단계에서 학생들은 자신의 배경 지식뿐만이 아니라 타자들이 화제에 대하여 말하고 썼던 텍스트와도 밀접한 관련을 맺었다. 이는 곧 글을 쓰는 필자는 다른 필자로부터 영향을 받고, 필자가 작성하고 있는 텍스트는 다른 텍스트와의 상호 영향 관계에 놓여 있다는 것을 말한다.

이후 학생들은 이제까지의 세상 경험과 쓰기 상황에 대한 공통의 이해, 이전에 읽었던 화제와 관련된 내용 등 여러 요소들과의 상호 작용을 통해 '클레오파트라의 코'와 '사라예보의 총소리'를 떠올렸다. 화제와 관련하여 새로운 내용을 전개한다는 것은 학생들이 글을 쓰는 목적과 관련하여 장르 요소를 고려하면서 주제를 심도 있게 논의하고 있다고 이해할 수 있다. 다시 말해서 자신의 생각을 독자에게 전달하는 과정에서 심리적인 의견 대립이 존재하여, 주장을 강화하기 위해 다양한 사례를 제시한 것으로 볼 수 있다.

또한 학생들은 계획하기 단계에서 사실적 사고 과정과 추론적 사고 과정을 거치는 동안 자신이 속해 있는 담화 공동체의 사회·문화적 맥락과 형식 요소의 영향을 받는다는 사실을 알 수 있다. 하지만 이것이 필자가 담화 공동체와 수동적인 관계를 형성한다는 것을 뜻하는 것은 아니다. 학생들은 의미 구성을 할 때, 이러한 힘에 반응하면서 또는 반발하면서 나름대로 의미를 구성한다. 앞에서 언급한 바와 같이 학생들은 사실적 사고 과정과 추론적 사고 과정을 거쳐 형성한 내용을 '우연'과 '필연'의 정의를 기준으로 각 제재글을 다시 해석해 보고, 이러한 과정을 통해 얻은 정보들을 통합하여 새로운 주제문을 작성하였다. 이는 필자가 담화 공동체의 힘에 강하게 반응하면서 의미를 새롭게, 독창적으로 구성한 것으로 볼 수 있다. 계획하기 단계에서의 창의적 사고는 필자 나름의 기준을 사용하여 그것이 충족되었는지를 판단하고, 지금까지 구성된 의미를 통합하고 확장함으로써 새로운 의미를 형성한다는 점에서 상황·맥락적 요소와 형식주의적 요소의 영향을 가장 적게 받는 사고 과정이라고 할 수 있다.

마지막으로 계획하기 단계에서 학생들이 주제문을 작성하는 과정에서 텍스트의 형식적 요소와 사회·문화적 상황이나 맥락(독자)의 영향을 받으며 의미를 구성하는 인지적 사고 조작 과정을 쓰기 모형으로 제시해 보고자 한다.

'단계적 쓰기 모형'(Roman & Wlecke, 1964), '인지적 쓰기 모형'(Flower & Hayes, 1980), '사회적 상호 작용 모형'(Nystrand, 1989)은 형식주의 쓰기 이론, 인지주의 쓰기 이론, 사회 구성주의 쓰기 이론을 토대로 나름대로의 연구 방법과 해석 논리를 적용하고 있다. 하지만, 이들 쓰기 모형이 쓰기 활동을 탐구한 결과로서 이루어진 것이라고 본다면 어느 정도 합치되는 점을 찾을 수 있다. 이들 쓰기 모형은 쓰기 활동의 핵심으로 필자의 사고에 중심을 두고, 쓰기 과정을 외부적인 틀로 이루어져 있다. 그리고 기본적으로 정보의 저장고를 나타내는 상자와 필자와 독자, 그리고 이들이 구성한 의미에 영향을 미치고 있는 힘(모형에서는 수사적 맥락을 나타내는 보다 여러 개의 화살표로 나타 남)으로 이루어져 있다. 다음은 기존 쓰기 모형에서 활용한 기본적인 틀을 토대로 하여, 필자 개인의 내적 사고 과정을 밝히는 모형을 새롭 게 구안한 것이다.

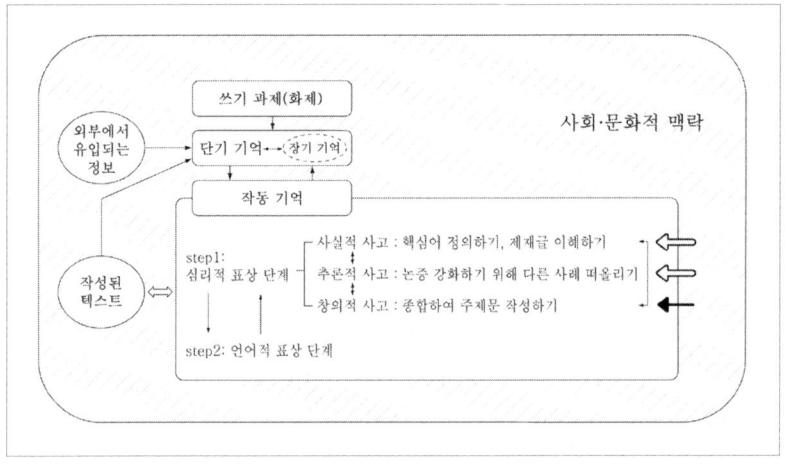

<그림-5> 계획하기 단계에서의 필자의 인지적 사고 모형[10]

위의 그림에서 알 수 있듯이, 필자는 계획하기 단계에서 자신의 장 기 기억에 저장된 내용스키마와 형식스키마 가운데 화제와 관련된 내 용들을 심리적으로 표상하고, 이를 언어로 표상하는 사고의 과정을 거 친다. 만약 쓰기 활동에서 필요한 지식이 필자의 장기 기억 속에 저장 되어 있지 않으면, 여러 가지 자료나 동료의 도움의 형태로 외부에서

....

10) 화살표는 사회·문화적 맥락의 영향 정도를 ◀ 강, ⇐중, ← 약으로 표시한 것이다.

필요한 정보가 유입될 수 있다. 그런데 쓰기 과정에서 받는 도움은 결국 필자의 판단에 의하여 정리되고 재구성되어야 한다. 새로 유입되는 정보와 작성 중인 텍스트는 일단 단기 기억층에 저장되었다가 쓰기 과정에 영향을 미칠 수도 있고, 다시 장기 기억을 자극하여 또 다른 정보의 회상을 촉진시킬 수도 있다.

계획하기 단계는 과제를 분석하고, 글을 쓰는 목적이 무엇인지, 내가 쓴 글을 읽을 독자는 누구인지 등을 생각하는 활동을 해야 한다. 필자는 화제에 대하여 자신이 알고 있는 지식이나 관련 서적을 탐독함으로써 화제를 분명히 인식해야 한다. 화제를 인식하기 위한 활동으로는 화제와 다른 대상과의 같고 다름을 살피거나, 인식한 내용을 명확하게 정의로 표현하거나, 화제를 더 구체화하거나 더 추상화하여 구분하고 분류하며 대상의 특정 국면을 잘게 나누어 보는 사고 활동을 통하여 개념의 체계를 형성하게 하는 방법이 있다. 이와 같은 사실적 사고에 도달했다면, 추론적 사고가 필요하다.

계획하기 단계에서의 추론적 사고는 화제와 관련된 수사적 문제와 밀접한 관련이 있다. 이는 곧 '화자, 청자, 텍스트의 상황 맥락, 진술 태도' 등을 추론하는 것이 된다. 쉽게 말하면 '누구에게, 무엇을, 왜, 어떻게 쓸 것인가'에 대한 물음이다. 필자는 이러한 자기 질문과 그에 대한 대답을 찾기 위한 추리와 추론을 통해 새로운 의미를 만들어 낸다. 여기에는 앞서 화제에 대해 생성된 의미 구성체와 아울러 상황 맥락에 대한 독자의 배경 지식이 중요하게 작용한다(서혁, 1997:159). 원진숙·황정현(2006:162)은 추론적 사고를 과제를 부과한 사람이 진술하지 않은 부분을 구체적으로 정교화함으로써 과제가 무엇인지를 스스로 설명할 줄 아는 사고 기능이라고 설명하면서, 글쓰기에 있어서 가장 중요한 기술이라고 강조하였다.

계획하기 단계에서의 창의적 사고는 지금까지 생성한 의미를 가다듬고 정교하게 발전시켜 하나로 통합해 나가는 것과 관련된다. 이 과정에서 필자는 자신이 속해 있는 담화 공동체의 사회·문화적 맥락에 반응하면서 또는 반발하면서 나름대로 개성을 지니게 된다.

사실적, 추론적, 창의적 사고는 텍스트의 생산에서 모두 밀접한 관련을 갖는다. 서혁(1997)은 사실적, 추론적, 창의적 사고가 어떤 순차성을 지니는 것이 아니며, 반드시 특정 텍스트 유형이나 학습자 발달 수준에 비례하는 것은 아니라고 지적한다. 다만 저학년에서 고학년으로 갈수록, 그리고 배경지식이나 사고 수준의 정도에 따라서 사실적 사고보다는 창의적 사고가 활성화되는 경향성을 갖게 될 것이라고 지적하고 있다.

4 정리

본 연구는 대학교 1학년 학생들의 계획하기 단계에서의 쓰기 활동의 분석을 통하여, 쓰기 과정을 통해 필자의 사고가 어떻게 구현(俱現)되는지 모형을 통해 밝혀 보았다.

지금까지 소개된 쓰기 이론은 의미 구성의 결과로서 텍스트의 자율성을 중시하느냐, 의미 구성의 과정을 중시하느냐, 의미 구성 과정에서의 사회적 맥락을 중시하느냐에 따라 형식주의 쓰기 이론, 인지주의 쓰기 이론, 사회 구성주의 쓰기 이론으로 구분할 수 있다. 이들 이론은 쓰기 현상을 이루는 여러 요소들 가운데 한, 두 요소만을 강조함에 따라 의미 구성 행위의 주체나 의미 구성 과정에 대한 관점의 차이가 생긴 것으로, 실제 쓰기 활동에서 나타나는 필자의 내적 사고 과정을 설명하기에는 어려움이 있다.

실제 쓰기 활동을 살펴보면, 필자는 먼저 쓰기 과제를 확인하고 나름대로 문제를 마음속에 표상한 다음, 필요한 전략을 동원하여 사고 조작의 과정을 거치면서 글을 써 나간다고 볼 수 있다. 필자는 자신이 지닌 장기 기억 내에 보관되어 있는 여러 정보들 가운데 과제를 해결하는 데 필요한 내용을 선택하여 마음속에 문제를 표상한다. 우리가 어떤 물건이나 사건을 경험하면 그 내용은 우리의 머릿속에서 어떠한 형태로든 흔적으로 남게 되는데, 이것을 '표상'이라 부른다. 필자는 과제 환경에 따라 장기 기억에서 지식을 인출하여 이를 변형, 조직하는 '심리적 표상' 단계와 이를 기호화하는 '언어적 표상' 단계를 거치게 된다.

대학교 1학년 학생들을 대상으로 하여 심리적 표상 단계 중 계획하기 단계에서의 쓰기 활동을 살펴본 결과, 학생들은 계획하기 단계에서 사실적 사고, 추론적 사고, 창의적 사고를 거치면서 상황·맥락적 요소와 텍스트의 객관적인 요소를 유기적으로 관련을 맺으면서 새로운 의미를 형성하고 있음이 밝혀졌다. 본 연구에서 제안하는 인지적 관점의 쓰기 모형은 기존의 쓰기 이론과 쓰기 모형의 한계를 극복하고, 사회·문화적 맥락 요인과 텍스트 요인 등을 어떻게 수용하면서 의미를 구성하는가를 밝히고, 이를 모형으로 구안한다는 데 그 특징이 있다.

하지만 이와 같은 사고 과정은 쓰기 단계에 따라 혹은 쓰기 과제의 특성에 따라 특별히 강조되는 사고 기능이 있을 것이다. 본고에서는 계획하기 단계를 중심으로 필자의 사고 과정을 구명하였지만, 이러한 과정은 아이디어 생성·조직하기, 표현하기 단계에서도 일어난다. 이런 까닭에 쓰기 과정에서 여러 요인들을 통합하는 데 수반되는 사고 기능과 절차에 대한 보다 철저한 양적, 질적 연구를 통한 쓰기 전(全) 과정에 대한 쓰기 모형의 구안이 필요하다. 이는 쓰기 활동을 통해 사고력이 '어떻게' 향상되고, '왜' 향상되는지를 설명할 수 있는 토대를 마련하고, 사고력 신장에 초점을 둔 쓰기 교육을 위한 내용이나 방법을 마련하는 데 밑바탕이 된다는 점에서 의미가 있다고 하겠다.

참고문헌

김도남(1997), 작문 지도 모형 탐색, 청람어문학 17, 청람어문교육학회.

노명완(2004), 국어 교육과 사고력, 한국초등국어교육 24, 한국초등국어교육
학회.

린다플라워, 원진숙·황정현 옮김(2006), 글쓰기의 문제해결전략, 동문선.

박영목(2008), 작문 교육론. 도서출판 역락.

서 혁(1997), 국어적 사고력과 텍스트의 주제적 이해. 국어교육학연구, 7, 국
어교육학회.

손영애·이삼형·이성영(1992), 국어 표현력 신장 방안 연구:작문력을 중심
으로, 한국교육개발원.

원진숙(2005), 대학생들의 학술적 글쓰기 능력 신장을 위한 작문 교육 방법,
어문논집 51, 민족어문학회.

이삼형 외(2007), 국어교육학과 사고, 역락.

이상태(2002), 사고력 함양 중심의 작문 교육 계획, 국어학 75, 한국어문학회.

이재승(1999), 과정 중심의 쓰기 교재 구성에 관한 연구-초등 학교를 중심으
로-, 한국교원대학교 박사학위논문.

_____(2006), 글쓰기 교육의 원리와 방법-과정 중심 접근-. 교육과학사.

정희모(2001), 「글쓰기」과목의 목표 설정과 학습 방안, 현대문학의 연구 17,
한국문학연구학회.

_____(2005), 대학 글쓰기 교육과 사고력 학습에 관한 연구, 현대문학의 연
구 25, 한국문학연구학회.

_____(2005), 글쓰기에서 수정(Revision)의 절차와 방법에 관한 연구-인지
적 관점을 중심으로, 현대문학의 연구 34, 한국문학연구학회.

충청남도 교육청(1994), 사고력을 기르는 국어과 교육, 대한교과서주식회사.

한성우(2006), 경계를 넘는 글쓰기, 도서출판 월인.

허경철(1991), 사고력의 개념화, 사고력 교육의 제 문제에 대한 교육심리학
적 조명, 한국교육개발원 편.

_____(1993), 사고력의 개념화, 서울특별시교육연구원 편, 사고력 교육의 이
론과 실제, 교원 연수 도서(20).

황미향(2007), 과정 중심 쓰기 교육에 대한 비판적 고찰, 국어교육 123, 한국
어교육학회.

Flower, L. & Hayes, J. R.(1980), The cognition of discovery: Defining a rhetorical problem, *College Composition and Communication*, *30*.

Nystrand, M.(1989), The social interactive of writing, *Written Communication*, 6.

Roman, D. G. & Wlecke, A.(1964), Pre-writing: The construction and application of models for concept formation in writing, *Us. Office of Education Cooperative Research Project*, Michigan State University.

2007 개정 국어과 교육과정의 <읽기> 영역 내용 검토

 1 〈읽기〉 영역 내용 검토의 필요성

1997년 제7차 국어과 교육과정 개정이 있은지 10년 만에 2007 개정 국어과 교육과정이 발표되었다. 교육과정의 변화는 시대의 변화에 순응하고, 교육환경 변화와 수요자와 교육 주체의 요구에 순응하기 위해 변화되는데, 국어과 교육과정 개정 시안 연구 개발에 따르면, 급격한 사회 환경 변화에 맞추어 교육 내용을 지속적으로 개선하고, 국민과 각계각층의 교육 과정에 대한 요구를 탄력적·체계적으로 수렴·반영함으로써 현장 적합성이 높은 교육 정책을 구현하고 교육 수요자의 만족감을 제고하고자 함이라 밝히고 있다. 더불어 사회 전반에 주 1회 주 5일 수업제가 실시되고 있고, 머지않아 전면적으로 실시되기에 이에 따른 여러 요인을 반영하여 교육과정을 개정하기에 이르렀다고 소개하고 있다.

단순히 수업 시수의 변화에 따른 교육과정의 변화라기보다는 명칭과 개정 이유에서 알 수 있듯이, 개정 교육과정이라 명명함으로써 이

전에 보여주었던 1차~7차 개정이라는 순차적 교육과정 명명방식에서 벗어나 수시로 변화될 수 있는 교육환경에 순응하기 위함이 본 2007 개정 교육과정의 취지라 할 수 있다. 한편 교육과정은 말 그대로 교육 목표를 계획하여 실행하기 위한 구체적 가시물이기에 교육 목표와 교육 내용, 교육 평가를 적시적이고 명시적인 구현물이며 학교 교육 현장에서 교육의 계도 역할과 교육 목표를 달성하는 실질적인 추진체의 성격을 지니고 있다고 하겠다. 따라서 국가 교육의 핵심 요체로서 이것보다 중요한 것은 없다고 할 것이다.

따라서 본고에서는 7차 국어과 교육과정에 비해 개정 국어과 교육과정이 어떤 점에서 대별되는 점이 있는지를 개관해보고, 그 중에서도 <읽기> 영역을 중심으로 내용 체계의 특징을 세부적으로 살펴보고자 한다. 나아가 부분적으로 국어과 개발시안 연구 개발을 중심으로 그 의도가 충실히 반영되었는지를 살펴볼 것이며, 교육과정 자체로 적절성을 지니고 있는지도 검토해볼 것이다.

2 2007 개정 국어과 교육과정의 전반적인 검토

2.1. 교육과정의 성격

7차 국어교육 과정의 '성격'을 살펴보면, 국어의 제재적 성격을 지닌 대상을 '국어 사용 양상과 내용'이라고 하여 추상적이고 막연하게 제시한데 반해[1], 개정 국어과 교육과정은 '성격'에서 교육 범주를 '담화' 또는 '글'이라고 명확하게 제시하고 있다.[2] 이후 '목표', '내용', '학년별 내용'에서 '담화'와 '글'은 새 국어과 교육과정에서 중심축으로 자리매김하고 있다.

개정 국어과 교육과정에서도 7차와 같이 국어 교과 영역을 '듣기, 말하기, 읽기, 쓰기, 문법, 문학' 여섯 가지로 설정하고 있다. 이 중에서 7차까지 '국어지식'이란 명명하던 것을 '문법'이란 명칭으로 개정하였다. 개정 국어과 교육과정에서 '듣기', '말하기', '읽기', '쓰기'의 학습은 비판적이고 창의적인 국어 능력을 향상시키는 데 목표를 두고 있다. '문법'의 학습 성격을 탐구 학습에 초점을 맞추고 있고, 이렇게 학습한 지식을 통해 국어사용 실제에 적용하는 활동을 강조한다. 다만, 문법이 탐구 학습에 초점을 두고 있다고 하지만, '학년별 내용'을 살펴보면, '문법' 영역의 지식 학습에 대한 기술이 주를 이루고 있어, 탐구 학습에 대한 학습 방법은 학습 현장과 교과서의 몫으로 돌리고 있는 듯한 인상을 주고 있다. 교육 과정 안에 탐구학습을 내용 영역으로 어떻게 끌어안을지에 대한 연구가 필요할 것으로 생각된다.

새로운 교육과정에서 '문학'은 '생산 활동'에 중점을 두고 있음을 알 수 있다. 7차 교육과정의 학습활동은 문학 작품을 스스로 찾아 읽고 토론하는 학습 활동을 중시한데 반해, 개정 국어과 교육과정에서는 문학 작품을 생산하는 활동에 무게를 두고 있다. 이는 '문학' 영역만큼은 7차 국어과 교육과정이 '텍스트의 수용' 측면을 강조한데 반해, 새로운 국어 교육과정은 '텍스트의 생산'에 초점을 두고 있음을 알 수 있다.

또한 7차 국어과 교육과정과 달리 개정 국어과 교육과정에서는 초등학교와 중학교를 명시하여 학교급별 성격을 명확히 제시하여 위계를 세우고자 하는 노력이 보인다. 초등학교에서 국어의 정확하고 효과적

---

1) 7차고등학교 국어과 해설, 18면.
2) 교육인적자원부 고시 제 2007 - 79호 [별책 4], 1면

인 표현력과 이해력, 국어활동을 통한 사고력, 상상력을 기르는 데 중
점을 두었고, 중등학교에서는 비판적이고 창의적인 국어의 이해력과
표현력까지 확장하고 있다. 더불어 국어 활동을 통해 고등 사고력과 심
미적 안목를 기르는 데 목적을 두고 있다. 초등학교 수준에서는 국어에
대한 관심과 이를 즐기고, 국어를 존중하는 정의적 태도를 갖추는 것에
맞추었다면, 중등학교 수준에서는 이보다 더 심화하여 국어 문화에 대
한 관심을 높이고 국어를 발전시키려는 태도를 요구하고 있다.

2.2. 교육과정의 목표

이번 개정 국어과 교육과정은 진술 자체를 구체적이고 명확하게 명
시하고자 하는 의도가 뚜렷하게 보인다. 예를 들어, 7차 교육과정에서
'언어'라 지칭되던 것을 새 교육과정에서는 '국어'로 개정하였다.
개정 국어과 교육과정은 교육의 중심축이 '담화와 글의 수용과 생산'
에 맞춰져 있음을 알 수 있다. 7차 국어과 교육과정의 목표 '나' 항목을
살펴보면, 국어과 교육내용이 '정확하고 효과적인 국어 사용의 원리와
작용 양상'이 되고 있지만, 개정 국어과 교육과정에서는 '담화와 글을
수용하고 생산하는 지식과 기능'이라 밝혀 '담화와 글'이 교육과정의
중심축이 되고 있다. 목표 진술의 검토를 통해 개정 국어과 교육과정
은 '텍스트의 수용과 생산'을 통해 실질적인 언어활동과 이를 수행하는
교수-학습 활동에 초점을 두고 있음을 알 수 있다.
7차 교육과정에 비해 개정 국어과 교육과정 목표 진술이 실질적인
언어활동을 강조하고 있다. 예를 들어, 7차 국어과 교육과정의 '가' 항
목 목표 진술이 '다양한 국어 사용 상황에 활용하는 능력을 기른다'로
적시되어 있는데, 개정 국어과 교육과정에서는 '가' 항목은 '자신의 언

어를 창조적으로 사용한다.'로 되어 있다. 즉 '능력'을 기르는 것에서 나아가 실질적으로 사용하는 '언어 행위'에 초점을 두고 있다. 또한 7차 교육과정의 목표 진술 '나' 항목과 개정 교육과정 '나' 항목을 비교해보면, 7차에서 '다양한 유형의 국어 자료를 비판적으로 이해하고 사상과 정서를 창의적으로 표현하는 능력을 기른다.'로 되어 있는데, 개정 교육과정에서는 '담화와 글을 비판적이고 창의적으로 수용하고 생산한다.'하여 '수용과 생산' 행위에 초점을 두고 있다.

목표를 통해 개정 국어과 교육과정이 '담화와 글의 생산과 수용'에 맞춰져 있고, 이는 기존의 7차 국어교육과정의 교육 내용이 '지식'과 '기능' 중심인데 반해, 개정 교육과정이 실질적인 언어행위를 이끌어내고자 하는 데 있음을 알 수 있다.

2.3. 교육과정의 내용

개정 국어과 교육과정의 내용 체계는 '듣기', '말하기', '읽기', '쓰기', '문법', '문학' 여섯 영역으로 7차 교육과정과 같다. 그러나 각 영역의 내용 요소는 7차 국어 교육과정에 비해 큰 변화가 있다. 개정 교육과정에서는 각 영역마다 '실제', '지식', '기능', '맥락'을 두고 있다. 이전 교육과정과 비교해 개정 국어과 교육과정의 각 영역의 변화를 살펴보면, '지식'은 7차 교육과정에서는 '본질'에 해당하고, '기능'은 '원리'에 해당하는 것이다. 7차 교육과정에 있던 '태도'가 삭제되고 대신 '맥락'이 들어가 있다. 이 중에서 가장 큰 변화는 7차 교육과정에서 최하위 항목이 있던 '실제'가 개정 국어 교육과정에서는 최상위에 있다는 점이다. 또한 학년별, 학교별 내용에서도 각 영역마다 '담화와 글의 수준과 범위'를 둠으로써 이번 개정 사항의 중점이 바로 '담화와 글'에 있음을 알 수 있다.

또한 교육과정 개정 때마다 문제가 되어 왔던 교육 내용의 연계성과 위계성을 '담화와 글'을 중심으로 꾀하고자 하는 의도를 읽을 수 있다.

'실제'는 다시 '정보전달', '설득', '사회적 상호작용', '정서표현'의 언어활동 목적에 따라 분류되어 있어 있다. 7차 교육과정에 있던 '친교적 기능'이 '사회적 상호작용'으로 대체되었음을 알 수 있다. 이는 텍스트 선정과 교육 내용으로서 선택의 폭을 넓히는 데 기여할 것으로 보인다.

이전의 국어과 교육과정은 언어 능력을 향상시키기 위해 '지식'과 '기능', '전략', '활동'을 적절히 조화를 이루어 언어 교육이 되도록 중점을 두었다. 이러한 기존의 교육과정이 분절성이 강하다는 비판이 있었다. 개정 국어과 교육과정에서는 기능이 분절화 되어 제시되던 것을 '담화와 글' 즉 텍스트의 수용과 생산에서 제반 기능이 발휘될 수 있도록 통합적인 교육을 지향하고 있다.3)

학년별로 '담화와 글의 수준과 범위'를 제시하였다. 이를 통해 학년별 내용을 위계화하고자 하는 의도가 보인다. 그렇다면, 텍스트의 위계성이 곧 학년별 교육 내용의 위계성을 가름하는 기준이 된다는 것인데, 새로운 시도이기는 하나 부정적인 면도 없지 않아 있다. 즉 텍스트 내용 전달 중심으로 학년별 내용을 구성하다보니, 학교 현장에서 텍스트 중심의 교육이 될 수 있다. 또한 텍스트가 다양하고 구체적으로 제시되다 보니, 자칫 학습량의 증대로 이이질 수 있다는 점이다. 이러한 문제점을 극복하기 위해서는 텍스트 자체에 대한 면밀한 검토와 선행 연구가 바탕이 되어야 할 것으로 사려된다.

학년별로 각 영역마다 '담화와 글의 수준과 범위'를 최상위에 제시하고, 그 다음에 해당 학년에서 학습해야 할 성취 기준을 제시하였다. 성

---

3) 이인제 외, 국어과 교육과정 개정(시안) 연구개발, 2005, 37면.

취 기준을 제시한 이유는 영역별 교육 내용 요소를 범주화한 '지식', '기능', '맥락' 별로 분절적으로 학년별 내용으로 제시되어 온 문제를 해소하기 위해 학습할 텍스트의 수용과 생산에 필요한 '지식', '기능', '맥락' 범주의 내용 요소를 통합하기 위해서라고 개정시안에서 밝히고 있다4).

한편 개정 시안에서 다음과 같이 말하고 있다. '주요 내용 요소와 텍스트'로 이루어진 성취기준은 교과서 제작시 단원의 제목 및 목표 역할을 하기 위함이며, 어떤 내용 요소를 익힘으로써, 최종적으로 어떤 텍스트를 생산, 수용해야 하는지에 대한 구체적 정보를 제공하고, 교실 및 해당 학기 차시의 목표로도 활용되며, 평가 요소로 활용하기 위함이다.

성취 기준의 하위 항목으로 '내용 요소의 예'를 두었는데, 개정 시안에서는 '내용 요소'는 해당 성취 기준에 도달하기 위해 교수·학습 상황에서 배우고 가르쳐야 할 학습해야 할 내용을 의미한다. 내용 요소는 내용 선정 범주인 '지식', '기능', '맥락'에서 선정한 것이다. 하나의 범주에서 1개 이상의 내용 요소를 선정하는 것을 원칙으로 하였으나, 성취 기준 및 텍스트의 성격, 특성에 따라 선정되지 않은 경우도 있다. 내용 요소는 성취기준당 3~4개를 제시하는 것을 원칙으로 하였으며, 제시 순서는 '지식→기능→맥락'의 순서를 따르고 있다.

7차 국어교육과정에서 기본·심화로 구분된 '수준별 학습활동의 예'를 삭제하고, 수준별 수업을 보완하기 위해, '방법/교수·학습 계획'에서 체계적으로 제시하고 있다. 또한 개정시안에서는 수준별 기획을 용이하게 하기 위해 '담화/글의 수준과 범위'를 제시했다고 밝히고 있다.5)

---

4) 이인제 외, 국어과 교육과정 개정(시안) 연구개발, 2005, 40면.
5) 위와 같은 책, 63면.

3 〈읽기〉 내용 체계 검토

3.1. 읽기 실제

읽기 영역은 아니지만, 개정시안의 쓰기 영역에서 '실제'를 설정한 이유를 다음과 같이 들고 있다. '실제'가 쓰기의 범주와 내용을 밝힐 수 있고, 각 학년의 학생들이 사용해야 할 텍스트가 어떤 것인지에 대한 지침과 텍스트에 대한 개략적인 정보를 제공한다는 것이다. '읽기'도 '쓰기'와 맥을 같이 하므로, 읽기의 '실제'의 설정 이유도 이와 같으리라 본다. '읽기의 실제'에 해당하는 내용을 살펴보면, 언어 사용 목적에 따라, '정보전달, 설득, 사회적 상호작용, 정서표현'으로 구성되어 있다. 7차 국어과 교육과정[6)]에서는 '실제'가 '본질, 원리, 태도' 다음에 있으며, 이와 달리 개정 국어과 교육과정에서는 '실제'를 '지식, 기능, 맥락'의 상위에 제시하여 개정 국어과 교유과정이 텍스트(실제)를 지향하는 교육 활동을 강조하고 있음을 알 수 있다. 7차와 개정 국어과 교유과정의 '실제'의 내용 요소를 비교해보면, 7차의 '친교 표현의 글 읽기'가 개정 국어과 교유과정에서는 '사회적 상호작용'으로 대체되었다는 점을 알 수 있다. 7차가 텍스트의 범주를 개인 대 개인의 만남에 국한되어 있던 것에 반해, 개정 국어과 교유과정에서는 사회적 범주로 확대했다는 점에서 이러한 변화는 긍정적이라 평가할 수 있다.

---

6) 이후, 편의상 7차라 함.

[표1] 개정 국어과 교육과정 <읽기> 영역의
텍스트의 수준과 범위 분석

텍스트＼학년	1학년	2학년	3학년	4학년	5학년	6학년
정보 전달	자음, 모음의 짜임, 띄어 읽기 주의할 짧은 글 일상에서 접하는 일이나 사물에 관한 내용을 담은 글	글의 목적이나 분위기가 다른 짧은 글 일상에서 접하는 대상을 설명한 글	대상을 자세하게 설명한 글 설명서	사전 어휘 선택의 적절한 글과 어색한 글	서사문, 역사서	
설득				의견을 제시한 글	광고 서평	관점이나 의도가 명확한 글 논리적으로 설득하는 글 참여 요구하는 글
사회적 상호작용		재미있는 글	독서감상문		전기문	
정서 표현	일상생활 경험을 담은 일기, 동화	감정을 표현한 글	만화, 애니메이션	기행문		유머

학년 텍스트	7학년	8학년	9학년	10학년
정보전달	설명하는 글	설명하는 글	실용적 정보를 담은 책	
설득	문제해결방안, 요구사항을 건의하는 글	설득하는 글 사설, 시사평론	논평 선언문	규약문 판결문, 기사문 논설문, 평론
사회적 상호작용	독자에 따라 다르게 이해되는 글		촌평(인물세태 풍자)	면담 기사
정서 표현	가치있고 감동적인 경험을 기록한 글 영화	고전수필, 시론 자서전 풍자물	만화	대중 도서

[표1]을 통해, '실제'에 제시된 텍스트의 범주와 내용을 살펴보면, 실생활에서 접할 수 있는 모든 글이 망라되어 있어 텍스트 중심으로 교육 내용의 구체성과 방향을 잘 제시하고 있음을 알 수 있다. 텍스트가 난이도를 가지고 학년별로 적절하게 배치되었고, 시사적인 성격과 전문성을 요구하는 글도 텍스트로 제시되어 있다. 이처럼 내용의 시사성과 전문성, 실용성에 바탕으로 두고, 텍스트를 문종별로 매체별로 다층적으로 제시한 결과, 학교 현장에서 다양한 텍스트를 중심으로 구체적이고 심층적인 읽기 수행과 활동을 이끌어낼 수 있을 것으로 판단된다. 하지만, 다음과 같은 문제점은 생각해볼 여지가 있다.

첫째, '정보 전달'의 텍스트 제시가 추상적이고 막연한 수준에 머물고 있지 않나 하는 점이다. [표1]을 통해 '정보전달'은 설명이라는 언어 사용 목적과 실용성을 중심으로 묶여 있음을 알 수 있다. 그러나 '설득', '사회적 상호 작용', '정서 표현'이 사회적으로 구체성을 담보한 텍스트임에 비해 '정보전달'에 해당하는 텍스트는 그 범주와 내용이 추상적이라는 것을 알 수 있다. 예를 들어, '정보전달'의 텍스트를 살펴보면, 1~2학년에서는 일상생활에서 접할 수 있는 글, 3학년에서는 대상을 자세하게 설명한 글, 7~10학년에서는 설명하는 글과 실용적 정보를 담은 책 정도로만 설정되어 있다.

21세기에 접어들어, 세계화가 진행되고, 정보기술의 발전에 힘입어 단일 네트워크를 형성하고 있는 전세계적 흐름 속에서 우리 사회는 그 어느 때보다도 전문적이고 다양한 사회적 문식성을 요구하고 있다. 설명문은 이러한 요구를 수용하기에 가장 적합한 텍스트라고 본다. 따라서 텍스트에 '인문, 자연, 경제, 예술, 문화, 정보기술'과 같은 분야의 텍스트를 편입하여 사회에서 필요한 문식성과 지식을 높이도록 텍스트를 구성할 필요가 있다. 나아가 학습자를 전문적인 교양인으로 만들 수 있다는 점에서 긍정적이라 할 수 있다.

둘째, '사회적 상호 작용'의 텍스트를 명확히 구분하기 쉽지 않다는 점이다. 개정 시안에서는 '사회적 상호작용'에 관한 텍스트의 구현 양상을 '관계를 맺는 글', '관계를 유지하는 글', '관계를 확대하는 글'이라고 되어 있다. 이것을 철학적 맥락에서 접근해 보면, '관계'란 독자와 세계의 상호 작용을 뜻하는 것으로 이해할 수 있다. 그렇다면, 텍스트의 어떤 면이 이런 관계의 모습을 보여줄 수 있는가? 이것은 텍스트가 그 자체적으로 관계성의 의미를 담지하고 있어야 함을 의미한다. [표1]에서는 편의상 사회적 상호 작용에 해당할 것으로 생각되는 텍스트를 구분해보았지만, 텍스트 자체가 이러한 사회적 상호 작용을 지니고 있다고 보기는 힘들고, 이는 읽기 수행을 통해 학습자의 정보탐색 활동과 자기 성찰이라는 사유 작용을 통해서만 가능하다고 본다. 따라서 '사회적 상호작용'을 담지하고 있는 텍스트 발굴에 초점을 맞출 필요가 있다고 본다.

셋째, '정서 표현'의 텍스트는 문학적인 글을 통해 텍스트를 확보하였으나, 문법 텍스트는 '실제 영역'에서 찾을 수 없다. 개정 국어과 교유과정의 내용 체계를 보면, '듣기, 말하기, 읽기, 쓰기, 문법, 문학'의 6영역으로 설정되어 있다. 문학에 해당하는 텍스트는 '읽기의 실제'의 텍스트로 적극적으로 편입되어 있는 반면, '문법'에 해당하는 텍스트는 없음을 알 수 있다. 국어 교육이 언어 사용 기능을 신장하는데 그 목적이 있다면, 점차적으로 '문법'의 지식 영역에 해당하는 내용을 '읽기' 영역의 텍스트로 변환하는 작업이 있어야 한다.

다음으로 개정시안에 의하면, 텍스트의 선정·유형화·배열의 원리를 다음과 같이 말하고 있다.

첫째, 학습자의 수준을 고려하여 쉬운 텍스트에서 어려운 텍스트로, 간단한 텍스트에서 복합적인 텍스트로 배열하였다.

둘째, 읽기 영역 교과서나 관련 서적, 논문에서 거론된 텍스트 중 가르쳐야 할 필요가 있다고 생각되는 텍스트를 선정하였다.

셋째, '정보전달, 설득, 사회적 상호작용, 정서 표현'이라는 읽기 목적과 관련하여 대표성을 띠는 텍스트를 중심으로 선정하였다.

넷째, 각 범주에 해당되는 텍스트 중 강조해서 가르쳐야 할 필요가 있다고 판단되는 텍스트의 경우에는 반복하여 제시하였고, 학년이 올라갈수록 심화된 내용의 텍스트를 선정하여 제시하였다.

다섯째, 10학년 텍스트는 1~9학년의 텍스트를 종합, 심화할 수 있는 텍스트로 설정하였다.

이러한 편성 원리에 따라, 텍스트의 학년별 위계성은 글의 난이도,

일반성과 구체성, 보편성과 전문성, 개인적인 내용과 공적인 내용을 고려하여 학년별로 무리 없이 편성한 것으로 보인다.

우선 글의 분량이 읽기 능력과는 무관하다는 연구 결과가 많음에도 문식력이 떨어지는 초등학교 저학년(1,2학년)에서는 '글의 수준과 범위'를 글의 길이는 짧은 글이나 문장 수준이라 명시한 것은 바람직하다고 본다. 이후 학년에서는 글의 분량에 대한 제약을 두지 않고 있다. 또한 초등학교 저학년에서는 일상생활을 바탕으로 한 설명문을 주로 다루고, 고학년에서 논점이 분명한 논설문과 매체 중에서도 전문성과 고난이도의 해독성을 요하는 매체 중심으로 다루고 있다. 이를 통해 저학년에서는 사실적 이해를 바탕으로 한 내용 확인 중심으로, 고학년에서는 추론과 평가 감상을 다룰 수 있다는 측면에서 위계성을 잘 고려한 텍스트 배치라 할 수 있다.

다만 초등학교의 텍스트 위계성을 살펴보면, 내용이 중복된 점이 보인다는 것이다. 개인적인 글에서 나아가 공적인 글로, 흥미성에서 교훈성을 담보하는 측면에서 텍스트를 구성하는 것이 무리가 없다고 볼 때, 2학년에서 '재미있는 생활문이나 이야기' 6학년에서 '웃음을 유발하는 글'은 중복된 면이 있다. 여기서 저학년과 고학년에서 '웃음'을 중복되게 다뤄야 할 필요성이 있을까 하는 의문이 들고, '웃음'을 제재로 한 텍스트는 저학년에서 학습자의 흥미도를 유발하는 텍스트로서는 적절하나, 6학년과 같이 고학년에서 다루는 것은 부적절하다고 판단된다.

또한 정서 표현에 해당하는 텍스트의 용어를 명확하게 제시할 필요성이 있다. 2학년에서 즐거움, 기쁨, 슬픔, 분노 등의 감정을 표현한 글은 문종 상 운문, 즉 시가 적합한 것으로 판단된다. 그렇다면, 명시적으로 '동시'나 '시'라고 표현하는 것이 기타 다른 텍스트와 통일성을 유지하면서 혼란 없이 학교 현장에 전달될 것으로 생각된다.

중학교와 고등학교는 설명문과 논설문이 고루 제시되어 있으며, 전문적인 글을 중심으로 고학년에 배치함으로써 위계성의 바탕이 전문성과 해독성에 바탕을 두고 있고 전반적으로 다양한 텍스트를 배치하여 학습자가 다양한 텍스트를 접하여 문식성을 높일 수 있도록 하였다. 위계적인 측면에서도 별 무리가 없는 것으로 판단된다. 다만, 중학교 3학년에 해당하는 9학년에서 '만화'를 텍스트로 두고 있는데, 학습자의 흥미도를 고려할 때, 7학년에서 '만화'를 두고 8학년에서 '영화', 9학년에서 '풍자물'을 두는 것이 무리가 없을 것으로 생각된다.

3.2. 읽기 지식

개정 국어과 교육과정에서는 '지식'의 하위 영역으로 '소통의 본질, 글의 특성, 매체 특성'을 설정하고 있다. 7차로 환원하여 본다면, 개정 국어과 교유과정의 '지식'은 7차의 '본질'에 해당하는 영역이라 할 수 있다. 7차 국어과 교육과정의 본질 영역이 다기하게 다뤄지고 있다면,[7] 개정 국어과 교유과정에서는 비교적 간단하게 세 가지로 제시되어 있다. 학년별로는 '지식'이라고 볼 수 있는 내용을 다음과 같이 정리해 보았다.

1학년: 경험을 담은 글의 특성 이해하기
2학년: 대상을 설명하는 표현의 특성 이해하기(3학년 중복)
3학년: 감상문의 특성 이해하기
4학년: 사전의 특성 이해하기, 의견을 제시한 글의 특성이해, 기행

7) 7차에서는 본질 영역에 필요성, 목적, 개념, 방법, 상황, 특성의 하위 영역을 두고 있다.

　　　문의 특성 이해
　5학년: 사건을 기록한 글의 특성 이해, 광고 표현의 특성 이해, 서
　　　　평의 특성 이해, 전기문의 특성 이해,
　6학년: 논리적으로 설득하는 글의 특성 이해
　7학년: 읽기의 개념과 특성 이해, 읽기의 원리 파악하기, 건의하는
　　　　글의 목적과 특성 이해, 영화의 매체 특성 이해하기
　8학년: 자서전의 특성 이해하기
　9학년: 논평의 특성 이해하기, 선언문의 목적, 기능, 특성 이해하기,
　　　　촌평의 특성이해하기, 만화의 매체 특성 이해하기,
　10학년: 규약문의 특성 이해하기, 법률적 쟁점을 다룬 글의 특성이
　　　　해하기, 면담 기사의 특성이해하기, 최근 인기를 끌고 있는
　　　　책들의 특성과 분야 파악하기

　개정 시안에서는 <읽기> 내용 체계의 '지식'에 텍스트의 규범이나 관습과 관련된 요소, 언어 사용과 관련된 요소를 함께 제시했고, 특히 매체 특성에 대한 지식도 포함시켰다고 했다.

　명제적 지식은 내용의 성격에 따라, '조건, 준거, 원리' 세 가지로 나누어 볼 수 있다.(Oakeshott, 1977:164-167) 조건의 성격을 지니는 지식은 어떤 행위를 위해서 반드시 알아야 하는 지식을 말하며, 준거는 읽기 수행이 옳은지 여부를 평가하는 기준이 된다. 그러나 원리는 읽기 수행과 관련이 되기보다는 수행을 이행하고 설명하는 정보로서 수행을 설명하는 수행이라 할 수 있다. 따라서 원리적 지식은 읽기 학습하고 실천하는 데 직접적 의의가 있는 것으로 보기 어렵다. 원리 학습 같은 경우에는 읽기라는 본질적인 특성과 관련된 진술이라는 점에서도 읽기 수행과 관련성이 적기에 부적절하다는 평가를 받았다.[8] 그런

데 매체 특성에 관한 지식이 읽기 수행에 필요한 조건적 지식이라 보기 어렵고, 준거적 지식에 해당되지도 않으며, 원리적 지식으로 보기도 힘들다. 따라서 다양한 매체가 텍스트 형태로 교과서에 자리 잡는 정도이면 되었지, 사회에서 통용되는 전체의 매체를 망라하고, 게다가 각 매체에 대한 특성까지 학습한다는 것은 지나치다는 생각을 하게 된다.

또한 현장에서 이 항목을 지식의 성격으로 받아들여, 자칫 학습자 중심의 읽기 과정 학습이 되기보다는 글과 매체의 특성을 가르치는 지식 학습이 되기 쉽다. 그럴 경우, 학습량의 과도한 부담 및 증가로 이어지는 부작용을 낳을 수 있다. 왜냐하면, 교사나 학습자에게 네 가지 내용 요소 중에 명확하게 인지되는 것은 텍스트와 지식 영역이기 때문에 명료성과 용이성, 단계성을 지향하는 학교 현장에서는 모호한 기능과 맥락보다는 명확한 내용을 담지하고 있는 텍스트나 매체 쪽으로 교육할 가능성이 높다.

3.3. 읽기 기능

읽기 기능 편성에서도 7차 국어과 교육과정과 8차 국어과 교육과정은 다소 차이가 보인다. 7차 국어과 교육과정이 학년별로 고르게 읽기 기능에 대해 편성하고 있음에 반해, 8차 국어과 교육과정에서는 그렇지 않음을 알 수 있다.

....

8) 김명순(2003), 읽기 교육에서 지식 문제에 대한 비판적 검토, 국어교육 111,한국어 교육 학회, pp.7-10.
   7차 교육과정에서 원리적 지식에 해당하는 예들
     1(1) 읽기가 인간의 삶에서 필요함을 안다.
     2(1) 읽기에는 여러 가지 목적이 있음을 안다.
     3(1) 지식과 경험이 글의 내용을 이해하는 데 중요함을 안다. 이하 생략.

[표2] 개정 국어과 교육과정의 학년별 '읽기'영역 성취 기준 비교

학년	1학년	2학년	3학년	4학년	5학년
성취 기준	(1)낱말과 문장을 정확하게 소리 내어 읽는다.	(1)글의 분위기를 살려 효과적으로 낭독한다.	(1)설명하는 글을 읽고 중심 내용과 세부 내용을 파악한다.	(1)필요한 정보를 찾기 위해 사전을 읽는 방법을 익힌다.	(1)사건을 기록한 글을 읽고 인과 관계에 유의하면서 사건의 흐름을 파악한다.
	(2)의미가 잘 드러나도록 글을 알맞게 띄어 읽는다.	(2)설명하는 글을 읽고 내용을 파악한다.	(2)설명서를 읽고 제시된 절차와 방법을 정확하게 이해한다.	(2)글을 읽고 어휘 사용의 적절성을 평가한다.	(2)광고에 나타난 정보의 신뢰성을 평가한다.
	(3)글을 읽고 대강의 내용을 이해한다.	(3)재미있는 글에 나타난 상황을 상상한다.	(3)독서 감상문을 읽고 책의 내용과 책에 대한 감상을 구별한다.	(3)글쓴이가 제시한 의견의 적절성을 평가한다.	(3)다양한 서평을 읽고 서평의 특성과 기능을 이해한다.
	(4)글의 내용을 자신의 경험과 연관 지어 이해한다.	(4)감정을 표현하는 글을 읽고 글쓴이의 감정을 파악한다.	(4)만화나 애니메이션을 보고 인물의 성격을 시각적으로 표현하는 방식을 안다.	(4)기행문을 읽고 여정과 감상을 정리한다.	(4)전기문을 읽고 인물의 가치관, 신념, 삶의 모습을 평가한다.

학년	6학년	7학년	8학년	9학년	10학년
성취 기준	(1)글에 나타난 글쓴이의 관점이나 의도를 파악한다.	(1)읽기의 개념, 특성, 원리, 방법을 안다.	(1)설명하는 글과 설득하는 글을 읽고 글의 짜임을 비교한다.	(1) 실용적 정보를 담은 책을 읽고 정보의 효용성을 판단한다.	(1)사회적 규약을 담은 글의 특성을 알고 공정성과 합리성을 평가한다.
	(2)논설문을 읽고 주장과 근거의 타당성과 적절성을 평가한다.	(2)독자의 관점, 입장, 지식 등에 따라 글의 내용이 다르게 이해될 수 있음을 안다.	(2)주장하는 글을 읽고 주장의 타당성을 평가한다.	(2) 논평을 읽고 글쓴이의 태도와 표현의 효과를 평가한다.	(2)법률적 쟁점을 다룬 글을 읽고 사건의 개요와 판단의 취지를 파악한다.
	(3)참여를 요구하는 글을 읽고 글쓴이가 추구하는 가치를 이해하고 평가한다.	(3)건의하는 글을 읽고 주장의 합리성과 수용 가능성을 평가한다.	(3)시대적·사회적 배경, 문화적 전통 등을 고려하며 글의 의미를 해석한다.	(3)선언문을 읽고 사회·문화적 배경과 글쓴이의 관점을 이해한다.	(3)여러 글을 읽고 전제나 가정을 비교 분석하고 평가한다.
	(4)웃음을 유발하는 글을 읽고 표현의 익살스러움과 재미를 느낀다.	(4)특별한 경험을 기록한 글을 읽고 글쓴이의 경험에 비추어 자신의 삶을 성찰한다.	(4)자서전을 읽고 글쓴이의 삶을 시대 상황과 관련지어 이해한다.	(4) 촌평을 읽고 글쓴이의 태도와 관련지어 의미를 해석한다.	(4)면담 기사를 읽고 질문자의 질문 의도, 질문 전략, 질문 태도 등을 평가한다.

[표2]에 나타난 성취기준을 보면, 개정 국어과 교육과정에서는 1~2학년에서 '내용 정리', 6학년에서 '주장과 근거의 타당성과 적절성 검토', 7학년에서 '읽기에 대한 본질과 절차에 대한 학습', 8학년에서 '글의 짜

임', '주장의 타당성 평가', 10학년에서 '글의 전제나 가정의 비교 분석' 정도만 '읽기 기능'에 대해서 학습하고 있다. 그런데, 7차 국어과 교육과 정에서 비교적 소상하게 다룬 4) 이어질 내용 예측하기, 5) 생략된 내용 추론하기 등의 '추론'과 관련된 기능 요소가 누락되어 있다는 사실을 발 견할 수 있다.

[7차 국어 교육과정 중 읽기 기능에 대한 내용 요소]

1학년: -정확한 발음, 문장 부호 알기
2학년: -정확한 발음, 지시어 파악하기
3학년: -다의어, 동음이의어 파악하기, - 내용 확인하며 글 읽기
        -내용의 연결 관계를 파악하며 글읽기
4학년: -주제를 파악하며 글읽기
5학년: -사실과 의견 구분하기, - 이어질 내용 예측하기
        -생략된 내용 추론하기, - 어휘 사용의 적절성 검토
6학년: -전체 내용 파악하기, -주장에 대한 적절성 판단
        -문제 해결방안에 대한 적절성 판단, - 표현의 적절성 판단
7학년: -메모하며 글 읽기,
        -글쓴이의 의도나 목적을 파악하며 글읽기
        -내용의 통일성 평가하며 글읽기
8학년: -표지에 유의하며 글 읽기, -설명과 설득의 글의 짜임 알기
        -글 전체의 짜임에 유의하며 읽기,
        -내용전개방식파악하며 글읽기
        -글의 일관성 평가
9학년: -중심문장 찾기, - 내용의 신뢰도와 타당성 판단

10학년: -필요한 정보 찾으며 읽기, -정보를 재조직하며 읽기
　　　　-읽은 내용의 신뢰성과 타당성을 평가

　개정 국어과 교유과정의 <읽기> 내용 체계는 '읽기의 실제, 지식, 기능, 맥락'으로 구성되어 있고, 그 중 '기능'에서는 '내용 확인', '추론', '평가와 감상'으로 읽기 수행에 필요한 절차적 지식을 제시하였다. 하지만 추론에 해당하는 내용을 학년별 성취기준에서는 찾을 수 없어, <읽기> 내용 체계 요소와 학년별 성취기준이 일치하지 않고 연계성이 떨어짐을 알 수 있다. 학년별 '성취 기준'을 상세화한 '내용 요소의 예'에서 추론을 찾을 수 있는데, 이 또한 7차에서 행해지던 텍스트 중심으로 수행하고 훈련하는 '읽기 기능'과 관련된 추론으로 보기 어렵다. 예를 들어, 8학년 '글쓴이의 삶의 자세 추론하기', 9학년 '촌평에 대한 글쓴이의 태도 추론하기', 10학년 '많은 사람들에게 호응을 얻게 된 원인을 책의 내용에서 추론하기' 정도를 찾을 수 있는데, 이는 텍스트 중심의 읽기 기능에 해당하는 추론이기보다는 한층 더 나아가 '맥락' 속에서 여러 가지 기준(상황, 사회적·문화적 상황, 텍스트가 가지는 상황, 독자의 입장, 글쓴이의 입장)에 의한 복합적 추론에 가깝다고 할 수 있다. 그럼에도 불구하고, 이와 같이 개정 국어과 교유과정에서 맥락을 통한 복합적 추론을 이끌어내고 있다는 점은 기존 교육과정에서 하지 못했던 추론의 영역과 활동을 확대했다는 점과 이를 교육과정에 실현했다는 점에서 긍정적으로 평가할 만하다.
　한편 개정 국어과 교유과정에서는 텍스트를 강조하다 보니, 읽기 기능이 주어진 텍스트를 통해 학습되어야 할 것인지, 아니면, 텍스트의 영향을 받지 않고 독립성을 지닌 '읽기 기능' 학습내용으로 다뤄야 할지에 대한 명쾌한 모습을 보여주지 못하고 있다.

[텍스트와는 무관한 독립적인 형태로서 기능]

1학년: 글을 읽고 대강의 내용을 이해한다.(핵심어 찾기, 중요한 내용 간추리기, 글쓴이의 생각이해하기)

4학년: 글쓴이가 제시한 의견의 적절성을 평가한다(의견을 제시한 글의 특성 이해하기-지식, 글쓴이가 주목한 인물, 대상, 상황을 파악하기-추론, 글쓴이가 주목한 인물, 대상, 상황에 대한 자신의 의견 제시하기-평가와 감상)

6학년: (1) 글에 나타난 글쓴이의 관점이나 의도를 파악한다.(글쓴이의 관점이나 의도가 드러나는 부분찾기-내용확인, 글쓴이의 관점 파악하기-내용확인, 글쓴이의 의도나 목적 파악하기-내용확인, 글을 쓸 때의 상황 맥락을 파악하여 글쓴이의 관점 평가하기-평가와 감상)

7학년: (1) 읽기의 개념, 특성, 원리, 방법을 안다(읽기의 개념과 특성 이해하기-지식, 읽기의 원리 파악하기- 지식, 맥락을 고려하면서 글을 읽는 방법 파악하기, 글의 특성에 맞는 읽기 방법을 활용하여 글 읽는 태도 기르기-전략)

10학년: (3) 여러 글을 읽고 전제나 가정을 비교 분석하고 평가한다.

[텍스트와 유관한 기능]

2학년: 설명하는 글을 읽고 내용을 파악한다(대상을 설명하는 표현의 특성 이해하기, 설명하는 대상과 관련되 내용을 정리하기)

3학년: (1) 설명하는 글을 읽고 중심 내용과 세부 내용을 파악한다.
(문단의 개념 이해하기, 중심내용과 세부 내용을 구별하

기, 설명의 내용 파악하기)

(2) 설명서를 읽고 제시된 절차와 방법을 정확하게 이해한다
(설명서의 정보를 정리하기-내용확인)

(3) 독서 감상문을 읽고 책의 내용과 책에 대한 감상을 구별
한다-내용확인

6학년: (2) 논설문을 읽고 주장과 근거의 타당성과 적절성을 평가한
다. (논리적으로 설득하는 글의 특성 이해하기-지식, 주장
과 근거 파악하기-내용확인, 논리 전개의 타당성과 적절
성 평가하기-평가와 감상, 논증이 요구되는 상황 맥락 이
해하기)

7학년: (3) 건의하는 글을 읽고 주장의 합리성과 수용 가능성을 평가
한다.(건의하는 글의 목적과 특성 이해하기-지식, 문제 상
황과 요구 상황 파악하기-맥락, 주장의 합리성과 수용 가
능성 판단하기-평가와 감상, 합리적인 문제 해결 방안을
찾는 태도 기르기)

8학년: (1) 설명하는 글과 설득하는 글을 읽고 글의 짜임을 비교한
다.(ㅇ문단 요약 및 문단 간 관계 파악의 원리 이해하기,
ㅇ문단 간 관계 분석을 통해 글의 짜임 파악하기, ㅇ글의
의도와 맥락을 고려하면서 글의 짜임을 비교・분석하기
ㅇ글의 짜임의 효과 및 적절성 평가하기)

(2) 주장하는 글을 읽고 주장의 타당성을 평가한다(논증의 요
소와 논증 방식 이해하기, 주장과 근거를 파악하여 주장
의 타당성 평가하기, 시대 상황을 고려하여 글쓴이의 주
장 평가하기)

이러한 문제는 텍스트를 개정 국어과 교육과정에서 새롭게 중심축으로 세우다보니, 기존 교육과정에서 국어 교육의 중심으로 힘을 발휘한 '읽기 기능'과의 통합이 그리 쉽지 않음을 단적으로 보여주는 실례라 하겠다. 그러함에도 불구하고 상당부분 읽기 기능이 텍스트 아래에서 수행되고 있다는 점은 개정 국어과 교육과정의 긍정적인 성과라 하겠다.

가. 맥락

개정 국어과 교유과정 국어과 교육과정에서 맥락은 '실제, 지식, 기능'과 함께 내용의 한 요소로 자리매김 하고 있다. 그러나 맥락이 명징성을 가진 내용 체계로 볼 수 있는지는 의문이다. 맥락은 담화나 글 속에서 발생하는 상황, 사회적·문화적 상황, 독자의 입장, 글쓴이의 입장 등으로 정리할 수 있다. 맥락을 적극적으로 활용해야 한다는 취지에는 동감하고 있으나, 그렇다고 해서 맥락을 내용의 한 부분으로까지 승격시키기에는 추상적이고, 정의적인 면이 강하며, 외연을 분명하게 가늠하기 쉽지 않아 무리가 있다고 본다. 다만, 맥락을 배경지식 또는 문화적 요소 등으로 규정해서 다룬다면, 좀더 명확하게 교육 내용을 구성할 수 있을지 않을까 한다.

[맥락을 중심으로 한 성취기준]

  1) 설명하는 글의 필요한 상황 이해하기:2학년
  2) 논증이 요구되는 상황 맥락 이해하기:5학년
  3) 웃음을 유발하는 글의 소통 맥락 이해하기:5학년
  4) 맥락을 고려하면서 글을 읽는 방법 파악하기:7학년

5) 역사서의 역사적 배경, 맥락 등에 비추어 글의 의미를 해석하기:5
학년
6) 전기문의 인물과 비교하여 자신의 삶을 성찰하기:5학년

위의 예를 살펴보면, 1)에서 '설명하는 글의 필요한 상황을 이해하기'
라고 되어 있지만, 그 교육적 내용으로 보기에는 모호한 면이 있다. 또
한 2)에서 논증이 요구되는 상황 맥락과 3) 웃음을 유발하는 글의 소통
맥락이란 것도 교수자나 학습자에게는 낯설고 모호한 개념이 아닐 수
없다. 이에 비하면, 4), 5)에서는 맥락이란 용어는 배경지식에 가깝고,
학습할 때 내용 요소로서 뜻하는 바가 무엇인지 분명하다. 맥락의 설
정은 신중하게 접근할 필요가 있다고 본다.

개정 국어과 교육과정에서 맥락이 내용 요소로 설정되면서, 7차 국
어과 교육과정에 있던 태도가 내용 요소에서 배제되었다. 그러나 교육
의 내용은 인지적인 영역도 중요하지만, 정의적인 영역도 무시할 수
없다. 교육의 목적이 인지적인 내용의 학습을 통해 학습자의 정의적인
태도를 이끌어 낸다는 점에서 결코 정의적인 면을 경시할 수는 없다고
본다. 또한 개정 국어과 교육과정에서는 성취 기준을 살펴보면, 태도에
해당하는 것을 찾아볼 수 있다.

[태도에 해당하는 읽기 영역 '성취 기준'의 내용 요소]

- 정확한 설명의 중요성 깨닫기:3학년
- 사전을 활용하여 필요한 정보를 찾는 습관 기르기:4학년
- 광고를 비판적으로 수용하는 태도 기르기:5학년
- 서평을 활용하여 좋은 책을 골라 읽는 태도 기르기:5학년

- 웃음의 효과를 알고 즐기는 태도 기르기:6학년
- 다른 사람이 이해한 바를 존중하는 태도 기르기:7학년

위의 예처럼 태도에 대한 면이 읽기 영역 내용 요소 안에 편입되어 있고, 이 부분을 도외시할 수 없다면, 내용체계에 포함시켜야 할 것으로 본다.

맥락의 측면에서 위계성을 검토할 때, 맥락이 상황 맥락과 사회·문화적 맥락으로 구분되어 있는 점에 초점을 두어야 한다. 상황의 위계성이란 단순한 것에서 복합적으로 작용하는 것이어야 하며, 사회·문화적 맥락은 사회·문화의 중층적인 모습이 적은 것에서 많은 것이 될 것이다 또한 이는 학습자의 스키마에 의존하는 부분도 상당하리라 본다. 나아가 맥락의 전체적인 모습은 상황이 다분히 개인적인 성향을 지니고 있고, 사회·문화적 맥락이 공적이며 보편적인 면을 지니고 있다고 보아 저학년일수록 상황맥락을, 고학년에서 사회, 문화적 맥락을 다루는 것이 적합하다고 본다. 개정 교육 과정에서는 '맥락'이 마지막에 언급되고 있어, 그 중요성이 낮은 것으로 평가된 측면이 없지 않으나, 이는 맥락이 외연을 정하기가 쉽지 않고, 맥락이란 것이 명제적 성격을 지닌 것도 아니기 때문에 맥락의 위계성을 논하는 것은 다소 무리가 있다고 본다. 게다가 맥락이란 것이 글 외부에 존재하는 맥락을 말하기도 하며, 글 내부에 존재하는 맥락을 말하기도 하여, 혼돈이 되는 것도 사실이다. 이 중에서 맥락이 전자를 뜻하는 것이라면, 후자는 문맥이란 용어를 사용하여 교육과정을 기술하는데 좀더 명시적이지 않나 생각한다.[9]

---

9) 개정 국어교육과정에서 문맥을 뜻하는 '맥락' 용어 사용의 예: ( ) 안은 내용 요소의 예에 해당한다.

4 정리

2007 개정 국어 교육과정이 개론적으로 7차 국어 교육과정과 어떻게 다른지를 '성격, 목표, 내용, 학년별 내용' 순으로 살펴보았다. 개정 국어교육과정은 이전 교육과정과 '성격' 면에서 다음과 같이 대별되는 특징이 있다.

첫째, 개정 교육과정은 제재적 성격을 '담화 또는 글'을 중심축으로 두어, 7차 국어교육과정의 '국어 사용 양상과 내용'과 달리 구체적이고 명시적으로 제시하고 있다. 둘째, 7차 국어 교육과정에서 '국어지식'이라 명명하던 것을 개정 교육과정에서는 '문법'이란 용어로 개정하여 이전의 '국어지식'이란 개념의 한계를 극복하고자 하였다. 셋째, 7차 교육과정이 문학을 '텍스트 수용'에 무게를 두고 있는 데 반해, 개정 교육과정은 '텍스트의 생산'에 초점을 둠을 알 수 있다. 넷째, 개정 국어 교육과정은 7차 교육과정과 달리 초등학교와 중학교를 명시하여 학교별 성격을 명확히 제시하여 위계를 세우고자 하는 노력이 보인다.

개정 교육과정과 7차 교육과정의 '목표' 진술 면에서는 다음과 같은 변화가 보인다. 개정 국어 교육과정은 7차 교육과정에 비해 '목표'를 구체적이면서 명시적으로 진술하고 있다. 우선, 7차 국어 교육과정에서 '언어'라 명명하던 범주를 '국어'로 개정하였다. 둘째, 교육의 중심축을 '담화와 글의 수용과 생산'에 맞추고 있다. 7차 교육과정이 '정확하고 효과적인 국어 사용의 원리와 작용 양상'이라는 기능에 초점을 두고 있다면, 개정 교육과정은 '텍스트의 수용과 생산'에 무게를 두고 있음

7학년:(1) 읽기의 개념, 특성, 원리, 방법을 안다(읽기의 개념과 특성 이해하기, 읽기의 원리 파악하기, 맥락을 고려하면서 글을 읽는 방법 파악하기)

을 알 수 있다.

'내용'에 관한 진술 면에서 '국어지식'이 '문법'으로 용어가 개정된 것 이외에는 '듣기, 말하기, 읽기, 쓰기, 문법, 문학'이라는 여섯 영역은 그 대로 이어지고 있다. 그러나 개정 교육과정과 7차 국어 교육과정은 영 역별 내용 요소는 큰 변화가 있다. 7차 교육과정의 영역별 내용 요소는 '본질, 원리, 태도, 실제'인데, 개정 국어 교육과정에서는 '실제, 지식, 기 능, 맥락' 순으로 내용요소의 순이 자리 잡고 있다. 이 중에서 눈에 띄 는 것은 '실제'가 내용 요소의 최상위에 배치되었다는 점이다. 이는 학 년별, 학교별 내용에서도 각 영역마다 '담화와 글의 수준과 범위'를 최 상위에 설정함으로써 개정 교육과정이 개정 중점 사항이 '담화와 글'에 있음을 알 수 있다. '실제'의 편성 항목은 7차 교육과정과 크게 변화가 없으나, 7차 교육과정의 '친교적 기능'이 '사회적 상호작용'으로 대체됨 으로써 교육과정의 변화가 개인적인 의사소통에서 사회적 의사소통으 로 범위의 확대를 꾀함을 알 수 있다.

학년별 내용 진술에서는 7차 교육과정이 '내용'과 '수준별 학습 활동 의 예'로 구성되어 있었는데 반해, 개정 교육과정에서는 '성취 기준'과 '내용 요소의 예'로 제시하였다. 개정 교육과정의 변화로는 7차 교육과 정의 '내용'이 '성취 기준'으로 변경되었음을 알 수 있다. 이는 이전 교 육과정에 비해 학년별로 달성해야 할 학습목표를 명확히 제시하고자 하는 의도가 반영된 것이라 볼 수 있다.

다음 장에서는 '듣기, 말하기, 읽기, 쓰기, 문법, 문학' 여섯 영역 중에 서 '읽기' 영역 중심으로 내용 체계를 구체적으로 검토해보았다. 우선 '실제'를 7차 교육과정에 비해 최상위에 둠으로써 학년별 내용의 위계 화를 꾀하고, 영역의 내용을 명확히 하였으며, 학습 목표를 '텍스트의 수용과 생산'에 초점을 맞추고자 하는 의도를 지적한 바 있다.

'실제'의 내용으로는 7차 교육과정과 맥을 같이 하여, 언어 사용 목적에 따라 '정보 전달, 설득, 사회적 상호 작용, 정서 표현'으로 구성하고 있다. 학년별로 텍스트를 문종별로 매체별로 다층적으로 제시하여 학교 현장에서 다양하고 구체적이고 심층적인 읽기 수행을 이끌어 낼 수 있다는 점에서는 긍정적으로 평가하였다. 그러나 정보전달 텍스트를 좀더 구체적으로 내용 영역을 학문 중심적으로 전문화시킬 필요가 있음을 제안하였고, 나아가서 '실제'의 내용 요소로 '사회적 상호작용'은 '정보전달, 설득, 정서표현'이 언어 사용 목적에 부합된 분류라는 점과 합치되지 않는 면이 있다는 점을 지적하였다. 또한 '실제' 안에 문학 텍스트는 포함되어 있으나 문법에 관한 텍스트가 포함되지 않았다는 점을 문제점으로 지적하였다.

두 번째, '지식'의 하위 영역으로 '소통의 본질, 글의 특성, 매체 특성'을 설정하여 '듣기, 말하기, 읽기, 쓰기' 영역에서 다루고 있다. '매체' 같은 경우 이번 개정 교유과정에서는 선택과목으로 둘 정도로 새롭게 그 중요성을 인정받고 있다는 점이 특징으로 들 수 있다. 그러나 매체를 교육과정의 지식 영역으로 편입할 만큼 중요한 영역인지에 대해서는 쉽게 동의하기 어려움을 피력하였다.

세 번째, 기능을 다루면서 개정 국어 교육과정이 7차 국어 교육과정에 비해 읽기 기능 학습에 대한 학습 항목이 부족하고, 읽기 기능을 학년별로 고르게 학습할 수 없음을 지적하였다. 그럼에도 불구하고, 맥락의 도입을 통해 여러 가지 상황을 고려한 '추론'을 이끌어낸 점은 긍정적으로 평가하였다. 또한 개정 교육과정에서 텍스트를 중시하다보니 읽기 기능을 독자적으로 학습해야 할 요소인지, 아니면, 텍스트와 연계해서 학습해야 할 부분인지에 대한 명쾌한 모습을 보여주지 못하고 이 두 가지 모습이 혼재되어 있는 양상임을 지적하였다.

 네 번째, 맥락을 영역의 내용 요소로 두기에 그 외연이 명확하지 않음을 문제점으로 지적하였고, 개정 국어과 교육과정에서 맥락이 내용 요소로 설정되면서, 7차 국어과 교육과정에 있던 태도가 내용 요소에서 배제하였는데, 이는 교육의 목적이 정의적 영역에까지 이르러야 한다는 당위성에 비추어 바람직하지 못함을 지적하였다.

 마지막으로 맥락이 다양한 모습을 가지는 바, 상황맥락이 다분히 개인적인 성향을 지니고 있고, 사회·문화적 맥락이 공적이며 보편적인 면을 지니고 있다고 보아 저학년일수록 상황맥락을, 고학년에서 사회, 문화적 맥락을 다루는 것이 적합하다고 본다.

 요컨대 개정 국어과 교육과정이 시대적, 사회적 요구의 변화에 순응하고자 하는 노력이 보임에도 불구하고, 여전히 내용 간 연계성, 학습량의 적정성, 학습 내용의 명시성, 학년 간의 위계성을 지켜낼지는 의문스럽다. 더불어 텍스트 중심의 교육과정은 교과서로 실행될 것이고, 이런 형태의 교과서를 학교 현장에서 잘못 수용할 경우에는 학습 부담량이 늘어날 수 있다는 점에서 주의해야함을 밝혔다.

참고문헌

박삼서 외 공저, 7차 고등학교 국어과 교육과정 해설, 교육부.
2007 개정 국어과 교육과정(2007), 교육부.
최현섭외 공저(1997), 국어교육학개론, 삼지원.
박영목·한철우·윤희원 공저(1997), 국어교육학 원론, 교학사.
이경환 외 공저(2001), 학교 교육과정 편성·운영의 실제, 교육부.
손영애(2004), 국어과 교육의 이론과 실제, 도서출판 박이정.
한국교육과정학회 편(2004), 교육과정:이론과 실제, 교육과학사.
김봉순(2005), 읽기 교육 내용으로서의 지식, 국어교육학연구 제25집.
김정자(2006), 국어과 교육과정 개정 시안의 <쓰기> 영역 내용 검토, 작문
　　　　연구 제3집.
김정우(2007), 2007 개정 국어과 교육과정의 개정 방향과 특징, 한말연구학
　　　　회 제20호.

매체언어적 동기유발 수업을 통한 자기표현능력 신장 및 평가 방안

 매체언어의 중요성

　21세기 급속한 정보화 사회의 발달로 인해 과거에는 상상할 수도 없었던 막대한 양의 정보가 매체(Media)를 통하여 전달되고 다양한 가치가 정보로 창조되고 활용되고 있다. 정보전달의 매체는 하루가 다르게 눈부신 발전을 보이고 있으며 매체를 통하여 지식과 정보를 다양하게 창조하고 활용하는 의사소통 능력이 중요시되고 있다. 이에 따라 국어과의 교수-학습 방법도 시각적 이미지를 강조하는 다양한 문화 매체적인 분위기와 이미 생활의 일부분이 되어버린 멀티미디어 환경과 컴퓨터 게임, 그리고 사이버 공간 속에서 매체를 활용해 배운 것을 이용하고 표현하는 기회를 주는 것이 매우 필요하다. 또한 텔레비전, 영화, 비디오, 사진, 만화, 신문, 그림, 인쇄물, 컴퓨터 소프트웨어 등과 같은 매체에 대한 학생들의 비판적 이해 능력을 향상시켜주고 나아가 이러한 메시지들을 표현하여 의사소통 능력을 길러 주는 것은 시대적인 흐름

으로 볼 때 매우 자연스런 현상이라 할 수 있다.

국어과 교수-학습에 있어 에듀테인먼트(edutainment)화 경향과 자기 주도적 학습에 대한 논의의 초점은 동기유발이다. 교수-학습과정의 첫 단계인 동기유발이 교수-학습의 성공 여부를 결정짓는 중요한 요소이기 때문이다. 특히 타 교과에 비해 활동 내용이 가시적이지 못한 국어과 교수-학습에서 주위를 끌만한 동기유발 자료를 구안하여 적용하는 것은 시대적으로도 매우 중요한 요구사항이라 할 수 있다. 특히 국어교과는 학생들이 직접 연습하고 활동하는 과정을 통해 자신의 언어 능력을 신장시키는 것을 목적으로 하므로 학습은 능동적이어야 하고, 흥미로워야 하며 학생중심의 활동이 되도록 구성되어야 한다.

그러나 교실 현장에서는 말하기와 쓰기와 같이 학생들의 실제적인 활동이 요구되는 영역에서까지도 객관화된 지식을 교사가 주입식으로 전달하고, 학생들은 이를 반복하고 암기하는 교수-학습 방법으로 수업을 하는 예가 허다하다. 제7차 교육과정의 보급으로 교수-학습 방법의 개선이 요구되고 있음에도 불구하고, 학생들의 흥미와 관심을 고려하지 않는 전통적인 교수-학습 방법으로 학생 개개인의 소질과 능력을 살려주지 못하고 있는 것이 요즘 교육현장의 실태이다.

본 연구자의 교직경험에 비추어 본다면 시간이 흐를수록 학생들은 점점 더 말하고 쓰는 능력이 퇴화되어가고 있음을 종종 느낀다. 한 예로 쓰기 수행평가로 논술시험을 보면 90분 동안 200자 원고지 5매를 채우는 학생이 40명 중에 몇 명밖에 되지 않는다. 말하기 수행평가로 하나의 주제를 주고 3분 동안 말을 해보라고 하면 학생들은 거의 1분이 지나면 발표가 모두 끝난다. 이러한 현상은 문제풀이 위주로 시험 성적을 올리려는 교육풍토와 문자메시지와 버디 버디로 자신의 생각을 짧은 문장으로 전달하는 문화풍토로 인하여 자신의 생각을 논리적으로 표현하는 기회가 매우 부족했기 때문으로 여겨진다.

정보통신 및 네트워크 기술의 발달로 인터넷과 PC 통신을 중심으로 한 사이버공간에 살고 있는 요즘 학생들에게 기성세대가 했던 것처럼 편지와 일기 쓰기만을 강요할 수는 없다. 말하기와 쓰기에 대한 지도 방법도 예전과는 다른 교수-학습의 환경 조성 즉, 학생들의 자연스럽게 접할 수 있는 다양한 매체를 활용하여 동기유발을 새롭게 시도하지 않고서는 학생들의 입과 마음을 사로잡을 수 없는 것이다.

따라서 학습의 전 과정에 효율적으로 활용할 수 있는 동기유발 자료를 활용하여 교수-학습 방법의 구체적인 예를 풍부하게 제공해 주고, 교실상황과 학습자의 상황에 맞는 다양한 교수-학습 방법을 활용하는 것이 매우 필요하다.

이에 본 연구자는 2학년 생활국어 교과서의 말하기·쓰기 영역에 매체언어적 동기유발 수업모형을 구안·적용하여 학생들의 사고력을 자극하고 자기표현에 대한 동기가 유발·유지되도록 하며, 다양한 체험학습 프로그램을 적용함으로써 학생들로 하여금 자기표현에 대한 실천적 태도를 생활화시키고자 본 연구를 추진하였다.

 매체언어적 동기유발과
자기표현 중심의 국어교육

2.1. 매체언어 교육의 필요성과 방향

1990년대부터 매체와 관련한 교육학 분야의 연구가 활발해졌다. 국어교육과 관련된 매체 활용과 교수-학습 방법의 필요성을 고찰한 논저

들을 살펴보면 다음과 같다.

김대행[1]은 국어 활동의 범위를 생활 문화로 넓혀 규정해야 하고 생활 문화에서 소통되는 문화물들을 스스로 분석할 줄 아는 주체적 태도를 갖출 수 있도록 분석력을 길러주며 여기서 사용되는 국어사용 능력을 길러 주는 것이 국어 교육에서 담당해야 할 역할이라고 보았다. 또한 김대행[2]은 현대적 의사소통을 위해 매체언어의 수용과 매체의 제작까지 경험하게 함으로써 보다 능동적인 의사소통을 경험하는 것이 적극적이고 효과적인 언어 교육 방법임을 말하였다.

최인자[3]는 국어 교육에서 매체 교육의 위상은 매체를 매개로 한 당대 언어문화 교육에 의한다고 말했고, 국어 교육에서 매체 교육은 기능적 문식성을 보완하는 중요한 축으로 당대 언어의 사회, 문화적 문식성 교육을 실현하는 중요한 장이 될 수 있다고 보았다. 그리고 '다중 문식성'의 개념을 설명하면서 문식력을 문자뿐만 아니라 제반 매체를 주체적으로 활용하여 원만한 의사소통과 사회, 문화적 실천에 도달할 수 있는 능력이라 보고, 이런 다중 문식력을 국어 교과에서 다루어야 한다고 보았다.

윤정민[4]은 언어 사용 기능의 신장을 목표로 하는 국어 교육에서는 매체 문식성 교육을 수용하여 새로운 매체를 통해 언어 사용을 원활히 할 수 있는 능력을 길러주어야 한다고 말한다. 그런데 제7차 국어과 교육과정에서는 매체 문식성 교육 내용이 부분적으로만 수용되어 있고, 그 비율도 매우 낮으며 내용 자체도 비체계적이고 개략적인 수준에 머

----

1) 김대행(1995), 「국어 교과학의 지평」, 서울대 출판부.
2) _____(2002), 「매체언어 교육론 서설」, <국어교육> 97호, 한국국어교육연구회
3) 최인자(2001), 「비판적 대중매체 교육과정연구」, <국어교육학회> 13輯
4) 윤정민(2003), 「매체 문식성 교육을 위한 국어과 교재 구성에 관한 연구」, 고려 대학교 대학원 석사학위 논문.

물고 있기 때문에 이를 위해서는 매체영역을 독자적인 영역으로 설정할 필요가 있음을 강조하고 있다.

이 선행 연구들을 종합해 보면 국어 교육에서 사회·문화적 문식성 교육을 담당해야 하고, 이를 위하여 제반 매체에서의 의사소통 능력을 신장시키기 위한 매체언어 교육이 필요하다는 점에서 일치된 견해를 보이고 있다.

이에 본 연구에서의 말하기·쓰기 교육은 매체언어적 동기유발로 적극적이고 창의적인 자기표현을 유도하면서 학습자 중심의 교수-학습 활동을 전개하였다.

첫째, 교육과정 분석을 통하여 매체언어적 동기유발 학습요소를 추출하고 이를 체계적으로 재구성하여 2학년 생활국어 시간에 적용함으로써 학생들의 자기표현능력을 신장시킬 수 있도록 하였다.

둘째, 매체언어적 동기유발 학습요소는 수업의 도입 부분에서는 교육방송 VOD를 활용하여 만화, 영화, 현장 취재 장면, OHP 자료를 동영상으로 보여줌으로써 자기표현에 대한 간접경험 및 배경지식을 습득하게 하였으며, 수업의 전개 부분에서는 정보 검색 이용법, 전자우편(E-mail), 디지털 캠코더 활용한 영화 만들기를 통하여 자기표현에 대한 동기유발 및 호기심을 자극시켰고, 자기표현 직접 체험을 유도하였다.

셋째, 매체언어를 활용한 발전학습을 전개하였다. 발전학습이란 인터넷에 의한 발전학습을 말하는데, 교육방송 시청 후에 영상에서 얻은 자기 나름의 느낌, 생각, 해보고 싶은 의욕을 정리하여 과제를 설정하고 해결하며 그 결과를 평가해 봄으로써 보람을 맛보는 주체적이고 자주적인 학습 활동을 전개하였다.

본 연구에서 말하기·쓰기 지도 시 매체언어적 동기유발로 사고력을 자극시킴으로써 학생들의 적극적이고 창의적인 자기표현을 유도하였다.

2.2. 국어 교육과정과 동기유발

학습을 위한 동기유발은 교사들에게 매우 중요한 문제이며, 학업성
취도를 결정하는 중요한 변수이기도 하다. 또한 이러한 동기유발은 수
업과 밀접한 관계를 가지고 있기 때문에 교육현장의 각종 수업연구나
수업 전략에 대한 연구에서 중요한 과제로 다루어져 왔다. 특히 타 교
과에 비해 가시적이지 못한 국어과 교수학습에서 주위를 끌만한 학습
자료를 구안·개발하여 동기유발에 대한 논의를 한다는 것은 국어과
수업이 갖는 속성을 극복하는 작업이 될 것이다.

동기유발에 대한 관점을 세우기 위해 수업 체제를 분석할 필요가 있
는데, 수업 체제를 분석하기 위해서는 먼저 각 교과의 교과서와 수업
의 방향을 제시해 주는 교육과정에 나타난 동기유발에 대한 관점들을
살펴볼 필요가 있다. 제7차 교육과정5)에서 국민 공통 기본 교과중의
하나인 국어 교육과정의 교과는 [영역]으로는 [1. 성격, 2. 목표, 3. 내
용, 4. 방법, 5.평가]로 구성되어 있으며, [내용]에는 <가. 내용체계, 나.
학년별 내용>으로 구분되어 있고, [방법]은 <가. 교수-학습계획, 나.
교수-학습방법, 다. 교수-학습자료>로, [평가]는 <가. 평가 계획, 나.
평가 목표와 내용, 다. 평가 방법, 라. 평가 결과의 활용>으로 각각 구
분하여 기술되어 있다.

본고에서는 동기유발의 관점을 방법적인 측면에 두고 교수-학습계
획, 교수-학습방법, 교수-학습 자료에 대한 구안 및 적용에 대하여 연

....

5) 교육부(1997), 『국어과 교육과정』, 대한교과서.

구하였다.

2.3. 국어 교육과정의 동기유발 매체 및 투입시기

국어과 교육과정상에서 동기유발을 위해 동기유발 매체를 사용하는 사례를 찾아보기 위해 말하기·쓰기 영역의 학습활동 예를 제시해 보면 <표-1>~<표-2>와 같다.6)

<표-1> 국어과 교육과정 말하기 학습활동의 예

영역	학년	학습 활동의 예
말하기	1	○ 입을 다물고, 손짓과 몸짓만으로 의미를 전달한다. ○ 가장 좋아하는 먹을거리, 텔레비전 프로그램 등에서 재미있는 내용을 골라 말한다. ○ 몸의 긴장을 풀어주는 활동을 한다.
	2	○ 들은 내용을 분명하게 전달하는 말 전달하기 놀이를 한다.
	3	○ 텔레비전에서 본 것이나 라디오에서 들은 것 중에서 화제에 알맞은 내용을 선정하여 말한다. ○ 그림을 보고, 원인과 결과가 잘 드러나게 이야기를 꾸며서 말한다. ○ 사진이나 그림을 보고, 그 내용을 어법에 맞게 말한다.
	4	○ 잡지나 어린이 신문 등에서 주제에 알맞은 내용을 선정하여 말한다. ○ 이어지는 그림이나 사진을 보고, 시간의 바뀜을 나타내는 말을 사용하여 일의 차례에 맞게 말한다. ○ 연극이나 텔레비전 드라마를 보고, 배우들이 상황에 따라 말, 표정, 몸짓, 어조를 어떻게 달리 사용하는지 안다.

----

6) 송상호(2000), 「국어과 동기유발을 위한 마술매체 개발」, <북매니아 기획>, 금하출판사, pp.29~32.

	5	○ 전화를 걸 때와 얼굴을 맞대고 말할 때를 비교하고, 말하기 상황에 관련되는 요소를 찾는다. ○ 도서관을 이용하거나 면담을 통하여 자료를 찾는 방법을 안다.
	6	○ 학교에서 발생하는 여러 가지 문제에 대하여 그 원인을 분석하고, 해결 방안을 마련하여 선생님께 건의한다.
	7	○ 인터넷, 컴퓨터 통신 등 다양한 매체를 이용하여 필요한 정보를 찾아 말한다. ○ 자신이 말한 내용을 녹음하거나 녹화하여 주제에 벗어난 내용이 검토한다. ○ 학급이나 학교, 지역사회, 소모임 등을 대표하여 말하기 상황에 능동적으로 참여한다.
	8	○ 시청각 보조 자료를 활용했을 때의 전달 효과에 대해 토의한다.
	9	○ 방송에서의 말하기와 일상 대화를 비교하고, 말하기가 사회·문화적 과정임을 설명한다. ○ 연설에서의 연사와 청중의 행동을 살펴보고, 연설이 사회적 상호작용을 통한 조정의 과정임을 설명한다.

<표-2> 국어과 교육과정 쓰기 학습활동의 예

영역	학년	학습 활동의 예
쓰기	1	○ 동화, 그림, 만화에서 재미있는 내용을 골라 짧은 글을 쓴다. ○ 즐거웠던 경험이나 상상한 일에 대해 그림일기를 쓴다.
	2	○ 자신이 좋아하는 장난감이나 놀이 중에서 다른 사람이 재미있어 할 글감을 골라 짧은 글을 쓴다. ○ 그림의 내용을 생각해 보고 그 내용을 문장으로 쓴다. ○ 이어진 그림의 내용을 생각해 보고, 그 내용을 문장으로 쓴다.
	3	○ 자신이 역사적 인물이나 동화의 주인공이 된 상황을 상상하고 그 내용을 글로 쓴다. ○ 그림을 보고, 원인과 결과가 드러나게 글을 쓴다. ○ 글쇠판을 보면서 자신이 쓴 글을 컴퓨터로 옮겨 쓴다.
	4	○ 이어진 그림이나 사진의 내용을 시간이나 공간 순서에 따라 짧은 글로 쓴다. ○ 소풍이나 여행에서 일어난 일을 시간이나 공간 순서에 따라 짧은 글로 쓴다. ○ 만화 영화의 내용을 사건이나 행동의 변화가 드러나게 글로 쓴다. ○ 컴퓨터를 이용하여 방학이 되면 하고 싶은 일을 글로 쓴다. ○ 컴퓨터를 이용하여 가족 신문에 실을 만한 내용의 글로 쓴다.
	5	○ 글자의 모양, 크기, 문단모양 등을 고려해 자신의 글을 보기 좋게 컴퓨터로 편집한다. ○ 그림이나 사진, 표 등을 넣어 자신이 쓴 안내장이나 신문 기사를 보기 좋게 편집한다.
	6	○ 자신의 생각이 글을 통해서 읽을 이에게 전달되는 과정을 그림으로 타낸다. ○ 친구나 가족의 모습, 교실의 모습, 창 밖의 풍경 등이 생생하게 드러나게 글을 쓴다. ○ 어른이 되었을 때의 자기의 모습을 상상해 보고, 그 모습이

		생생하게 드러나게 글을 쓴다. ○ 자기가 살고 있는 동네의 50년 후의 모습을 생생하게 드러나게 글을 쓴다.
	7	○ 인터넷, 컴퓨터 통신 등 다양한 매체를 이용하여 필요한 정보를 찾아 글을 쓴다.
	10	○ 신문이나 잡지에서 논쟁이 이어진 예를 찾아보고, 쓰기가 가지는 사회적 역할에 대해 토의한다.

위의 <표-1>과 <표-2>는 학습활동이 기본 수업자료(발화행위, 문자언어)를 넘어서 동기유발 자료(행위, 장소, 상상, 시청각, 인터넷)를 활용하고 있다는 것을 보여주는 것이다. 이것을 상세화하여 분석해 보면 다음 표와 같다.

<표-3> 국어 교육과정속의 동기유발 자료 분석표[7]

내용영역	기본 수업자료	동기유발 자료			
		행위·장소 자료	상상 자료	시청각 자료	인터넷 자료
말하기 듣기	발화행위	표정, 몸짓, 말놀이, 연설,		그림, TV, 라디오, 녹음, 녹화	
쓰기	문자언어	여행,	상상해 보기	그림, 만화, 사진, 신문	인터넷, 컴퓨터통신

7) 송상호(2000), 「국어과 동기유발을 위한 마술매체 개발」, <북매니아 기획>, 금하출판사, p.33.

국어 교육과정에는 각 내용영역에 따라 기본 수업 자료에서 다양한 동기유발 자료를 활용한 학습활동을 진술해 놓았는데, 이는 그러한 수업자료를 바탕으로 수업하는 교사의 입장에서는 그것을 수업에 적합한 매체로 전환, 변형하여 수업의 각 단계의 성격에 맞게 구조화 할 필요가 있다는 것을 보여주는 것이다. 즉 다시 말해 교육과정에서는 수업자료 차원에서 몇 가지 예를 제시했지만 그것을 기초로 교수-학습계획을 세우는 교사는 수업자료 차원에서 동기유발자료 차원으로 나아가 동기유발을 위한 매체 차원으로 재구성할 수 있어야 한다는 것이다.

동기유발 매체의 투입 시기는 교육현장에서 사용되고 있는 일반적인 교수·학습지도안을 살펴보면 대체로 '도입-전개-정리'의 단계로 이루어져 있으며, 동기유발은 주로 도입단계에서 학습자의 주의를 집중시키고, 흥미롭게 학습과제로 나아가게 하는 활동으로 이루어져 있다. 하지만 학습이란 각 단계가 독립된 개체로 존재하기보다는 각 단계가 유기적으로 통합되어 하나의 구성체로 존재할 때에 완전한 학습이 이루어지기 때문에 동기유발도 도입, 전개, 정리단계 모두 적용되어야 할 활동으로 보아야 할 것이다.

이에 본 연구에서는 학생들이 관심과 흥미를 가지고 말하고 쓰는 활동을 함으로써 자기표현능력을 신장시키고자 하였다.

첫째, Keller의 ARCS 모형을 적용하여, 동기를 이끌어 내기 위해 학생들이 교육 관련 인터넷 프로그램을 주의 깊게 관찰하고 생각한 후(Attention), 다양한 자기표현 체험학습 프로그램에서 자신의 능력에 맞는 것을 선택하여(Relevance), 교사로부터 말·글로써의 자기표현 방법을 지도 받아 학생들이 자신의 생각이나 감정을 표현하는데 자신감을 갖게 하고(Confidence), 자기표현 체험학습 프로그램에서 얻어진 결과물을 대외적으로 발표하는 기회를 마련함으로써(Satisfaction) 말하기와 쓰기에 대한 동기를 부여하였다.

둘째, 동기를 강화하기 위하여 매체언어적 동기유발 교수-학습 과정안을 구안함에 있어 동기유발의 관점을 방법적인 측면에 두고 교수-학습계획, 교수-학습방법, 교수-학습 자료에 대한 구안 및 적용에 대하여 연구하였다.

셋째, 동기유발 매체로써 행위·장소 자료, 상상 자료, 시청각 자료, 인터넷 자료를 활용하여 동기를 유발·유지시켰다. 즉, TV 프로그램, 컴퓨터통신 및 그림, 만화, 사진, 신문자료들을 생활주변에서 찾아 2학년 생활국어 시간에 활용하였다.

본 연구에서 동기유발 적용 방법은 도입·전개 단계에서 교육방송 VOD를 활용해 학생들의 주의를 집중시켜 흥미롭게 학습과제로 이어지도록 했고, 전개단계에서는 매체를 활용한 두레형 협력학습 및 다양한 체험학습 프로그램으로 학생들의 동기를 유발·유지시켰으며, 정리단계에서는 학습결과에 대한 발표 및 평가를 통해 학생들에게 성취감을 갖게 하고, 차시 학습과제에 대한 흥미를 유발시켰다.

2.4. 자기표현능력 신장을 위한 말하기·쓰기 집중지도 전략

2.4.1. 자기표현능력 신장을 위한 말하기 집중지도 전략

말하기의 과정은 화자는 청자의 지적 상태를 어떻게 변화시킬 것인지에 바탕을 두어 무엇을 말해야 할 것인지를 먼저 계획하고, 그런 다음 그 계획을 실행하기 위하여 음절, 단어, 구절, 문장 등의 발화를 표출하게 된다. 박영목[8]은 말하기의 지도를 다음과 같이 세 부분으로 나

----

8) 박영목, 노명완, 권경안 공저(1991), 「국어과 교육론」, 서울 갑을출판사, pp.335~351.

누어 설명하고 있다.

(가) **말하기 활동에의 참여와 관련한 학습활동**은 말하기의 목적이 의사소통에 있음을 깨닫게 하기, 정확한 정보 전달의 중요성을 깨닫게 하기, 청자 또는 청중의 지적 수준, 흥미, 관심 등에 맞추어 말하기의 내용과 방법을 조절할 수 있도록 하기 등에 초점을 맞추어 진행되어야 한다.

(나) **효과적인 표현 및 전달과 관련한 학습활동**은 몸의 자세, 몸의 움직임 및 손놀림 등을 효과적으로 사용할 수 있는 기능, 시선을 효과적으로 위치시킬 수 있는 기능, 주어진 말하기 상황에 적절한 음성적 특성이 무엇인지를 인식하여 바르게 사용할 수 있는 기능, 여러 가지 전달 보조 자료들을 효과적으로 사용할 수 있는 기능 등을 포함한다.

(다) **말할 내용의 선정과 조직과 관련한 학습활동**은 완결된 생각을 음성언어로 표현하기, 화제와 중심생각을 인식하면서 말하기, 명료하고 생생한 언어로 표현하기, 생각을 조직하는 방법을 알고 이를 적용하기, 화제를 뒷받침하는 자료들을 효과적으로 사용하기 등이 있다.

말하기 지도는 두레형 협력학습과 관련하여 말하기의 내용과 형식으로 나누어볼 수 있다. 말하기의 내용은 위에 있는 (가)항목과 관련이 깊으므로 글을 쓸 때 두레원과의 의견 교환이 중요하며, 청자의 흥미와 관심을 고려한 글을 쓸 수 있도록 지도해야 한다. 말하기의 형식은 (나), (다)와 관련이 깊으므로 학생 스스로가 자신의 말하기의 태도에 대해 돌아볼 수 있도록 지도해야 한다.

2.4.2. 자기표현능력 신장을 위한 글쓰기 집중지도 전략

(가) 대화중심 작문이론

글쓰기 능력을 신장시키기 위해서는 수업시간만으로는 부족한 실정이므로 생활국어 시간 이외에도 학교 내의 다양한 행사활동, 아침자율학습시간 등을 활용하여 글쓰기 과정에 대한 집중지도가 이루어져야 한다.

전은아[9]는 바흐찐의 대화 개념을 응답을 주고받는 일상적인 대화의 개념을 넘어서는 것으로 보고 있다. 이렇게 포괄적인 대화의 개념을 기반으로 하여, 실제 작문 교수-학습에서 일어날 수 있는 대화의 양상을 다음과 같이 요약하고 있다.

①자신과 내면화된 청중 사이의 내적 대화 ②교사와 학생 사이의 대화 ③학교나 더 큰 사회집단과의 대화 ④작문의 형식 문제나 아이디어, 주제에 관한 학생들 사이의 대화 ⑤주제에 대해 다양한 관점으로부터 나온 목소리들이 나타내는 통찰을 얻기 위해 대화적 형식을 사용한 작문으로 나눌 수 있다.

본 연구와 직접 관련이 있는 항목은 ③, ④, ⑤이다. 특히, ③항목은 인터넷을 통해 다양한 계층과의 대화가 이루어지도록 했고, ④항목은 두레형 협력학습을 통해 내용의 생성, 조직, 표현, 퇴고의 단계까지 이루어지도록 하였다. ⑤항목은 다양한 자기표현 체험학습 프로그램을 통해 발표함으로써 모둠원 상호간에 또는 학생과 교사 사이에 이루어진다고 본다.

(나) 글쓰기 과정 지도의 단계별 전략

여러 가지의 쓰기 지도 모형 중에서 본 연구에서는 인지적 관점과 사회적인 관점을 반영한 전략중심의 쓰기 지도 모형을 채택하기로 하였다

....

9) 전은아(1998.2), 「대화주의 작문이론 연구」,(한국교원대 석사 논문), p.72.

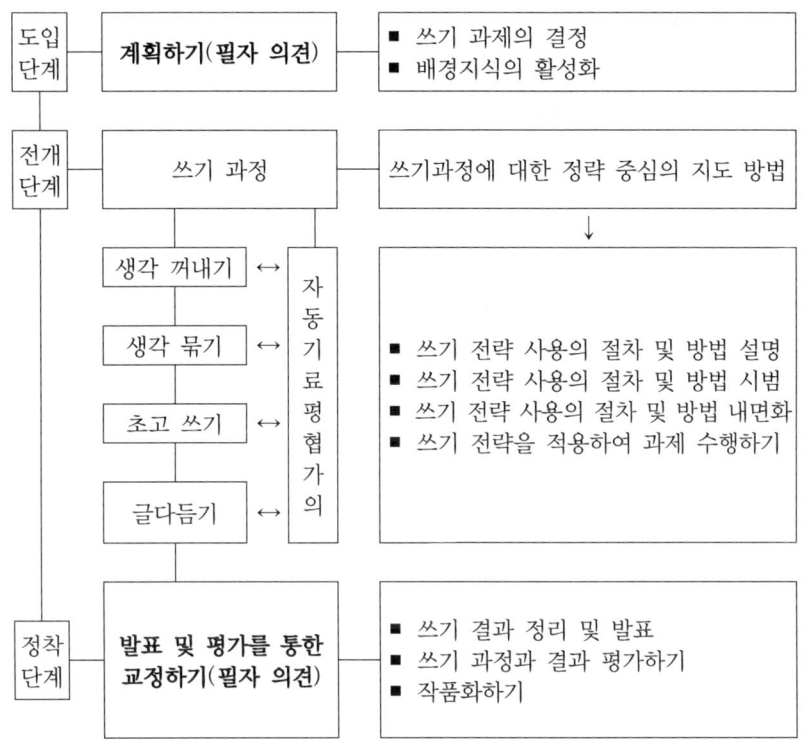

[그림-1] 직접 교수법에 따른 전략 중심의 쓰기 지도 모형10)

본 연구에서는 위의 모형을 바탕으로 삼되 실제 교수-학습 상황에 맞게 필자 나름대로 변용하였다. 즉, 쓰기 과정을 계획하기-생각 꺼내기-생각 묶기-초고쓰기- 글다듬기-발표 및 평가를 통한 교정하기 단계로 설정하였다.

여기에서 [그림-1]의 '도입 단계'는 필자 나름대로 글쓰기 과정의 '계획하기'로 묶고, [그림-1]의 '고쳐 쓰기'는 '글다듬기'로 [그림-1]의 '정

---

10) 이호관(1999.2), 「교정하기 전략 학습이 쓰기 능력 신장에 미치는 효과」,(교원대 석사 논문), pp.48~49 내용을 본 연구자가 변용하였다.

착단계는 '발표 및 평가를 통한 교정하기 단계'로 변용하였다. 이 모형을 중심으로 본 연구에서 글쓰기 과정의 각 단계에 대하여 적용한 것을 구체적으로 살펴보면 다음과 같다.

① 계획하기 부분

최용제[11]는 계획하기 단계를 쓰기 과제의 핵심적인 요소를 파악하는 단계로 보고 독자와 목적을 고려하여 자기주장을 주제로 세우는 과정이라고 설명하고 있다. 계획하기 전략은 작문 과정 전체에서 계속적으로 인식되면서 작문 과정 전체를 스스로 조정하고 점검하는데 사용될 수 있어야 한다고 설명하고 있다.

그러므로 말하기와 쓰기의 자기표현 계획하기에 있어서는 인터넷 매체에서 동기유발 자료를 개발하여 '어떤 글감을 선정할 것인가'를 고민하고, 글감이 선정되면 '어떤 주제를 가지고 제목을 정할 것인가'를 논의될 수 있을 것이다. 또한 자기표현 체험 학습과 관련한 글쓰기에서는 이미 주제가 주어지는 경우가 대부분이므로 주제에 따른 글감 선정을 고민하면 될 것이다. 이 단계 학습에서 주목할 점은 생활국어시간에 이루어지는 자기표현 과정은 매체언어적 동기유발을 통하여 두레원끼리의 의사소통을 토대로 한다는 점을 분명하게 할 필요가 있다.

② 생각 꺼내기[12]

이 단계는 글쓰기에 대한 자유연상을 통해 글감을 정하고 이에 대한 주제를 설정하여 주제에 대한 학습자 자신의 감춰진 생각을 찾아 쓰기

---

11) 최용제(1999.2.), 「작문 전략의 내면화 과정에 대한 연구」,(교원대 석사논문), p.21.
12) 박태호, 「근접발달(ZDP) 지역 내의 교수적 대화를 통한 작문력 신장 방안」, [교육과정평가원 http://www.kice.re.kr/korean/gesi.html], p.16.-박태호는 글쓰기의 처음 단계를 계획하기 단계로 설정하지 않고 '생각꺼내기'단계에서 시작하고 있다.

위한 단계이다. 인터넷자료를 참고하거나 자기가 직접 보고 듣고 겪은 일 가운데에서 생각이나 느낌이 더 생생하게 떠오르는 일을 찾아 글감으로 정하는데 스스로 글로 쓰고 싶은 것이나, 생활하면서 깊은 감동을 받았던 것, 자신이 만족할 수 있는 것, 다른 사람도 느꼈음직한 이야기 중에서 찾아내도록 한다. 이 단계에서의 글쓰기는 흥미롭고 재미있는 활동이며 글쓰기 과정이 문제해결과정이라는 인식을 갖게 한다.

계획하기 과정에서 주제가 정해졌으면 브레인스토밍은 그 주제에 대한 이유나 근거를 중심으로 이루어지는 것이 좋다. 이것이 많은 글감을 생성하는 방법이다. 글의 내용을 생성하기 위한 학습 전략에는 인터넷 자료 검색을 통한'브레인스토밍'과 '마인드맵'이 있다. 이를 통해 얻어진 글감 가운데에서 가장 느낌이 강하게 다가오는 것을 골라 쓰도록 하였다.

③ 생각 묶기

여기에서 제시될 수 있는 전략은 '개요짜기'와 '다발짓기'이다. '개요짜기'는 어떤 내용을 어떤 차례로 쓸 것인가 얼거리를 짜서 적어 보는 데에 용이하며, '다발짓기'는 아이디어들 간의 구조를 생성시켜 어떤 하나의 아이디어가 어떤 아이디어들과 연결되어 있는지를 보여주는 데 용이하다. 즉, 각 부분들이 어떻게 전체와 연결되는지를 시각적으로 보여주기 때문에 '다발짓기'는 글이 전체적으로 일관되게 전개되도록 하고 쉽게 글을 쓸 수 있도록 하며, 어떻게 아이디어를 확장해야 할 것인지를 알게 함으로써 글의 질을 향상시키는 역할을 한다.

실제 다발짓기'는 개요짜기'보다 정보의 공간적인 활용이 가능하므로 개요짜기의 딱딱함에서 벗어날 수 있으며[13], 정보를 빠른 속도의
....
13) 육우균(1996.11), 「논술문 쓰기 지도방법 연구」(고려대교육대학원 석사논문),

정보조직, 정보의 추가·삭제가 편리한 점이 있다. 본 연구에서는 글쓰기의 조직 단계를 지도하기 위하여 개요짜기와 다발짓기를 중심으로 활동하였다.

④ 초고쓰기

초고쓰기 개요를 짠 차례대로 사실이나 생각과 감정을 표현해 나가는 단계를 말하며, 말로 말하듯이 자연스럽게 써내려가도록 한다. 이 단계에서의 전략은 '얼른쓰기'(speedwriting)이다. '얼른쓰기'는 내용 조직하기 과정에서 만들어진 개요표나 다발짓기를 바탕으로 글의 전체 내용을 가능한 한 빠르게 생각나는 대로 쓰는 전략을 말한다. 따라서 본 연구에서는 보거나 들은 대로 또는 생각하거나 느낀 대로 솔직하게 쓰되 글의 주제와 목적에 맞게 쓰도록 하고, 개요짜기 차례를 생각하면서 자연스럽게 쓰도록 하였다. 또한, 자기의 생각이 남에게 잘 전해지도록 구체적이고 정확하게 써나가도록 하였다.

⑤ 글다듬기[14]

얼른쓰기의 결과물로 나온 초고는 전체적으로 매끄럽지 않기 때문에 다듬기를 해야 한다. 다듬기를 할 때는 학생들이 자신의 초고에 나타나는 주요 문제들을 발견할 능력이 부족하기 때문에 교사가 초고를

....
p.43.

14) 본 연구자는 '글다듬기'와 '고쳐쓰기'를 구분하여 작문의 과정 중 글의 내용을 조직하는 단계에서 초고쓰기의 얼른쓰기에 바로 이어지는 단계를 글다듬기 단계로 설정하였다. 그리고 글다듬기는 두레별 협력학습 시간일 경우엔 두레 원간의 발표로 이루어지게 하고, 개인 글쓰기일 경우엔 옆의 짝과 맞바꾸어 하도록 한다, 고쳐쓰기는 전체학생 앞에서 발표 후 또는 교사의 평가가 끝난 후, 여기에서 지적된 사항을 고쳐 쓰는 활동을 교정하기 단계로 설정하였다.

분석할 수 있는 평가의 관점을 제시하는 것이 좋다. 그런 후에 글다듬기의 하위전략인 같은 학생들끼리 함께 돌려 읽는 '돌려 읽기' 방법을 활용하는 게 좋다. 두레별 협력학습 시간일 경우엔 두레원간의 발표로 글다듬기가 이루어지게 하고, 개인 글쓰기일 경우엔 옆의 짝과 맞바꾸어 글다듬기를 하도록 한다.

평가 관점을 제시한 글다듬기 활동을 했다 해도 학생들 간의 글다듬기는 미숙할 수 있기 때문에 좀더 심도있는 글다듬기의 지도 단계가 필요하다고 본다. 이런 까닭에 전체 학생 앞에서의 발표와 교사의 평가를 통해 최종적으로 학생들의 글을 고칠 수 있도록 하기 위하여 '교정하기 단계'를 마련하였다. 그러므로 본 연구에서의 글다듬기는 두레별 협력학습 또는 옆의 짝을 통하여 얼른쓰기로 얻어진 초고를 돌려 읽기의 방법을 통해 학생 수준에서 고쳐 쓰는 정도로 하였다.

⑥ 발표 및 평가를 통한 교정하기

교사 혹은 동료와의 협의를 통해서 만든 기준안을 가지고 스스로 평가를 해 보는 것을 자기평가 전략(self-evaluating strategy)이라고 한다. 그러나 자기 평가는 작문의 전 과정에 걸쳐 이루어지는 자신의 인지적 행위를 스스로 평가하는 상위인 지적 활동이긴 하지만 본인의 글을 자기 자신이 교정하기는 매우 주관적이므로 한계가 있다. 이런 까닭에 평가하기는 두레원의 발표를 통하여 동료끼리 하거나, 교사가 학생이 쓴 글을 평가하는 것이 객관적인 입장에서 글에 대한 부족한 부분을 지적해 줄 수 있다고 본다. 글쓰기 과정에서 이 단계에 대한 선행 연구로 최용제[15]는 '고쳐 쓰기와 조정하기' 단계를 각각 구분하였고,

....
15) 최용제, 상계서, pp.31~34.

육우균[16]은 '고쳐 쓰기 안에 평가하기와 교정하기'의 전략으로 구분하기도 하였다.

본 연구에서는 육우균의 교정하기와 연관지어 '발표와 평가를 통한 교정하기'로 글쓰기의 마지막 단계를 삼았다. 교정하기 단계에서 할 일은 계획하기 과정에서 수립된 목표 지향적이고 독자 지향적인 계획을 바탕으로 작문의 전 과정을 실행하는 과정에서 미비한 것이 무엇인지를 점검하고 이를 보완하는 일이다.

그러므로 생활국어 시간에 이루어지는 교정하기는 가급적 두레별 발표에 의해 글다듬기와 교정하기가 동시에 이루어지도록 하였고, 수행평가와 관련된 말하기 발표와 글쓰기의 결과물은 교사의 평가에 의해 이루어지게 하였으며, 체험학습과 관련된 교정하기는 전체 학생 앞에서의 발표와 교사의 평가에 의해 이루어지도록 하였다.

이에 본 연구에서는 말하기와 글쓰기를 연관시켜 글쓰기 과정의 내용 생성, 조직, 표현에 말하기를 통합하여 지도하고자 한다.

첫째, 말하기 지도 전략은 두레형 협력학습을 통해 서로 토론·토의의 과정을 거침으로서 상황과 목적에 맞는 말하기와 두레별 발표 및 전체 앞에서의 발표를 통해 말하기의 형식과 내용을 교정하도록 하였다.

둘째, 글쓰기 지도 전략은 쓰기 과정을 계획하기-생각 꺼내기-생각 묶기-초고쓰기-글다듬기-발표 및 평가를 통한 교정하기 단계로 설정하여 각 단계별로 지도하되 가급적 매체언어적 동기유발을 위주로 하는 수업 모형을 연구하였기에 글쓰기의 단계별 지도는 자세하게 하지 않았다.

셋째, 글쓰기의 과정 중, 계획하기 단계에서는 매체언어적 동기유발

---

16) 육우균, 상게서, pp.50~52.

을 통하여 '왜 내가 이것을 공부해야 하는가?'와 '어떻게 하면 자기표현
을 잘 할 수 있을까?'에 대해 생각하게 함으로써 자기표현에 대한 목적
과 방법을 깨닫게 하고 자기표현에 대한 동기를 유발시키는데 중점을
두었다.

이와 같이 말하기와 글쓰기 지도를 두레형 협력학습을 통하여 통합
적으로 실시함으로써 학생들의 자기표현능력을 신장시키고자 하였다.

5.3 매체언어적 동기유발 수업과 자기표현능력과의 관계

학생들이 자기의 생각을 자유롭게 말하고 쓰는 능력은 짧은 시간에
몇 번의 말하기·쓰기 활동 경험을 통해 크게 향상되기를 기대할 수는
없다. 말하기와 쓰기 전략과 활동 몇 가지로는 자기표현능력이 신장되
지는 않는다. 오히려 자기의 생각과 느낌을 말하고 쓰는 능력은 또래
들끼리 어떠한 상황에서 화제와 소재가 주어졌을 때 자연스럽게 이루
어지는 대화를 통해 가장 쉽게 길러진다. 이에 학생들이 매체언어를
활용하여 말하기·쓰기에 대한 자극을 받고 동기가 유발되었을 때 자
기표현능력을 신장시킬 수 있는 것이다.

매체언어적 동기유발 수업과 자기표현은 별개의 것처럼 보이지만
많은 연관성을 지녔다.[17]

첫째, 교과 관련 인터넷 매체에는 말하기·쓰기에 대한 실제의 장면
과 그에 대한 배경지식이 무궁무진하기 때문에 자기표현에 대한 간접

---

17) 한국교육학술정보원(2001). 「ICT활용 교수-학습 과정안 자료집」. pp.62~64
참고.

경험 및 배경지식을 습득하기에 인터넷 매체는 아주 적절한 교육 자료가 될 수 있다.

둘째, 매체언어의 활용은 학습자들의 흥미와 호기심을 유발시킨다는 점에서 매우 유용하며, 요즘과 같이 문자메세지와 버디버디로 의사소통을 하는 학생들에게는 자연스럽게 말하고 쓰는 학습에 젖어들게 할 수 있다. 이렇게 매체언어의 활용은 학습자의 자발적인 참여와 능동적인 학습활동의 전개에 도움을 줄 수 있기 때문에 다양한 매체언어를 활용하여 학생들의 자기표현능력을 신장시킬 수 있다.

셋째, 매체언어의 활용은 최신의 지식과 정보에 기초한 자기표현 학습을 가능하게 해준다. 인터넷상에는 매일 수많은 정보가 올라오며, 이미 올려져 있는 정보들도 수시로 보완된다. 그렇기 때문에 학습자들은 늘 자신이 학습하는 내용과 관련된 새로운 지식과 정보를 접할 수 있게 된다. 이러한 최신의 정보들은 자기표현에 대한 욕구를 자극할 뿐만 아니라 학습자들의 학습 동기를 유발시킬 수 있으며, 결과적으로는 자기표현능력 신장은 물론 학습자들의 학업 성취를 높이는 효과를 가져 올 수도 있다.

넷째, 매체언어를 활용한 수업은 여러 가지 다양한 말하기·쓰기의 수업 환경을 구성·운영할 수 있는 기회를 제공한다. 예를 들어, 인터넷은 소집단 프로젝트 중심의 협력 학습을 위한 매체로서 유용하게 활용될 수 있다. 프로젝트의 하위 주제별로 작은 집단을 구성하여 집단별 토론을 거친 다음, 토론 내용을 전자 게시판에 올려놓아 다른 학습자들이 참조하게 하고, 정보 매체를 통한 의견 교환 및 글쓰기와 퇴고의 과정까지 자연스럽게 거침으로써 자기표현에 대한 학습을 할 수 있게 된다.

이와 같이 자기표현 교육에 있어서 학교의 역할이 과거 학생들과의 수직적 관계에서 수평적 관계로, 문자 전달수단에서 영상을 매개로 한 전달수단으로, 가치 판단적 정답제시에서 가치중립적 정보의 제공으로, 수동적 학습방식에서 자율적 사고방식으로 전환되어가고 있다. 이제는 학생들이 시대의 변화 속에서 구체적인 자기표현능력 신장과 관련된 어떤 정보를 다양한 사회현상과 정보의 복잡한 인과관계 속에서 이를 자율적으로 이해하고, 능동적으로 표현할 수 있는 능력을 갖고 있도록 하는 것이 더욱 중요하게 되었다. 청소년 문화 또한 이것을 요구하는 방향으로 변화되어 있다. 이런 점에서 매체언어를 활용한 자기표현 교육은 다양한 장점 내지 가능성을 갖고 있다.

교사는 이와 같이 매체언어와 연관된 활동들을 통하여 말하기·쓰기에 대한 동기유발을 할 수 있으며, 다음과 같은 교육적 효과를 볼 수 있다.

첫째, 매체언어의 활용은 학습자들의 흥미와 호기심을 유발시킨다는 점에서 매우 유용하며, 학습자들의 학습 동기를 유발·유지시킴으로써 학습자의 자발적 참여와 능동적 학습활동에 도움을 줄 수 있다.

둘째, 매체언어의 활용 교육은 교과서와 교실을 중심으로 이루어지던 말하기와 쓰기의 공간·시간적 한계를 극복하여 특정 장소·특정 시간에 교육을 할 수밖에 없었던 상황에 교육의 공간·시간적 확대라는 상당한 변화를 줄 수 있다.

셋째, 매체언어적 동기유발 수업은 교사 중심의 강의나 설명에 비해 다양한 감각 기관을 자극할 수 있으며, 보다 구체적이고 다양한 형태의 정보를 교사의 설명에 비해 빠른 시간에 제시할 수 있으므로 학습목표에 도달하는 시간을 감소시킬 수 있다.

넷째, 매체언어를 활용한 교수 기법은 학습자가 말하기·쓰기에 대한 정보를 스스로 탐색·수집·정리해 볼 수 있게 해 주는 학습자 중심의 교수 기법이기에 학습자의 말하기·쓰기 수행 능력을 높이는 데 커다란 도움을 줄 수 있다.

다섯째, 매체언어적 동기유발 기법은 자기표현의 상호 작용을 가능하게 해 주며, 인지적 측면에서보다 정의적 측면에서의 효과가 더욱 크므로 말하기와 쓰기의 실제 장면을 교실 안으로 끌어들임으로써 학생들이 실제로 자기표현 체험학습을 가능하게 해줄 것이며, 폭넓고 깊이 있는 정보를 제공받도록 해 줄 수 있다.

이에 본 연구에서는 매체언어적 동기유발 수업을 적용함으로써 학생들의 자기표현능력을 신장시키고자 하였다.

첫째, 학생들에게 체계적이고 효과적인 매체언어적 동기유발 자료를 제시하기 위하여 2학년 교육과정 및 인테넷 매체 교과 관련 프로그램을 분석하고 재구성한 후에 연간계획표를 수립하였다.

둘째, 학생들이 매체언어적 동기유발 학습 자료를 통하여 자기표현능력을 신장하도록 하기 위해, 두레형 협력학습의 구성, 말하기 · 쓰기 모형 구안, 매체언어적 동기유발 수업 모형을 구안하여 지도하였다.

셋째, 말하기 · 쓰기의 기회를 확대 제공하고자 다양한 체험학습 프로그램을 마련하였고, 정규 수업시간과 행사활동 시간, 아침자율학습을 통하여 이러한 프로그램을 직접 경험하게 함으로써 학생들의 자기표현능력을 신장시키고자 하였다.

이와 같이 매체언어적 동기유발 수업 모형을 적용함으로써 학생들에게 말하기 · 쓰기에 대한 배경지식의 습득은 물론 직접 · 간접적인 체험학습을 경험하는 과정에서 자연스럽게 학생들의 자기표현능력을 신장시키고자 하였다.

4 매체언어적 동기유발 교수-학습의 적용

국어 교육과정 속에서 활용할 수 있는 동기유발 자료는 크게 4가지 영역으로 나눌 수 있다. 행위·장소 자료, 상상 자료, 시청각 자료, 인터넷 자료 등으로 나눌 수 있는데, 본 연구에서는 동기유발의 교수-학습유형을 4영역으로 나누어 전개하였다. 우선 수업의 도입 부분에서는 교육방송 VOD라는 인터넷 자료를 활용하여 동기를 유발시키고, 전개부분에서는 행위·장소 자료, 상상 자료, 시청각 자료, 인터넷 자료를 활용하여 동기를 유발·유지시켰다.

4.1. 행위·장소 자료를 활용한 동기유발 교수-학습의 전개

행위·장소 자료에는 말하기 영역에 표정, 몸짓, 말놀이, 연설, 토의, 토론 등이 있고, 쓰기 영역에는 여행이 있는데, 본 연구에서는 토론하기, 1인극 등을 집중적으로 다루었다.

<표-4> 인터넷 매체 및 1인극을 활용한 동기유발 교수-학습 과정안

교 과 명	생활국어 2학년 1학기	수업자	김 영 이
단 원 명	1-(1) 경험한 일 말하기	차 시	1/20
학습주제	자기표현능력 기르기		교수학습모형
학습목표	1. 경험한 일을 상황이 잘 드러날 수 있도록 말할 수 있다. 2. 경험한 일을 말하는 상황에 따라 적절하게 말할 수 있다.		ICT 활용 정보탐색하기

학습 환경	멀티미디어실(컴퓨터실)		관련자료
			VOD 및 인터넷

교 수 – 학 습 과 정

◎ CD-ROM 사용　　🖋 E-mail 사용　　Ⓦ 웹사이트

Ⓜ 멀티미디어자료　　Ⓐⓥ 시청각기자재 (VOD)

자기 표현 과정		교수-학습 과정안(■ 교사활동　□ 학생활동)	동기모형 관련요소
도 입 ∧ 5′ ∨	동 기 유 발	■ 어느 중학교에서 수학여행을 가던 중에 버스가 빗길에 미끄러져 사고가 났습니다. 많은 학생들이 다치고 따라 오던 차들로 함께 엉키어 사고 현장은 그야말로 아수라장이었습니다. 이때 방송국에서 취재를 나왔는데 기자의 질문에 원식이와 현미가 대답을 했습니다. Ⓐⓥ **교육방송 VOD 『중학학습』'8강 경험한 일 말하기'에서 일부분(01′:42″~04′:10″)을 분절·투입한다.**	주의력 (attention)
		 기자-어떻게 사고가 났죠? **원식**-말도 마세요. 너무 놀랐어요. 큰 사고가 나서 죽을 뻔했다니까요.	
		 기자-어떻게 사고가 났죠? **현미**-버스가 미끄러운 길을 달리고 있었는데 앞에 가던 차가 급정거하는 바람에 뒤에 따라 오던 차들이 빗길에 미끄러져서 제대로 속력을 줄이지 못한 거죠 그래서 사고가 나게 되었어요.	

		■ 이런! 교통사고 현장이었군요. 이러한 현장에서 원식이와 현미가 경험한 일에 대해서 이야기하고 있습니다. 여러분은 어떤 학생의 말이 훨씬 더 이해가 잘 되었나요. □ 현미가 더 잘한 것 같아요. ■ 왜 그럴까요? □ 원식이는 너무 당황했기 때문에 그 상황을 정확하게 상대방에게 전달하지 못했지만 현미는 그 교통사고가 어떻게 무엇 때문에 일어나게 되었으며, 어떤 사람들이 어떻게 다쳤는지 조목조목 설명했어요. ■ 경험한 일을 말하는 자체는 쉽지만 우리가 상대방에게 어떻게 전달할 것인가에 대해 배우는 것이 오늘의 학습목표입니다.	

전개
∧
7′
∨
		■ 자, 그러면 오늘은 경험하지는 않았지만 어떠한 상황을 설정해 놓고 그 상황에 맞게 창의적으로 자신의 생각을 전달하는 연습을 해봅시다.
		■ 1인극의 진행방법을 소개한다.
		  1. 상황에 맞게 내용을 이어 쓰고 발표한다.
		  2. 평가 내용은 자기표현능력을 주로 관찰한다.
		    조리 있게 구성하였는가?
		    상황에 맞는 내용인가?
		    감동을 주는 내용인가?
		    말하는 태도가 자연스럽고 활발한가?
		  3. 학생자신이 배우가 된 기분으로 연기를 하도록 유도한다.
		  4. 발표 시간은 5분 이내이며, 가급적 지루하지 않게 하도록 한다.
			관련성
			(relevance)

		■ 1인극의 서두내용을 발표한다.(교사) 어느 사형수의 절규- 어둠이 깔려 내 마음을 짓누른다. 난 살고 싶어 살고 싶단 말이야/이 밤이 가고 아침이 밝아오면 난 저 세상으로 가버리겠지/날 내보내줘 날 내보내줘	

	글쓰기 생각꺼내기 생각묶기 초고쓰기 글다듬기 **말하기** 효과적 인 표현 및 전달	□ 1인극을 진행한다(학생) (호흡이 가빠진다, 맥박이 빨라진다, 사지가 뻣뻣해진다) 난 살고 싶어 살고 싶어....빵...빵 한 조각... 너무 먹이고 싶었어... 난 배가 고파도 상관없지만... 내 자식들이... 굶어서 쓰러져 가는 모습을 볼 때마다...미칠 듯이 아팠어... 내 살 점이라도 뜯어서.. 먹이고 싶은 심정이었어.... 이렇게, 쉽게 갈 줄 알았다면... 이렇게...허무하게...죽을 줄 알았다면... 집에 두고 온... 아이들... 내가 훔친...빵 한 조각... 주고 왔어야 되는데... 지금쯤 아이들은... 모두다 자고 있겠지... 나를 기다리면서... 아이들이 보고싶어... 마지막 한 번 만이라도 좋으니... 제발... 시간이 간다... 한 시간... 두 시간... 세 시간... 아악...악...심장이... 조여지고 있어... 아파... 너무... 아파.../다시 태어나면... 아이들에게 ... 꼬옥... 배불리... 먹이겠어.../...고통과 사련만... 안겨주었던... 그래도... 내 아이들이 있었기에.. .조금은 아름다워 보였던... 세상아... 잘있거라... 안녕... 안녕... 안....녕........	**자신감** (confidence)
정 리 ∧3∨	**평가를 통한 교 정하기**	■ 지도교사 조언 1. 1인극을 통해 상황에 맞게 자신의 생각을 잘 표현했는지 구체적으로 평가해 준다. 2. 학생의 연기에서 자기표현이 어색한 부분과 잘된 점을 일깨워 준다. <평가 내용> 죽음을 앞둔 사형수의 간절함이 말에서는 묻어나오나 끝부분에 가서 웃음이 터지는 바람에 진지한 분위기가 웃음으로 변한 것은 조금 아쉽습니다. 그러나 상황에 맞게 내용의 선정이 매우 애절하게 표현된 것은 아주 좋았습니다.	**만족감** (satisfaction)

4.2. 상상 자료를 활용한 동기유발 교수-학습의 전개

상상 자료에는 상상해 보기가 있는데 본 연구에서는 영화 포스터라는 매체로 말하고 쓰기에 대한 동기유발을 시켰다.

영화포스터 활용한 이야기 수업은 두레별 협력학습으로 전체학생이 참여할 수 있는 자기표현 체험학습으로써 이러한 수업으로 학생들이 자기표현능력을 신장시킬 수 있도록 <표-5>와 같이 교수-학습 과정안을 구안·적용하였다.18)

<표-5> 인터넷 매체 및 영화포스터 활용한 동기유발 교수
-학습 과정안

학습 목표	1. 문장의 연결 관계를 고려하여 글을 쓸 수 있다. 2. 문장을 지시어나 접속어를 사용하여 긴밀하게 글을 쓸 수 있다.	차 시	9/20
		수업 형태	모둠별 탐구학습
관련 단원	2학년 생활국어 4-(1)문장 연결하여 쓰기	관련 자료	VOD
유의 사항	이 활동은 2차시로 나누어서 했으며 첫 시간 준비물을 미리 알려주고 과정도 예고해서 어느 정도 마음의 준비를 하게 한 후 실시했다.		

18) 본 연구에서는 1차시 분량으로 교수-학습 과정안을 마련했지만 좀더 심도 있는 말하기와 글쓰기 수업을 하려면 전개 부분을 1차시로, 정리 부분을 2차시로 나누어 실시해도 좋다.

자기표현과정		교수-학습 과정안(■ 교사활동 □ 학생활동)		동기모형 관련요소
도입 ∧ 7ˊ ∨	동기 유발	■ 모든 변화는 자연스럽게 이루어지는 것이 좋겠죠? 우리가 오늘 배우게 될 문장도 갑작스럽게 연결하면 아주 어색한 문장이 되고 맙니다. 문장을 어떻게 하면 자연스럽게 연결할 수 있을까요? 다음 동영상 자료를 통해 어떤 상황 속에서 어떤 접속어가 쓰이는지 살펴봅시다. 마지막 접속어 다음에는 어떤 이야기가 나올까 예측하면서 다음 동영상 자료를 시청해 보기로 하지요. **A/V 교육방송 「중학학습」제 44강 「문장 연결하여 쓰기」(04ˊ:15˝~20ˊ:25˝)에서 접속어의 역할과 종류, 지시어를 쓰는 이유, 지시어의 역할과 종류에 대해 학습한 내용을 상기시킨다.**		
			오늘은 아주 특별한 상품을 소개해 주려고 나왔습니다. 이 비누로 말씀드릴 것 같으면 더러움을 깨끗이 씻어주는 기능 그리고, 피부 깊숙한 곳에 있는 찌꺼기나 노폐물까지도 확실하게 제거해주는 기능을 지니고 있지요. 그리고, 피부 미용에 좋은 각종 천연성분을 포함하고 있답니다. 향긋한 장미와 부드러운 우유성분은 피부가 건조해지지 않도록 만들어 주지요.	**주의력** (attention)
			또, 심해 진주가루가 들어 있어 이 비누를 사용하면 하얀 피부가 될 수 있답니다.	

동기유발			**그래서**, 많은 여성들이 이용하고 있기도 하지요. "우와! 이렇게 좋은 비누가 있다니!	주의력 (attention)
			그런데, 가격은 어떻게 하나요?" "보통 비누보다는 가격이 높지요."	
			그러나…… ( )	

■ 여러분! 그러나 다음에 이어질 말은 어떤 것들이 있다고 예측할 수 있을까요? 이 비누는 이래서 좋고 저래서 좋습니다. 그리고, 또와 같은 접속어를 사용해서 비누의 좋은 성분에 대해 이야기를 하고 있지요. 그런데 가격은 어떻게 되지요? 라고 전환하는 접속어를 사용하고 있습니다. 그리고 나서 오늘 이 비누는 너무 좋은 비누다 '그러나'라고 하는 부분에서 이야기가 끝났습니다. 과연 어떤 이야기가 나올 수 있을까요?
□ 이렇게 좋은 비누이지만 '오늘만 싸게 판다' 또는 '한정 판매 하겠다'는 내용이 올 것 같습니다.
■ 아주 잘 표현했습니다. 대충 이런 표현들이 자연스럽게 이어질 수 있을 거라고 예측할 수 있는 근거는 바로 무엇 때문일까요?
□ 접속어 때문입니다.

전개 ∧ 25′ ∨	말하기 말할 내용 의 선정 과 조직	■ 그래요. 오늘은 접속어를 사용해서 문장을 어떻게 하면 자연스럽게 연결할 수 있는지에 대하여 공부해 봅시다. ■ 영화포스터를 하나 제시하여 학생들의 흥미를 유발시킨 후 활동 과제 및 준비물을 미리 제시한다.	관련성 (relevance)
		■ 준비물 확인(영화포스터 1매 이상, 풀, 가위, 16절 시험지) ■ 16절지 시험지를 나누어 준 후 준비한 포스터의 윗부분을 풀로 붙이게 한다. →이야기를 써야 하므로 윗부분만을 붙이게 한다. ☐ 두레별 협력 학습이므로 각자의 역할을 정한다. (3두레의 예) →백소성(이끔이) - 전체 관리 및 편집(두레장) →김태준(섬김이) - 영화 포스터 구하기 →유지혜(기록이) - 상상하여 이야기 쓰기 →박민수(지킴이) - 배경음악 선정하기 →안희진(기록이) - 상상하여 이야기 쓰기 →박순용(칭찬이) - 이야기 퇴고 및 평가하기 ☐ 영화 포스터를 보고 이야기를 꾸민다. →선택한 영화의 원래 스토리에 얽매이지 않고, 포스터만 보고 창의적으로 이야기를 만든다.	

글쓰기 생각 꺼내기 생각 묶기	□ 이야기에 맞는 주제와 음악을 선택하게 한다. →자신이 정확하게 알고 있으면서 음반을 가져올 수 있는 것으로 정한다. □ 두레별로 한 작품을 선정해서 공동 작업으로 이야기 내용과 음악내용을 보강한다.	
글쓰기 초고 쓰기	<<고양이의 보은>>-<부록 4-1참고> "야옹...야아옹" 오늘따라 머리가 지끈거려 조퇴를 한 뒤, 집으로 돌아와 힘겹게 눈을 부치려던 찰나, 저 아랫층에서 고양이 우는 소리가 또 들려온다. 우리 집 강아지 해피는 야옹-대는 소리에 맞춰 한껏 짖어댄다. 이제 익숙해졌을 법도 하건만 오늘은 유난히 나의 고막을 찢어놓으려 작심을 한 것 같았다. 이불을 박차고 성큼성큼 아랫층의 그곳으로 향했다. "딩동-딩동딩동-" 밸을 여러 번 눌러도 아무런 인기척이 없었다. 그냥 돌아갈까 하다가 오늘은 기필코 주인을 만나봐야겠다는 생각에 문을 두드려대기 시작했다. "드릴 말이 있어서 그러는데 좀 나와 보세요!" 얼마동안 그곳에서 문을 두드리고 있었을까. 두 손은 모두 빨갛게 부어올라 있었다. 이젠 짜증나는 것을 넘어 궁금증이 밀려들어왔다. "정말 빈집일까." 문에 달린 손잡이를 조심스레 돌려보았다. 끼익 소리를 내며 문이 열렸다. 헛기침을 하며 들어간 그곳은 대낮인데도 불구하고 사방이 까맸다. "거기 누구 안계세요?" 왠지 모를 섬칫함에 크게 소리쳐봤지만, 메아리처럼 들려오는 나의 목소리에 오히려 등골이 오싹해졌다. 빨리 나가야겠다는 생각에 뒤를 돌아서려는 순간 위에서 반짝거리는 물체가 천천히 떨어졌다. 그것을 짚어보려 손을 뻗었는데 뒤에서 누군가 나를 쳐다보고 있는 느낌이 들었다. 고개를 돌리자, 빨간 눈이 나를 쳐다보고 있었다.	자신감 (confidence)

		"아아악!" 나는 정신을 잃고 말았다. -중략- 하론의 도움으로 가까스로 집으로 돌아가는 문에 도착했다. 마지막으로 하론과의 작별인사를 하려던 순간, 머리 위에서 굉음이 들려왔다. 하론은 갑자기 나를 있는 힘껏 문 밖으로 밀었다. 떨어지며 본 것은 동굴이 무너져 하론이 돌덩이에 파묻히는 장면이었다. "하론!!" 나는 미친 듯이 울부짖었다. "이 바보..나만 살면 내가 행복할 수 있을 것 같아?" 빨리 피하지 않은 하론이 원망스러웠다. 미안했다. 가슴이 무너지는 것 같았다. 그동안 하론과 함께했던 시간들이 무성영화처럼 스쳐갔다. "하이네, 졸업식 시작한다!" 친구 미치코가 저만치 앞서가 빨리 오라는 듯 손짓을 한다. '하론, 잘 있는 거지? 오늘 졸업해. 나..대견스럽지?' 목이 따끔거리고 눈에 눈물이 고이려는 것을 억지로 참아가며 활짝 웃었다. 그러자 하늘에서 어떤 물체가 살랑이는 바람을 타고 내려왔다. 손을 뻗자 나의 손바닥 위로 살며시 떨어졌다. "하론 ……" 주체할 수 없는 기쁨은 눈물이 되어 나의 얼굴을 흘러 내렸다. 손바닥 위의 그것은 하론의 은빛 머리칼이었다.	
정리 ∧ 13 / ∨	발표를 통한 교정하기 (글다듬기)	□ 두레별로 실제 음악을 준비하고, 스토리를 말하면서 음악을 틀어준다.(두레별 발표)→이야기를 말하는 사람과 음악을 준비해서 틀어주는 학생을 정하도록 한다. ■ 두레별로 점수를 매겨 수행평가에 반영한다.	**만족감** (satisfaction)

4.3. 시청각 자료를 활용한 동기유발 교수-학습의 전개

시청각 자료에는 말하기 영역에 그림, TV, 라디오, 녹음, 녹화, 만화, 사진, 영화 등이 있고, 쓰기영역에 그림, 만화, 사진, 신문 등이 있다. 본 연구에서는 영화보고 이야기하기 수업과 수학여행 사진을 통한 기행문 쓰기를 전개하였다.

인터넷 매체 및 영화를 활용한 동기유발 교수-학습 과정안을 <표-6>과 같이 구안·적용하였다. 매체언어적 동기유발 수업 이후에 자기표현 학습과정 기록부를 활용하였다. 이것은 영상에서 얻은 자기 나름의 느낌과 생각을 정리하여 과제를 설정하고 해결하며 그 결과를 평가하도록 하는 발전학습의 일환으로 이러한 과정을 통해 학생들이 보람을 맛보고 주체적·자주적으로 학습 활동을 하도록 하였다.

<표-6> 인터넷 매체 및 영화를 활용한 동기유발 교수-학습 과정안

교과명	생활국어 2학년 1학기	수업자	김 영 이
단원명	1-(2) 책 읽고 이야기하기	차시	2/20
학습주제	자기표현능력 기르기		교수학습모형
학습목표	1. 동영상 문학작품 감상 후 화제를 정할 수 있다. 2. 동영상 문학작품 감상 후 정해진 화제에 따라 대화할 수 있다.		ICT 활용 정보탐색하기
학습환경	멀티미디어실(컴퓨터실)		관련자료 VOD 및 인터넷

교 수 − 학 습 과 정		
◉ CD-ROM 사용 📧 E-mail 사용 Ⓦ 웹사이트		
Ⓜ 멀티미디어자료 A/V 시청각기자재 (VOD)		

자기표현 과 정		교수 − 학습활동(■ 교사활동 □ 학생활동)	동기모형 관련요소
도 입 ∧ 5' ∨	동기 유발	■ 혼자 문학작품을 읽고 생각하는 것과 문학작품을 읽고 난 다음에 자신이 느낀 점이나 감상들을 다른 사람들과 나누었을 때 어느 쪽이 더 풍부하게 작품을 이해할 수가 있을까요? □ 여러 사람과 대화할 때요.	주의력 (attention)

도
입
∧
5'
∨
	동기
	유발
		■ 그래서 오늘은 동영상으로 문학작품을 감상한 후 두레원끼리 대화해보는 시간을 가지려고 합니다. 그러면 단원의 길잡이를 볼까요?
		■ 수업이 끝난 후, 해빈이와 미진이 승재, 이렇게 세 명의 친구들이 국어보고서를 작성하기 위해 도서실에 모였습니다. 황순원의 소나기를 읽고 각자의 느낀 점을 말했습니다.
		
		A/V **교육방송 『중학학습』 제 9강 책 읽고 야기하기**(2005. 02. 16)' **중에서** (02′:25″~03′:38″)**부분을 분절 · 투입한다.**
		
		    해빈이, 미진이, 승재, 세 명의 친구들이 국어보고서를 작성하기 위해 도서실에 모인 상황
		
		    해빈−"황순원의 소나기 어떻게 읽었니? 난 소년과 소녀의 순수한 사랑이 너무 아름답게 다가왔어."
			주의력
			(attention)

미진-그래? 난 너무 슬프게 끝나버려서 아쉽던데. 소년과 소녀의 사랑이 너무 애틋하잖아.

승재-시시한 사랑이야기라는 생각이 들어. 남녀가 서로 만나 사랑했다. 여자는 병에 걸려 죽는다. 그 남자는 여자를 그리워한다. 하? 내용이 그저 그래.

■ 네, 황순원의 소나기라고 하는 동일한 작품을 읽었지만 세 학생의 반응은 모두 달랐습니다. 이렇게 우리는 동일한 문학작품을 감상한다고 하더라도 각자의 생각이나 느낌이 다를 수밖에 없겠죠. 소성이는 누구의 의견에 공감이 가나요?

□ 네, 저는 왠지 미진이의 의견에 공감이 갑니다만 약간은 다릅니다. 뭔가 좀 적극적인 도전 의식이 없는 게 꼭 2%가 부족한 것 같아요.

■ 정말 다양하군요. 작품을 읽고 서로 이야기해보면 각자의 경험을 공유할 수 있고 자기가 미처 생각하지 못했던 내용들까지도 깨달을 수 있게 되지요.

■ 항상 화제를 정한 다음에 그 화제에 대해서 이야기하게 되면 작품 내용을 보다 자세하게 이야기 할 수 있습니다.

자 그러면 지금부터 동영상으로 문학작품을 감상한 후 두레원끼리 대화해보는 시간을 가져볼까 합니다.

주의력
(attention)

전개 ∧ 30′ ∨	말하기 -말할 내용의 선정과 조직 -효과 적인 표현 및 전달	□ **국립극장 공연 자료실**(http://www.ntok.go.kr/) - 「**맹진사댁 경사**」**동영상자료 반전 · 결말 부분을 감상한다.** ■ 중심적 시청 내용 및 학습 주제를 제시한다. <부록 5-1 참고> □ 동영상 작품 감상 후, 모둠별로 토의 주제를 정한다. <활동1 > 동영상 작품 감상 후, 각 모둠별로 토의 주제를 정해 보세요. <table><tr><td>작성지</td><td colspan="3">본인이름(김민선) 모둠이름(모 람 우 란)</td></tr><tr><td>토의주제</td><td colspan="3">'진정한 결혼이란'</td></tr><tr><td>발표방법</td><td colspan="3">파워포인트</td></tr></table> □ 인물의 성격, 작품의 특징, 결혼제도 등에 대해 이야기를 나눈다.	**관련성** (relevance)
	글쓰기 초고쓰 기	<활동 2 > 대화하면서 모둠원들의 발표내용을 메모해보세요. <table><tr><td>순번</td><td>모둠원명</td><td>발표내용</td></tr><tr><td>1</td><td>신재연</td><td>진정한 결혼을 위해서는 서로간에 헌신이 중요하다</td></tr><tr><td>2</td><td>윤여원</td><td>서로가 노력하는 사랑이 필요하다.</td></tr><tr><td>3</td><td>박은화</td><td>진정한 결혼을 위해서는 성실함이 필요하다.</td></tr><tr><td>4</td><td>황혜림</td><td>서로에게 성실하기 위해서는 상호성을 요해야 한다.</td></tr><tr><td>5</td><td>이선미</td><td>서로에게 성실하기 위해서는 서로의 관계를 받아들여야한다.</td></tr><tr><td>6</td><td></td><td></td></tr></table> ■ 학습지 및 작품 감상 보고서 양식을 제공한다. □ Ⓦ 인터넷을 활용하여 제시한 주제와 관련된 정보를 수집 후 집 · 정리한 자료를 두레별로 종합 · 발표한 후 작품 감상 보고서를 작성한다.	**자신감** (confidence)

		〈활동3〉 작품 감상 및 토의를 통해 자신의 생각이나 느낀 점을 표현해 보세요.	
		나는 진정한 결혼에 대해서 조사하다보니 내가 나중에 성인이 되었을 때에는 신중하게 생각해서 선택하고, 건전한 사고방식을 가지고, 나에 대한 배려와 이해가 많고, 나와 취미나 취향이 비슷한 사람을 미래의 결혼 상대자의 조건으로 정해야겠다고 생각했으며, 이래서 진정으로 성공적인 결혼 생활을 하기 위해서는 서로 열심히 노력하고, 배려하고, 헌신하고, 믿어주는 것이라고 느꼈다.	
정리 ∧ 10 ′ ∨	평가를 통한 교정하기	■ 정리 : 우수하게 발표를 한 두레는 시상한다. ■ 평가 : 포트폴리오에 의한 교사의 말하기 평가와 학생들의 상호평가, 보고서에 의한 쓰기 평가를 한다.(발표한 보고서는 수행평가에 반영한다.) ■ 차시 예고	**만족감** (satisfaction)
참고 자료		◆ 국립극장 공연 자료실(http://www.ntok.go.kr/) ◆ EBS (http://www.ebs.co.kr)	동영상 자료 9-10번

4.4. 인터넷 자료를 활용한 동기유발 교수-학습의 전개

인터넷 자료에는 쓰기 영역에 인터넷과 컴퓨터통신이 있는데, 본 연구에서는 인터넷을 활용하여 자신이 전문가가 되어 조언해 보는 수업을 전개하였다.

인터넷 매체 및 컴퓨터통신을 활용하여 조언함으로써 자기표현에 대한 흥미 유발을 할 수 있도록 <표-7>과 같이 교수-학습 과정안을 구안·적용하였다.

<표-7> 인터넷 매체 및 컴퓨터통신을 활용한
동기유발 교수-학습 과정안

학습 주제	조언하기를 통한 자기표현능력 기르기		
관련 단원	2-1생국 5. 목적에 맞는 글쓰기 (1) 조언하기	차시	14/20
학습 목표	1. 듣기, 말하기, 쓰기가 문제해결 과정임을 안다. 2. 사이버 상의 고민에 대한 조언하기를 통해 자기표현능력을 기를 수 있다.		
학습 환경	멀티미디어실	관련자료	
		중학학습 VOD	

교 수 – 학 습 과 정

◎ CD-ROM 사용　　📧 E-mail 사용　　Ⓦ 웹사이트

Ⓜ 멀티미디어자료　　Ⓐ/Ⓥ 시청각기자재 (VOD)

자기 표현 과정	교수-학습 활동(■ 교사활동 □ 학생활동)	동기 모형 관련 요소
동기 유발	▶ 도입(Ⓐ/Ⓥ VOD) ■ 우리는 일상생활을 하다보면 수많은 문제에 부딪치게 됩니다. 특히 본인이 잘못이 없는데도 친구가 잘 대우를 해주지 않을 때 우리는 많이 속상해합니다. 이럴 때 김건 모의 '입장 바꿔 생각해 봐'를 떠올리면 아무 문제가 없을 것 같아요. ■ 상대방의 어려움을 이해하기 위해 기아체험을 해보거 나 장애인의 어려움을 이해할 수 없기 때문에 일부러 눈가 리개와 귀마개를 하거나 휠체어에 하루 종일 앉아보기도 합니다. 이렇게 되면 우리가 머리로는 깨달았지만 몸으로 는 느끼지 못했던 여러 가지 어려움을 깨닫게 되며, 상대 방을 고려하는 태도를 기를 수 있지요.	주의력 (attention)

동기 유발	■ 학습목표를 제시한다. 1. 듣기, 말하기, 쓰기가 문제해결과정임을 안다. 2. 사이버 상의 고민에 대한 조언하기를 통해 자기표현 능력을 기를 수 있다 🅐🅥 교육방송 「중학학습」제 53강 「조언하기」프로그램에서 조언을 할 경우와 들을 경우의 태도(09′:34″~12′:41″)에 대해 VOD를 활용해 분절·투입한다. ![EBS 중학 2학년 국어 - 중고생들이 선생님께 가장 듣기 싫은 말 / 가장 좋아하는 선생님의 유형] ■ 여러분 한 출판사에서는 2700여명 정도의 중고생을 통하여 설문조사를 했는데 그 결과, 중고생들이 가장 듣기 싫어하는 말은 첫째, "공부 잘하는 친구 반이라도 따라 가라(37.5%)"로 친구와 비교하는 말이며, 둘째는 "야, 너 그래서 대학 가겠냐?(26.6%)"로 상대방을 무시하는 말로써 이 두개의 공통점은 무엇일까요? □ 상대방을 고려하는 말하기가 아니라는 점입니다. ■ 가장 좋아하는 선생님의 유형은 첫째, 학생을 인격적으로 대우해 주는 선생님(39.1%) 둘째, 교과과목을 잘 가르치는 선생님(30.4%)입니다. 이 두개의 공통점은 무엇일까요? □ 상대방의 입장에서 생각하고 상대방을 인격적으로 대우해 주었을 때 상대방과 원만한 관계를 유지할 수 있다는 점입니다. ■ 그렇다면 설문조사를 통해 깨달을 수 있었던 점은 무엇인가요? □ 상대방을 배려하는 말하기의 중요성입니다.	주의력 (attention)
	▶ 전 개(Ⓦ) ● 조언하기의 과정 안내 □ 우선 인터넷 사이트에서 '고민'이라는 단어를 검색한다.	

글쓰기 계획 하기 생각 꺼내 기 생각 묶기 초고 쓰기 글다 듬기	☐ 인터넷 사이트 중에서 자기의 관심 분야에 들어간다. (정창일 홈페이지 권유)	
	상담 내용 매사에 재미없고 우울합니다. 　　　　　작성일 : 2004/02/09　　작성자: 진이 　저는 우울증 약을 몇 달간 복용하고 있었고 양도 적은 양은 아니거든요. 매일 만사가 귀찮고 에너지가 없습니 다. 표정부터가 우울하고 즐겁게 사는 친구들을 보면 시 기심이 납니다. 　노력을 해서 고치고 싶은데 상담이나 약 복용은 지금 하고 있으므로 제 생활을 좀 바꿔보고 싶습니다. 이창일 선생님, 생활 속에서 바꾸어서 우울한 기분을 극복하는데 도움이 될 만한 좋은 습관이나 방법을 추천해 주실 수 있 으실까요? 　전 선생님을 지혜로운 사람이라 생각하고 늘 마음속으 로 믿고 의지하는 사람입니다. 조언을 부탁합니다. 　　　　　　　　　　(http://www.dr-mind.com/pt.htm)	**관련성** (relevance)
	☐ 사이버 상에 고민을 털어놓은 사람이 어른이면 자신 이 어른인 입장에서, 우울증 환자이면 의사인 입장에서 조언을 한다.	
	나의 조언하기 -우울증은 약으로 치료되는 게 아닙니다. 그것은 마음의 병으로 당신의 마음에 따라 치료가 되냐 심해지느냐가 결정되지요. 당신에게는 당신의 얘기를 들어줄 사람이 필 요한 것 같아요.	
	☐ 사이버 상에 학생 자신이 직접 조언하지 말고, 다운을 받아서 조언내용을 기록한다.(정창일 홈페이지일 경우 관 리자만이 조언을 할 수 있기 때문이다.)	
	전문가의 조언하기 (정신과 의사 정창일 홈페이지) 　적어주신 대로 약물치료나 상담에 대해서는 담당의사 와 상의하시기 바랍니다. 　행동이나 생각을 바꾸려고 노력해야 합니다. 가능한 한 활동을 늘리십시오, 운동을 규칙적으로 하면 좋습니다. 또 자꾸 친구를 만나는 등 대인관계의 폭을 늘리십시오.	

집에 있기보다는 되도록 밖에 외출하려고 노력하십시오. 또 긍정적인 생각을 많이 하려고 하십시오. "할 수 있어, 될 거야, 해보자"라는 생각이나 말만 하려고 노력하십시오. 중요한 건 이렇게 행동이나 생각을 바꾸는 것을 억지로 많은 에너지를 들여서 해야만 한다는 것입니다. 일부러 계획하고 노력해야 합니다. 처음엔 힘들겠지만 그렇게 하다보면 점점 우울증에서 회복되는 자신을 발견하게 될 것입니다.

□ 전문가가 조언한 내용을 링크하여 자신이 조언한 내용과 비교・분석한다.
□ 자신이 조언하기에서 부족한 면이 어떤 부분인지 검토해 본다.

자신감 (confidence)

내가 한 조언의 미숙한 점
1. 내용이 구체적이질 못하다.
2. 정신과의 전문적인 상식이 없다.
3. 문제해결의 방법이나 능력이 부족하다.
4. 자기표현능력이 부족하다.

[그림-2] 「정신과 의사 정창일 홈페이지」상담실 이용

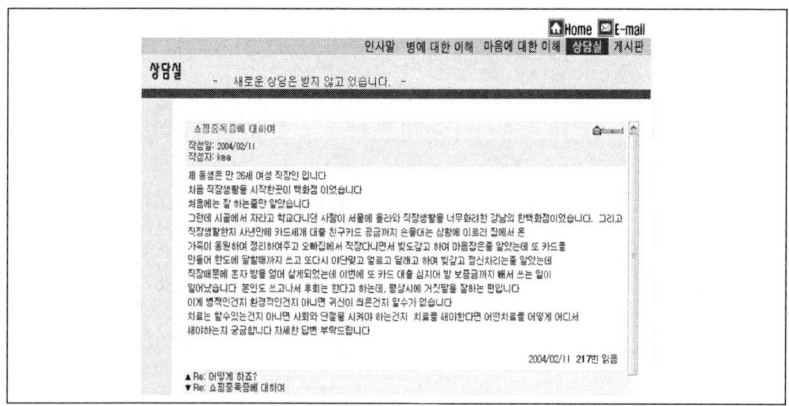

[그림-3] 「정신과 의사 정창일 홈페이지」활용 조언하기

5 매체언어적 동기유발 수업의 평가 방안

5.1. 매체언어적 동기유발 수업에서 추구되어야 할 가치와 평가 방향

먼저 매체언어적 동기유발 수업에서 추구되어야 할 가치를 살펴보면 다음과 같다.

첫째, 평가의 직접성을 추구한다 : 매체언어적 동기유발 수업에서의 평가는 학생 또는 피평가자로 하여금 주어진 답지 중에서 정답을 선택하도록 함으로서 '간접적으로' 이들의 능력이나 지식을 평가하는 것과는 달리, 학생이 문제에 대해 직접 구성한 반응을 '직접적으로'관찰하여 평가하므로, 한두 가지 정답만을 선택하게 하는 평가 방법으로는 파악할 수 없는 것을 파악하게 한다.

둘째, 실제상황에 가깝도록 구성하여 평가의 신실성(authenticity)을 추구한다. : 이것은 '직접적인 관심을 갖고 있는 행위를 포함하고 있는' 과제를 통한 평가를 의미한다. 이는 교육자 또는 평가자의 입장에서 직접적인 관심을 갖고 있는 행위는 실제 세계에서 어른들이 하는 과제와 같이 도전적이고 복합적인 가제에서 수행하는 행위라는 믿음에 근거한다.

셋째, 교수-학습과의 연계를 추구한다. : 대부분의 평가 과제가 한 순간에 이루어지기가 어렵고 체계적인 관찰을 통하여 지속적으로 자료를 수집해야 하기 때문에 수행평가가 교수 -학습 상항에서 활용될 때 교수-학습과의 연계를 추구한다.

다음으로 신실성을 추구하는데 지향해야 할 가치들은 다음과 같다.

첫째, 고등사고력과 복합적 기술에 초점을 둔다.

둘째, 맥락(상황, context)에 민감한 전략을 구사하도록 한다. – 실제 세계의 맥락에 민감하여 실제 세계의 문제가 발생하는 맥락과 비슷한 과제를 다룬다.

셋째, 여러 유형의 수행과 학생의 많은 시간을 요하는 복잡한 문제를 활용한다.

넷째, 개인수행 뿐만 아니라 집단 수행으로 구성할 수 있다. – 실제 세계에서 개인으로 문제를 해결하는 수도 있지만 집단으로 문제 해결이 필요한 경우도 발생하기 때문이다.

다섯째, 학생의 선택을 상당정도 허락하거나 학생 스스로 문제를 탐색 또는 만들도록 한다. – 실제 세계에서는 문제가 주어지는 것이 아니라 선택하거나 스스로 구성하는 경우가 많이 발생하기 때문이다.

매체언어적 동기유발 수업에서 추구하는 직접성의 가치는 평가의 내용에서 추구하는 또 다른 가치 즉 신실성을 추구하기 위한 것에 있다고 보아도 과언이 아니다. 평가의 신실성은 매체언어적 동기유발 수업의 평가가 형식측면에서의 가치인 직접성을 통해서 내용면에서 추구하고자 하는 가장 중요한 가치라고 할 수 있다.

매체언어적 동기유발 수업의 바람직한 평가 방향은 '수행 능력'과 '가치화의 태도' 중심의 평가, 과정 중심의 누적적 평가, 학습자 개개인의 변화의 폭을 중시하는 평가, 학습자의 자기 진단 평가의 활용, 모둠별 상호 평가를 활용한다. 또한 제7차 교육과정에서 교수-학습 활동에서 실질적인 기준인 성취기준과 과목별 평가활동에서 실질적인 기준 역할을 할 수 있도록 학생들의 성취할 몇 개의 수준으로 나누어 판정할 평가기준이 있어야 한다.

5.2. 매체언어적 동기유발 수업의 평가 목표와 내용

첫째, 매체언어적 동기유발 수업의 평가 목표는 영역별로 다음 사항에 유의하여 설정한다.

(1) 말하기 영역의 평가 목표는 말하기 활동에의 적극적인 참여, 말할 내용의 생성 및 조직, 정화하고 효과적인 표현에 중점을 두어 설정한다.

(2) 쓰기 영역의 평가 목표는 쓰기 활동에 적극적인 참여, 내용의 생성 및 조직, 정확하고 효과적인 표현에 중점을 두어 설정한다.
  둘째, 평가 내용은 다음 사항에 유의하여 선정한다.

(1) 교육 과정의 특정 영역에 치우친 평가 관행을 지양하고, 각 영역의 학습 내용에서 균형 있게 선정한다.

(2) 국어 사용 능력을 구성하는 하위 요인과 이 요인이 통합적으로 실현되는 능력을 평가할 수 있게 선정한다.

5.3. 매체언어적 동기유발 수업의 평가 방법

첫째, 평가 목적, 평가의 내용과 목표를 평가하는 데 적합한 평가 방법을 활용한다.

둘째, 국어 사용 능력의 평가는 간접 평가와 직접 평가를 적절하게 활용하되, 가급적 수행 평가를 적극 활용한다.

셋째, 학습자의 성취 수준을 판단할 때에는 과제의 성격을 고려하여 적절한 평가 방법을 활용한다.

(1) 말하기 영역의 평가는 직접 평가 방법을 위주로 하되, 관찰에 의한 누가 기록 등의 방법을 활용한다. -

   (가) 면접법 - 매체언어적 동기유발수업에 대한 면담반응질문지

   (나) 관찰법 - 두레형 협력학습 시, 1인극을 활용한 동기유발 수업, 영화포스터를 활용한 말하기에 대한 동기유발 수업, 독서방송 학습

   (다) 포트폴리오(portfolio), - 영화를 활용한 동기유발 수업(준비과정-활동과정)

   (라) 토론법 - 토론을 통한 동기유발 수업, 학년자율조회를 통한 「토론대회」

(2) 쓰기 영역의 평가는 직접 평가 방법을 위주로 하되, 총체적 평가, 분석적 평가, 관찰에 의한 누가 기록 등 다양한 방법을 활용한다.

   (가) 관찰법 - 영화를 활용한 동기유발 수업

   (나) 연구 보고서법 - 영화 시나리오 대본 만들기

   (다) 포트폴리오(portfolio) - 디지털 캠코더 활용한 영화 만들기

(두레별 탐구학습)

　　(라) 서술형 평가- 사진을 활용한 동기유발 수업, 컴퓨터통신을
　　　　활용한 동기유발 수업, 부모·자식간 사랑의 편지 쓰기
　　(마) 논술형 평가 - 교내 국어 경시대회 (논술),
　(3) 평가의 목표와 상황에 따라 필요한 경우에는 영역 통합적 평
　　　가 방법을 활용할 수 있다.
　　　- 디지털 캠코더 활용한 영화 촬영하기, 영화포스터를 활용한
　　　　말하기·쓰기에 대한 동기유발 수업

 6 정리

　매체언어적 동기유발 수업모형 연구의 결과로 얻은 주요 결론은 다음과 같다.

　첫째, 매체언어적 동기유발 수업은 인터넷 매체 교과관련 프로그램으로 동기를 유발시켜 본 수업에 대한 주의력을 줄 수 있고, 말하기·쓰기와 관련한 간접경험 및 배경지식을 얻게 함으로써 학생들의 자기표현에 대한 호기심을 자극시켰다.

　둘째, 두레형 협력학습은 두레원간의 대화를 통한 친밀감 형성으로 자연스럽게 말할 수 있는 분위기를 형성해 주었고, 쓸 내용에 대한 다양하고 풍부한 정보를 제공하여 글쓰기에 대한 자신감을 갖게 해주었다.

　셋째, 말하기·쓰기 통합형태의 수업은 말하기와 글쓰기를 병행함으로써 글쓰기의 내용 생성·조직·표현에 한층 더 풍부한 배경지식을 교류할 수 있었고, 글쓰기와 발표에 자신감 형성, 생각하는 힘, 비판능

력을 향상시켜 주었으며, 글다듬기에서도 발표 및 평가를 통해 상호유기적인 도움을 제공함으로써 학생들의 자기표현능력을 신장시키는데 효과적이었다.

넷째, 매체언어를 활용한 체험학습은 상황과 목적에 맞는 말하기·쓰기, 자기의 생각을 적극적이고 창의적으로 표현하는 말하기·쓰기에 대한 능력을 갖게 해주었으며, 자기표현에 대한 실천적 태도를 생활화하는데 도움을 주었다.

다섯째, 매체언어를 활용한 수업은 새롭고 풍부한 실례를 제공하여 교육과정의 한계를 넓혀 주었으며, 교과서와 교실 중심으로 이루어지던 교육의 공간, 시간적 한계를 극복하게 해 주었다.

여섯째, 매체언어적 동기유발 수업모형의 적용은 아직까지도 문어 텍스트 이해 중심에 머물러 있는 국어 교육의 현실을 극복하고, 새로운 의사소통의 매체를 통해서 다자간의 의견 교류 및 확대라는 새로운 토론 문화 형성에 많은 도움이 되었다.

일곱째, 매체언어를 활용한 수업의 평가방법으로는 말하기 영역에서의 평가는 면접법, 관찰법, 포트폴리오, 토론법 등의 방법을 활용하고, 쓰기영역의 평가는 관찰법, 연구보고서법, 포트폴리오, 서술형 및 논술형 평가 등의 방법이 효과적이었다.

본 연구의 결과를 기초로 하여 다음과 같은 몇 가지 제언을 하고자 한다.

첫째, 학생의 흥미를 유발하고 수업의 질을 개선하기 위해서는 매체언어적 동기유발 학습 자료들이 다양하게 개발되어야 하며, 말하기·쓰기 체험학습도 다양하게 개발되어야 하겠다.

둘째, 말하기·쓰기와 관련된 새로운 대회를 구상하여 학생들의 참여 욕구를 자극할 수 있도록 하기 위해서 우선 국어교사들의 말하기·

쓰기 지도 방법에 관한 교사 연수기회가 보다 확대되어야 하겠다.

셋째, 매체언어적 동기유발 수업 모형을 활용하기 위하여 다양한 동기유발 매체가 개발되어야 하며, 개발된 자료를 공유하여 활용할 수 있는 교육 인프라 구축이 선행되어야 하겠다.

참고문헌

박영목·노명완·권경안 공저(1991), 「국어과 교육론」, 서울 갑을출판사.

천병기(1993), 「방송학습의 지도 원리」, 영남대학교 출판부.

김대행(1995), 「국어 교과학의 지평」, 서울대 출판부.

_____(2002), 「매체언어 교육론 서설」, <국어교육> 97호, 한국국어교육연구
        회.

교육부(1997), 「국어과 교육과정」, 대한교과서.

교육인적자원부(1999), 중학교 교육과정 해설(Ⅱ).

송상호(2000), 「국어과 동기유발을 위한 마술매체 개발」, <북매니아 기획>,
        금하출판사.

ICT 활용 교과연구회(2001), ICT 활용 교수-학습 전략.

한국교육학술정보원(2001), 『ICT 활용 교수-학습 과정안 자료집』.

경기도교육청(2001), 정보통신기술(ICT)활용 교육, 장학안내서.

최인자(2001), 「비판적 대중매체 교육과정연구」, <국어교육학회> 13輯.

J.M Keller. 송상호(2001), 「매력적인 수업설계」, 서울: 교육과학사.

장성욱(2002), ICT 활용을 통한 이미지의 유형별 형상화 지도방안.

육우균(1996.11), 「논술문 쓰기 지도방법 연구」, 고려대교육대학원 석사논문.

박수경(1998), 「ARCS 전략을 적용한 구성주의적 수업이 과학개념 획득과
        동기유발에 미치는 효과」, 부산대 대학원 박사논문.

전은아(1998.2), 「대화주의 작문이론 연구」, 한국교원대 석사 논문.

이호관(1999.2), 「교정하기 전략 학습이 쓰기 능력 신장에 미치는 효과」, 교
        원대 석사 논문.

최용제(1999.2.), 「작문 전략의 내면화 과정에 대한 연구」, 교원대 석사논문.

김은영(2000), 「초등 영어학습에서 내적 동기를 유발시키는 교실학습 환경요
        인에 관한 연구」, 부산교육대 교육대학원 석사논문.

박찬경(2000), 「멀티미디어 프로그램을 활용한 동기유발 수업이 자폐 학생의
        과제수행활동에 미치는 효과」, 서강대 교육대학원 석사논문.

김미란(2000), 「웹기반 테마 신문 제작 프로그램적용을 통한 의사소통 능력
        신장 방안」.

김흥경(2000), 「Keller의 동기유발(ARCS) 수업전략이 학업성취와 학습동기
        에 미치는 효과」, 서강대 교육대학원 석사논문.

장승심(2001), 「발상과 동기적 수업모형 적용을 통한 좋은 글쓰기 능력 신장 방안」.

최영숙(2002), 「웹기반 학습활동 프로그램 적용을 통한 글쓰기 능력 신장」.

오현주(2002), 「의사소통 중심의 모둠학습일기 활용을 통한 자기표현능력 신장 방안」.

송경애(2003), 「생활중심 말하기 학습 프로그램 구안·적용을 통한 자기표현 능력 신장」.

윤정민(2003), 「매체 문식성 교육을 위한 국어과 교재 구성에 관한 연구」, 고려대학교 대학원석사학위 논문.

안애자(2004), 「근접발달구역 내의 협의활동을 통한 자기주도적 글쓰기 능력 신장방안」.

김형수(2004), 「중학교 국어과 매체 교육 방안 연구-'생활국어' 매체 단원 설정을 중심으로」, 경희대학교 교육대학원 석사학위 논문.

박태호, 「근접발달(ZDP) 지역 내의 교수적 대화를 통한 작문력 신장 방안」, 교육과정평가원 (http://www.kice.re.kr/korean/gesi.html).

제 3 장

문학교육의 전략과 탐색

제3장 문학교육의 전략과 탐색

상호텍스트성 문학교육 연구
  설화 〈아기장수 우투리〉와
  최인훈 희곡 〈옛날 옛적에 훠어이 훠이〉 비교

현덕 소설 「남생이」의 사실구조 분석

외재적 관점을 중심으로 한 문학 읽기
  이상 소설 〈날개〉를 중심으로

황순원 후기 장편소설 연구

상호텍스트성 문학교육 연구
설화 〈아기장수 우투리〉와 최인훈 희곡 〈옛날 옛적에 훠어이 훠이〉 비교

1 상호텍스트성 문학교육 연구의 필요성

1.1. 연구의 필요성 및 목적

문학은 개인의 경험과 상상력을 바탕으로 창작된 의사소통 과정이며, 개인과 공동체의 삶과 가치관, 미의식을 담아내는 언어 예술이자 문화의 한 양식이다. 따라서 학습자는 문학교육을 통하여 문학 텍스트 속에 담긴 의미를 이해하고 수용하여 문학의 가치를 내면화하는 과정을 경험하게 된다. 제7차 교육과정에서 문학교육은 '문학 수용과 창작'을 통하여 문학적 능력을 길러, 자아를 실현하고 문학 및 문화 발전에 능동적으로 참여하는 바람직한 인간을 기른다는 목표를 지향하고 있다. 또한 학습자가 문학 작품의 아름다움과 가치를 파악하고, 다양한 시각과 방법으로 문학 작품을 해석하는 것을 성취기준으로 삼고 있다. 이는 학습자가 문학 감상 능력 신장을 위해 다양한 문학 텍스트를 스스로 찾고 해석할 수 있어야 한다는 관점을 담고 있다.

이처럼 문학교육은 학습자가 문학 지식을 습득하거나 문학을 통해 내적 감동을 경험하는 것 뿐 아니라 여러 텍스트를 이해하고 분석함으로써 자신의 삶을 폭넓은 가치로 나아가게 하는 데 그 목적이 있다. 이를 위해서 문학 텍스트의 이해 및 감상 영역을 심화시키고, 문학적 체험을 확대할 수 있는 교수·학습 방법이 필요하다.

현재 학교의 수업 현장에서는 학력 신장 및 입시를 위한 수업에 치중되어 있다. 문학도 예외일 수 없음을 감안할 때 어떻게 문학을 가르치는 것이 학습자가 총체적으로 문학을 이해하고 깊이 있게 내면화하여 문학 학습 영역을 넓혀나갈 수 있는지 고민하고 그것에 관한 교수·학습 방법을 찾는 것은 의미가 있다. 따라서 이 연구에서는 중학교 2학년 2학기 국어 교과서에 있는 설화 텍스트 <아기장수 우투리>를 이야기 구조 파악의 학습에만 그치지 않고 이 설화를 모티브로 하고 있는 최인훈 희곡 <옛날 옛적에 훠어이 훠이>와 함께 비교 분석함으로써 상호텍스트성의 문학교육으로 구현하고자 한다.

지금까지의 상호텍스트성의 문학교육에 관한 연구 현황을 살펴보면, 문학 텍스트를 교육하는 과정에서 학습자가 시나 소설을 수용하고 창작할 때, 상호텍스트성의 원리를 활용할 수 있다고 보고 근래에는 상호텍스트성에 관한 연구가 이론적 측면에 머무르는 것이 아니라 실제 교육 방법론을 중심으로 이루어지고 있다.

이 연구의 논점은 교수·학습의 주체를 학습자에게 두고 학습자 개개인 스스로 문학 텍스트의 의미를 구성하는데 있으며 이제까지 연구에서는 활발하게 다루어지지 않았던 설화와 희곡의 상호텍스트성 교수·학습 방안을 구안하고자 한다. 중학교 2학년 2학기 국어 교과서에 소개된 설화 <아기장수 우투리>와 현대 희곡인 최인훈의 <옛날 옛적에 훠어

이 훠이>를 함께 비교 분석함으로써 학습자의 문학 텍스트 감상 능력을 심화시키는 교수·학습 계획을 살펴볼 것이다. 아울러 문학 지식을 익히고 교과서의 학습활동 풀이 중심의 이론 수업에서 한 단계 나아가 학습자 스스로 능동적인 작품 해석과 비평 활동을 할 수 있는 교수·학습 단계를 지향하고 있다. 이를 통하여 학습자가 설화의 이야기 흐름과 구조를 익힐 뿐만 아니라 희곡 텍스트의 구조를 파악하면서 텍스트 속에 내재된 여러 문학적 특성을 학습함으로써 문학 텍스트를 총체적으로 해석하고 문학 감상의 지평을 넓히는 지침을 마련하고자 한다.

1.2. 선행 연구 및 연구 범위

상호텍스트성을 통한 문학교육 연구는 학습자 중심의 교수·학습 방법의 일환으로 점차 그 가치를 인정받으며 일부 교육현장에 도입되었고, 최근 문학교육 방법론으로 다양한 논의가 활발하게 진행되고 있는 실정이다. 이와 관련하여 상호텍스트성을 문학교육에 관한 선행 연구를 살펴보면 다음과 같다.

김도남은 읽기 지도에서 상호텍스트성을 바탕으로 하기 위한 가능성을 탐색하여 방법적인 논의를 제기[1]했는데 인식 텍스트는 해석 텍스트의 자료가 되어 독자의 인식을 바탕으로 텍스트를 해석한다는 관점의 연구이다. 류덕제는 구성주의 관점의 문학교육 실천 방안으로 개인적 구성→개인간 구성→사회적 구성의 절차를 마련하고 구성주의 관점의 문학교육이 지향하는 목표가 드러나도록 하였다. 이 과정에 사회적 상호 작용과 대화를 촉진하고 활성화하기 위해 인터넷 홈페이지

---

1) 김도남, 「상호텍스트성에 기반한 읽기 지도를 위한 전제」, 한국어문교육, 한국교원대 한국어문교육연구소, 2001.

를 통한 비평과 상위 비평 방안을 제시하였다.[2] 박진용은 텍스트 의미 구조에 대한 교수·학습 기반을 다지기 위하여 텍스트 의미 구조의 원리를 규명하였다. '의미 구조 구성 전략'은 5단계의 구성 과정[3]으로 읽기 목적에 가장 효율적으로 의미 구조를 구성할 수 있는 전략적 읽기 행동의 총체로 보고 명제적 지식과 방법적 지식으로 나누어 읽기 교수·학습의 내용으로 확정하였다.[4] 선주원은 박태원의 작품 <소설가 구보씨의 일일>과 최인훈의 <소설가 구보씨의 일일>이 현재와 과거의 다양한 언어 구조가 서로 내적 대화를 나누고 있다고 보고, 상호텍스트성에 관련한 연구를 하였다.[5] 정종미는 김만중의 <구운몽>과 이광수의 <꿈>을 중심으로 고전소설과 현대소설의 상호텍스트성을 통한 교수·학습 방안을 연구하여 읽기 전·중·후 활동을 선별하여 수업 내용을 구성하고 학습자의 배경지식을 넓히는 수업에 관하여 논하였고,[6] 권로사는 김도남의 읽기 모형을 토대로 고전소설과 현대소설 간의 상호텍스트성을 검토하면서 텍스트 내용에 대한 인식을 넓히는 교수-학습 지도안 제시하였다.[7]

....

 2) 류덕제, 「구성주의 관점의 문학교육」, 한국초등교육 18호, 한국초등교육학회, 2001.
 3) 의미 구조 구성 과정은 (1) 읽기 목적 설정 단계 (2) 의미 단위 설정 단계 (3) 전개 과정 구성 단계 (4) 의미 관계 구성 단계 (5) 의미 구조 완성 단계로 5단계로 나뉜다.
 4) 박진용, 「텍스트 의미 구조의 읽기 교수·학습 연구」, 한국교원대 대학원 박사학위 논문, 2006.
 5) 선주원, 「상호텍스트성의 관점에 의한 소설교육」, 청람어문교육 제24집, 청람어문교육학회, 2002.
 6) 정종미, 「고전소설과 현대소설의 상호텍스트성을 통한 교수학습 방안 연구 : 김만중의 <구운몽>과 이광수의 <꿈>을 중심으로」, 충남대 교육대학원 석사학위논문, 2007.
 7) 권로사, 「상호텍스트성을 통한 고전소설 교수학습 방안 연구 - 만복사 저포기, 원생몽유록, 운영전과 임치균의 '검은바람'을 중심으로-」, 한양대 교육대학원

이 연구에 있어서는 상호텍스트성에 바탕을 두어 두 텍스트의 독자적인 해석을 생략할 수 없다고 보고 텍스트 분석과 관련된 선행 연구의 흐름도 살펴보았다. 아기장수 전설의 문학적 구조를 분석한 심정섭[8]의 연구를 비롯하여 아기장수 전설의 각 화소의 의미 분석과 구조의 상관 대립관계를 중심으로 한국 설화의 비극성을 밝힌 최래옥[9]의 연구, 아기장수 전설이 가지는 문학적, 사회적 의의를 밝힌 이혜화[10]의 연구, 아기장수 전설과 희곡 <옛날 옛적에 훠어이 훠이>를 비교 분석한 김동용의 연구가 있다. 김동용은 두 작품이 인간정신과 외부세계를 결합시켜 동일성을 이루려는 욕구를 반영한다[11]고 보았다. 김회연은 <옛날 옛적에 훠어이 훠이>가 아기장수 이야기를 수용하되 주제나 기법 등의 면에서 탁월한 수준을 성취한 점이 인정되며 배경을 그대로 취하면서 그 정치적 의미와 원형적 상징성을 동시에 확대시키고 보편적인 인간의 문제를 독창적으로 보여준 작품으로 평가하였다.[12]

이후 아기장수 설화를 활용한 국어 교육과 관련된 연구로 창의력 신장을 위한 교수-학습 전략을 제시한 연구[13], 설화 교육의 일반론에 대한 연구와 함께 <아기장수 우투리>를 중심으로 설화교육의 방안을 제시한 연구[14] 등 설화 '아기장수 전설(우투리)'을 교육 자료로 활용하여

．．．．．．．．．．．．．．．．．．．．．
　　석사학위논문, 2009.
 8) 심정섭, 「전설의 문학적 구조」, 문학과 지성 27, 1977.
 9) 최래옥, 「아기장수 전설의 연구」, 한국민속학 11, 1979.
10) 이혜화, 「아기장수 전설의 신고찰」, 한국학논집, 13, 1986.
11) 김동용, 「아기장수 전설과 '옛날 옛적에 훠어이 훠이' 비교연구」, 기전어문학, 수원대 국어국문학회, 1988.
12) 김회연, 「아기장수이야기에서 '옛날 옛적에 훠어이 훠이'로의 변용」, 충남대 대학원 석사학위논문, 2001.
13) 김서영, 「창의성 신장을 위한 설화교육의 교수-학습모형 연구」, 이화여대 교육대학원 석사학위논문, 2002.
14) 우대권, 「설화교육연구 '아기장수 우투리'를 중심으로」, 한국외국어대 교육대

의의와 자질을 밝히는 것을 주목적으로 하는 연구가 있었다.

지금까지의 상호텍스트성을 통한 문학교육에 대한 논의는 외국 이론을 소개하는 논문에서부터 비롯되었다. 하지만 주로 시나 소설 교육 분야, 혹은 고전문학에 양적으로 치중되어 그에 관련된 변용 양상을 살피는 논의가 연구의 주류를 이루었다.

문학교육에서 상호텍스트성이 매우 중요한 개념적 도구이지만 지금까지 다양한 문학 장르에 적극적으로 활용되지 않고 시나 소설이라는 특정 문학 장르에 국한하여 논의되었다는 사실은 종래의 문학교육이 교사와 학습자 상호관계 속에서 작품의 분석과 의미 실현에만 집중하였다는 것으로 해석할 수 있다. 문학교육에서 학습자가 문학 텍스트를 접할 때, 학습 관련 텍스트에 대한 선행 학습이 되어 있는 학습자는 새로운 텍스트에 대한 이해도 역시 높다. 학습자는 선행 경험으로 내재된 문학에 관한 상호텍스트성이 무의식중에 형성되어 있기 때문에 다른 학습자에 비해 의미 해석을 깊이 있게 언어 내외적으로 표출한다. 또한 학습자는 스스로 문학 텍스트를 탐색하는 방법 또한 습득하게 된다. 따라서 이러한 상호텍스트성을 활용한 문학교육을 통해 학습자는 문학 텍스트를 이해하고, 그 내용을 구성하며 내면화하는 과정을 익힐 수 있다.

이 연구는 문학교육에 있어서 기존 읽기 모형에 따르되 설화와 희곡의 상호텍스트성에 초점을 두고 교수·학습의 영역을 넓힌 것에 의의를 둔다. 설화와 희곡 상호텍스트성 교수·학습 지도 계획을 실제 수업에 적용한 수업 활동 자료 분석과 교육적 효과에 대한 연구 결과까지 제시하지 못한 한계가 있지만 이 점은 다음 연구 과제로 남기기로 한

학원 석사학위논문, 2004.

다. 이는 학교 현장 조사 연구를 기반으로 했을 때 가능하고 이를 근거로 뒷받침되어야 현실성 있는 교수·학습 모형이 아울러 개발될 것으로 본다.

2 구성주의와 상호텍스트성 문학교육

2.1. 구성주의 문학 교수·학습관

구성주의 문학교육관은 학습자가 교수 학습 방법을 변화시키거나 텍스트를 변용하는 것을 허용한다. 또한 구성주의적 관점을 가진 교사들은 문학 텍스트에 관한 교사 스스로의 견해를 학습자와 나누기 전에 학습자의 이해도를 먼저 살펴보며 수업 현장에서 교사와 학습자의 상호 의사소통을 장려한다.

구성주의 교육관은 (1) 지식은 발견되는 것이 아니라 구성되는 것이다. (2) 지식은 삶의 실제적인 맥락에서 구성된다. (3) 지식은 언어를 통한 사회적인 상호 작용을 통해서 구성된다. 라는 명제로 우리 교육계의 패러다임이 되고 있으며 이를 자세히 정리하면 다음과 같다.[15]

---

15) 이성영, 「구성주의적 읽기 교육의 방향」 한국초등국어교육 18, 한국초등국어교육학회, 2001.

① 각 개인은 자신의 경험으로부터 지식을 능동적으로 창조한다. 각 학습자는 기존의 지식, 흥미, 태도, 목표 등에 의해서 세계에 대한 자신의 관점을 세우고 수업에 임하기 때문에, 학습 내용에 대해서 스스로 문제를 발견하고 해결 과정도 스스로 창출할 수 있다.

② 한 개인의 경험적 해석은 그 사람의 나이, 성, 인종, 윤리적 배경, 지식 기반과 같은 요인들에 의해 영향을 받기 때문에, 한 개인의 지식 바탕은 결코 다른 사람에게 모두 전이되지는 않는다.

③ 개인이 개별적으로 생성한 지식은 개인적으로 특이해서 모든 사람들과 함께 하기가 어렵게 보이지만, 사회 문화적인 배경 속에서 공동 구성원들과 더불어 사는 데 유용한 지식으로 조절되기 때문에 그렇게 극단적으로 흐르지 않는다.

④ 각 개인은 동료나 교사와 대화를 통해 자신의 구조나 정보를 끊임없이 변화시킨다. 대화는 개인과 공동체와의 의사소통을 가능하게 함으로써 개인의 경험과 정보로 지식을 실제적으로 활용하여 유용하게 만든다.

다음은 구성주의 교육을 위해서 교사가 진행해야 할 교수·학습 과정상에서의 강조점을 나열한 것이다.16)

① 전체적인 수업 단원과 과제들을 안내하는 과정에서 교사가 주도하기보다는 학습자의 질문을 유도하여 그것을 활용한다.

② 학습자들의 어떤 아이디어라도 수용하고 그것을 격려해준다.

③ 학습 과정에서 학습자가 주도성을 가지고, 협동하고, 정보를 종합하여 활동할 수 있도록 촉진한다.

④ 학습 과제의 수행에서 학습자의 사고, 경험 및 흥미를 활용한다.

⑤ 학습자들이 정보를 수집하기 위해 인쇄매체 뿐 아니라 그 분야의 전문가를 활용하는 등의 다양한 대안을 낼 수 있도록 격려한다.

⑥ 학습자들이 어떤 일의 상황과 그 원인들을 제시하고 그 결과를 예언

---

16) 김판수 외, 「구성주의와 교과교육」, 학지사, 2000, p.207.

할 수 있도록 격려한다.
⑦ 학습자들이 학습 내용에 대해서 반성하고 분석할 수 있도록 적절한 시간을 배려해 준다. 그런 경우에 학습자들이 생성해 내는 모든 아이디어를 먼저 들어본다.
⑧ 학습자들 간에 서로의 아이디어와 개념 정립에 대하여 도전적일 수 있도록 격려한다.
⑨ 학습자들이 학습 내용에 대해서 반성하고 분석할 수 있도록 적절한 시간을 배려해 준다. 그런 경우에 학습자들이 생성해 내는 모든 아이디어를 존중해주고, 활용해 볼 수 있도록 한다.
⑩ 학습자가 실제 생활의 문제해결에 적용될 수 있는 정보를 구할 수 있도록 적극적으로 활동하게 한다.
⑪ 수업시간과 교실 또는 학교 등의 장소에 제약을 초월할 수 있는 학습을 확장시켜 나간다.

구성주의 관점에서는 인간이 만들어 내는 의미가 다양한 환경적 상황 관계에 따라 상호 연결될 수 있는 것이라 보면서 학습자의 적극적인 참여를 절대적으로 중요시 한다. 결국 학습자의 능동적 활동을 강조하는 학습자 중심의 교육은 구성주의 이론을 전제로 한 교육이라고 볼 수 있다. 상호텍스트성 문학교육 역시 학습은 지식의 기록이나 습득이 아니라 학습자 스스로 지식을 구성(construction)한다는 전제하에 하나의 텍스트에서 다른 텍스트를 연관지어 학습자가 제3의 텍스트를 구성할 수 있다는 자발적 학습으로의 전향을 도모하는 문학교육을 지향하고자 하는 것이다.

따라서 이 연구의 논의 대상인 상호텍스트성을 활용하는 문학교육은 학습자가 텍스트를 인식하고 의미를 분석하는 과정 속에서 가치를 내면화한다는 점에서 구성주의 이론적 배경을 기반으로 하고 있다.

2.2. 상호텍스트성 문학 교수 · 학습 모형

학습자의 능동적인 활동을 강조한 현행 7차 국어 교육과정에서는 창의적으로 생각하고 적극적으로 발표하는 활동을 통하여 개인적인 생각을 사회적으로 발전시키는 과정을 강조하며 말하기, 듣기, 읽기, 쓰기의 언어능력을 향상시킬 수 있도록 지도하는 것을 목적으로 하고 있다. 이런 점에서 국어 교육은 언어적 표현과 이해를 다루는 의사소통의 교육이라고 할 수 있다. 문학교육 역시 문학 텍스트를 이해하고 학습자와 텍스트 간의 의사소통이라고 볼 수 있다. 여기서는 상호텍스트성을 고려하여 실제 수업에 적용할 수 있는 기존의 교수 · 학습 모형 연구 사례를 몇 가지 살펴보고자 한다.

먼저 류덕제는 구성주의적 문학교육의 일반적 절차로서 '개인적 구성→개인간 구성→사회적 구성'의 단계17)를 정리하였다.

<표 1> 【구성주의적 문학교육의 일반적 절차】

개인적 구성	1. 텍스트 읽기와 독서 목표 설정 2. 텍스트와 관련된 선체험 동원 3. 코뮤니카트(Kommunikat, 疏通索) 형성
개인간 구성	1. 개인 반응 기록 2. 반응의 교환 3. 반응에 대한 토론 : 소집단 토론
사회적 구성	1. 전체토론 　- 학습자간 상호 대화, 교사와 학습자간 대화, 해석적 공동체의 상호 작용, 학문 공동체와의 대화

17) 류덕제, 앞의 논문 참고

> 2. 비평 텍스트 쓰기(criticism)와 상위 비평(meta-criticism)
> - 학습자의 상위비평, 교사의 상위비평
> 3. 텍스트 상호성(inter-textuality)

대화와 토론을 바탕으로 하는 사회적 상호 작용을 통한 지식의 구성에 중점을 두는 이 모형에서 '개인적 구성'은 텍스트를 읽는 활동을 바탕으로 하여 인지와 독자의 주체적인 코뮤니카트 형성단계로 보았고, '사회적 구성'은 통합적인 활동으로 비평적 텍스트를 쓰고 이에 대해 상위 비평을 하는 것을 궁극적인 목표로 삼는다. 여기에는 의미 구성의 총제적인 활동이 동원되며 잠정적인 마무리 단계인 비평 텍스트 쓰기는 개인 정신의 내적 활동으로 본 것이다. '개인적 구성'은 학교 교육을 염두에 두고 '사회적 구성'으로 나아가기 위한 발판으로 보았다. 그러나 상호텍스트성을 교실 수업의 핵으로 보고 학습자에게 적용하기에는 구체성이 부족하다는 문제가 제기[18]될 수 있다.

독자는 텍스트를 읽는 과정에서 마음 속에 텍스트를 구성하는데 이 텍스트의 구성은 단일 텍스트의 내용을 그대로 마음 속에 표상하는 것은 아니라 기호를 통하여 마음 속에 떠오른 여러 텍스트의 내용을 연결하여 구성하는 것이다.[19] 김도남은 다중 텍스트를 활용한 읽기 활동과 관련하여 다중 텍스트 이해 과정 구조 모형을 다음과 같이 정리하였다.[20]

---

18) 노지숙, 「학습자 중심 설화 교육 연구」, 전북대 교육대학원 석사학위논문, 2005, p.29.
19) 김도남, 「상호텍스트성을 바탕으로 한 읽기지도 방법 연구」, 한국교원대 대학원 박사학위논문, 2002, p.42.
20) 김도남, 앞의 논문, pp.92-94.

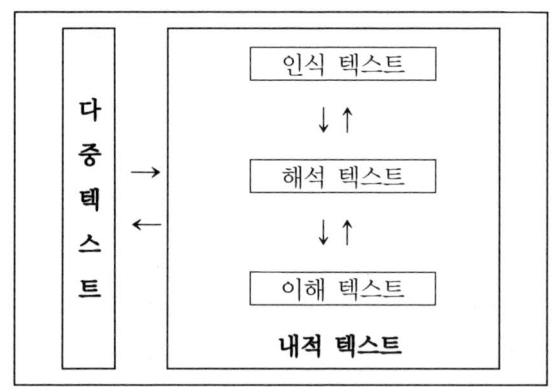

김도남은 독자는 다중 텍스트의 기호를 해독하여 기호가 드러내는 내용으로 인식 텍스트를 구성한다고 보았다. 인식 텍스트는 해석 텍스트의 자료가 되어 독자는 자신이 인식한 내용을 바탕으로 텍스트를 해석하는데 해석 텍스트를 구성하는 과정에서 각 부분들은 상관 관계가 분명해진다. 해석 텍스트와 이해 텍스트의 관계에서도 마찬가지로 독자는 해석 텍스트를 자료로 의미들을 융합하여 이해 텍스트를 구성한다. 이해 텍스트는 해석 텍스트를 바탕으로 구성된 것이기는 하지만 그 내용에 있어서는 다른 형태를 지닌다. 해석 텍스트는 여러 의미들이 병치되어 있는 형태를 취하고 있지만 이해 텍스트는 의미들이 변형되어 융합된 형태를 띈다고 할 수 있다. 인식 텍스트와 이해 텍스트와의 관계에서도 인식 텍스트가 사실적인 내용을 표상한 것이라면 이해 텍스트는 텍스트의 의미들이 변형되어 구성된 것이다. 이렇듯 김도남은 상호텍스트성을 바탕으로 한 읽기 과정을 기호와 내용 의미의 관계, 배경지식에서 출발한 인식과 해석의 과정을 거친 이해 과정으로 모형화 하였다.

한편 문학의 한 장르이면서도 연극으로 형상화되어야 한다는 희곡의 고유한 특징 속에서 텍스트 속의 기호해석은 새롭게 발견할 수 있다. 희곡은 다른 서사 문학과 차별화된 표현상의 한계는 있지만 다양한 기호를 사용하여 언어화된 예술을 창조한다. 따라서 이 연구는 희곡을 읽기 위한 텍스트로만 바라보는 관점에서 벗어나 희곡 텍스트임과 동시에 비언어적 기호나 무대에서 재현되는 연극 기호를 분석하고 이를 토대로 다른 문학 텍스트와 상호텍스트성을 파악하려는 시도이며 텍스트에 관한 교사의 분석력과 학습자의 적극적이고 창의적인 사고력을 필요로 한다. 상호텍스트성이란 용어의 의미로 생각하면 텍스트는 내적으로 서로 관련되어 이루어진 것을 지칭하는 추상적인 개념으로 '텍스트들 사이의 관련성'이라고 간단히 말할 수 있다.21) 기호를 사용한 표현과 이해는 이미 개념화된 기호를 사용함으로써 서로 영향 관계에 놓이고 기호는 개념을 드러내기 위해 반복적으로 사용되며 이는 상호텍스트성을 형성하게 된다.

다음으로 박진용의 읽기 교수·학습은 의미 구조 구성 전략을 학습자에게 내면화하기 위해 일정한 전략을 가르치는데, 학습자가 그 전략을 적용하는 대상을 바로 텍스트로 보았다. 의미 구조를 가르치는 읽기 교육에서는 텍스트를 조정하여 다양한 학습 경험을 이끌어 낼 수 있다고 보고 텍스트 유형의 계열성을 확보하는 차원에서 텍스트 유형을 ① 미시 구조 텍스트에서 거시 구조 텍스트로 확장 ② 명시적 구조의 텍스트에서 암시적 구조의 텍스트로 확장 ③ 친숙한 텍스트에서 덜 친숙한 텍스트로 확장 ④ 단순한 텍스트에서 복잡한 텍스트로 확장 등으로 방식이 가능하다고 하였다.22)

하지만 이러한 계열적 텍스트 배열을 교수·학습의 과정으로 적용

21) 김도남, 앞의 논문, pp.42-44.
22) 박진용, 앞의 논문, p.120.

하기에 텍스트의 유형 분류의 기준이 명확하지 않고 학습자가 텍스트를 선정하는데 있어서도 그 수준에 따라 어려움이 클 수 있기 때문에 텍스트 선별에 제한이 따를 수 있다. 따라서 이 연구에서는 여러 상호텍스트성 교수·학습 이론을 참고로 하되 학습자가 텍스트를 읽고 분석하는 과정을 통해 다양한 문학 학습 요소를 이해하는 교수·학습 계획에 중점을 두고 있다. 상호텍스트성 문학 교수·학습을 구성하려면 먼저 주요 텍스트를 면밀히 분석해야 가능하므로 다음 장에서 텍스트 분석을 한 후 문학 학습 요소 및 수업 계획·절차안을 제시하였다.

3 상호텍스트성 문학 교수·학습의 구성

3.1. 설화 〈아기장수 우투리〉 텍스트 분석

아기장수 설화는 다른 많은 영웅 이야기와는 달리 뜻을 이루지 못하고 실패하는 비극적 영웅을 그리고 있다. 주인공은 비범한 능력을 가지고 태어나지만, 평민이기 때문에 그 비범함이 장애가 되어 가족들로부터 배척당하고 권력자에게 쫓기다가 끝내 죽음을 당한다. 이 이야기는 가난과 억압 속에서 살아가는 민중들의 꿈과 좌절을 대변하는 이야기다. 아기장수의 탄생은 세상을 구할 영웅의 등장을 간절히 바라는 백성들의 꿈에서 비롯되지만 그의 실패 앞에는 권력자의 탄압이 있고 언제나 억압받는 현실 속의 좌절감이 드러난다. 요컨대, 이 이야기에는 민중들의 현실 의식과 역사의식이 고스란히 담겨 있다.

아기장수라는 명칭을 보면 역설적인 해석이 숨겨져 있다. 아기는 힘

없고 보호가 필요한 존재이지만 장수는 그와 반대로 세상을 구원할 수 있는 뛰어난 능력의 소유자라는 의미적 표상체이다. '장수'라는 말은 역사상의 많은 영웅들처럼 뛰어난 능력을 지녔다는 의미이고, '아기'는 무력한 존재로서 부모의 손에 죽을 수밖에 없는 당위성을 제공하여 비극적인 죽음을 초래하는 원인이 되고 있는 것이다. 여기서는 상반된 혹은 어울리지 않는 명칭의 결합으로서 비극적 결말의 구조를 예견하고 있으며 과거부터 전승되는 지배층과 피지배층의 대립 구조가 전설의 시대에서 현대로의 변용으로 가능하도록 보편적 주제 의식을 담고 있는 것이다.

설화가 구비 전승이 가능한 이유는 이야기에 구조가 명확하기 때문이다. <아기장수 우투리>는 이야기의 견고한 구조를 가지고 곳곳에 전해 오는 광포전설의 하나인데, 다른 많은 영웅 이야기와는 달리 실패하는 비극적 영웅을 그리고 있다. 이러한 이야기의 구조를 <동명왕신화>나 <홍길동전>과 비교함으로써 일반적 영웅 설화와 이 이야기가 가지는 구조상의 차이점을 학습[23]하는 것도 상호텍스트성에 관련된 문학교육이라고 본다.

아기장수 설화의 구조는 학습자가 다른 영웅 이야기의 서사 구조를 익히는데 참고가 될 만큼 보편적인 구조를 따르고 있다.

▶ 설화 <아기장수 우투리> 서사 구조

① 옛날 지리산 기슭에 한 농사꾼 내외가 살았다.
② 어렵게 아기를 낳았는데, 탯줄이 잘 끊어지지 않아 억새풀로 잘랐다.
③ 아기는 겨드랑이에 날개가 있고, 태어나자마자 방안을 날아다녔다.

[23) 신수자, 「국어과 설화의 교수・학습 방법 연구」 국어교과교육연구, 국어교과교육학회, 2006, p.104.

④ 우투리가 영웅이라는 소문을 듣고, 군사들이 해치러 온다.
⑤ 콩 한 말을 볶아 만든 갑옷을 입고 싸웠지만 한 알이 부족해 죽는다.
　 - 어머니의 실수, 피지배자가 영웅의 개혁의지를 도와주지 못한 경우
⑥ 아기장수는 죽을 때 좁쌀, 콩, 팥 각 석 되를 같이 묻어달라고 한다.
⑦ 얼마 후 임금과 관군이 아기장수를 죽이러 찾아와 부모를 협박한다.
⑧ 부모는 아기장수가 묻힌 곳을 말한다.
⑨ 아기장수는 곡식으로 군사를 만들어 훈련을 시키고 있었다.
⑩ 아기장수는 관군에서 들켜서 다시 죽음을 당한다.
⑪ 용마가 나와 아기장수를 찾다 냇물 속으로 들어갔다.
⑫ 민중들은 지금도 아기장수를 기다린다.

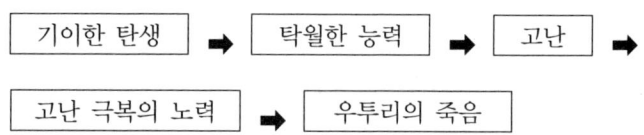

기이한 탄생 ➡ 탁월한 능력 ➡ 고난 ➡

고난 극복의 노력 ➡ 우투리의 죽음

　주인공이 비극성을 가질 경우 숭고한 의지가 있으며 그 주인공이 비극적 결말을 맞을 때도 거대한 대상으로부터의 대립이 원인이 된다. 아기장수 설화 역시 갈등관계 속에서 비극적 요소를 찾을 수 있다. 아기장수는 1차적으로 '부모'와 대립한다. '부모'는 아기장수를 낳아준 존재로 효의 대상이고 함부로 거역할 수 없는 존재이다. 따라서 아기장수는 뛰어난 능력을 발휘해 부모의 가해에서 벗어날 수 있음에도 불구하고, 자식된 도리로 부모의 신변을 지켜주고 스스로 희생된 것이다. 아기장수는 2차적으로 '임금 및 관군'과 대립하여 패배한다. 학습자는 이 설화의 서사 구조에서 지배층과 피지배층의 대립 구조를 자연스럽게 익히며 인간이 겪는 사회 구조의 모순과 윤리 의식을 공유할 수 있다.
　설화에는 민중의 사상과 감정 및 가치관이 투영되어 있다. 설화는

전승 집단 공동의 사고방식과 경험을 바탕으로 하고 있어 주제가 보편적이며 끊임없이 전승되는 힘을 가진다. <아기장수 우투리>는 다른 전설보다 첨예한 사회적 주제의식을 드러내고 있어 주목되는데 이 같은 변별성을 논하는 것은 아기장수 설화의 의미 구조를 밝히는 데 요긴하리라 본다.24)

아기장수의 신이한 능력 때문에 신화적 성격에 대한 교수·학습의 논의 역시 무리는 아니다. 다만 기이한 출생을 한 주인공이 비범한 능력을 가지고 비현실적인 상황에서 고난을 겪는다는 점, 지리산 부근이라는 특정 지명이 있고 용마가 빠져 죽은 용소가 전해져 오는 점에서 전설적 요소가 강하며 이 전설이 주는 현대적 의미로 사회성과 민중의식의 부여라는 측면이 더 지속적 의미로 반영된다고 본다.

3.2. 최인훈 희곡 〈옛날 옛적에 훠어이 훠이〉 텍스트 분석

(1) 텍스트 구조의 변이

최근 문학교육에서는 기존의 문학 이론들이 문학을 '작품'으로 한정해서 규정하였던 것과는 달리, 문학을 매개로 이루어지는 생산자와 수용자 간의 대화 혹은 소통 양상이라는 의식이 확산되면서 '문학 현상'에 주목하고 이를 문학교육의 대상으로 삼고 있다.25)

희곡은 텍스트 내에서 등장 인물간의 의사소통이 가장 원활한 문학의 갈래이면서 텍스트와 수용자 간의 대화적 소통도 다른 서사 문학에 비하여 자연스러울 수 있다. 또한 희곡이 담고 있는 극적 장면을 통해서 텍스트를 읽는 학습자의 상상력은 극대화 된다.

....
24) 김회연, 앞의 논문, 2001, p.5.
25) 구인환 외, 「문학교육론」, 삼지원, 1998, p.52.

상호텍스트성을 통한 문학교육은 대화적 상상력이 활발하게 작용하는 것을 학습자에게 인식시켜 줌으로써 모든 텍스트가 새로운 의미의 세계로 해석되게 하고 텍스트가 갖는 유동적이며 비결정적인 성격을 통해 그 의미가 다양하게 생성될 수 있음을 익히게 한다.

<아기장수 우투리>는 견고한 구조를 가지고, 설화적 특성상 전승 변이가 다양하여 여러 가지 교육적 자질을 가진다. 그 중에서 현행 중학교 교육 과정에서는 <아기장수 우투리>의 이야기 구조를 파악하는 것을 학습목표로 삼고 있다. 학습자는 이미 교과서에서 <아기장수 우투리> 설화의 서사적 구조를 인지하고 있기 때문에 낯설지 않은 서사 구조이지만 현대적인 수용과 생산이 이루어진 새로운 텍스트 환경인 희곡 <옛날 옛적에 훠어이 훠이>를 접하며 함축적인 언어 작용을 경험하고 가변적이고 역동적인 의미 해석을 하게 된다.

▶ 희곡 <옛날 옛적에 훠어이 훠이> 서사 구조

① 가난한 부부가 출산을 기다림
② 아기의 출생
③ 용마가 아기장수를 따라 나타나기 때문에 관가에서 수색 시작
④ 아기가 장수임을 발견
⑤ 아버지가 자루로 눌러 죽임
⑥ 아내의 자살, 남편도 목매 죽으려 함
⑦ 아기장수의 부활, 부모와 승천(용서와 화해의 세계)

<옛날 옛적에 훠어이 훠이>는 1976년 『세계의 문학』창간호에 실린 최인훈의 희곡이다.

희곡 <옛날 옛적에 훠어이 훠이>는 총 네 마당으로 이루어져 있다. 첫째 마당에서는 가난한 부부의 삶, 흉년과 배고픔을 참지 못해 관가

를 습격하다 효수되는 소금장수의 상황 등 민중의 삶을 제시하는데, 짧고 더듬거리는 대사와 지나치게 느린 행동이 두드러지게 강조되어 있다. 둘째 마당에서는 아기가 태어나고 용마가 장수를 따라 나타나고 관가의 수색이 시작되는데 원전에서의 아기의 비범성과 신통력이 희곡에서는 결말에 가서야 드러난다.

개 어   참, 별, 일도-다, 보지. 세상이, 흉하면 -별, 일이-다, 나는가 보지, 동생은, -그, 용마, 우는, 소릴, 들었나? (* 개어 : 개똥어미)

아 내   (고개를 흔든다)

개 어   나도, 못 들었는데, 그-저, 재 너머, 쇠돌, 어멈은, -두 번씩이나 들었다는군

　　　　[중략] -그런데, 말이야 -장수가, 태어나면 -용마도, 따라서-태어난다는군.

<옛날 옛적에 훠어이 훠이> (pp.93-94)

이 부분에서 가장 두드러지는 요소는 용마 이야기의 전진적 배치를 통한 갈등 상황의 창출과 아기장수의 기능을 의도적으로 약화시킨 구조에 있다. 앞에서 분석한 <아기장수 우투리>에서는 용마가 결말 부분에 가서야 출현하고 아기장수가 현실을 이겨내려는 적극적인 의지가 행동으로 나타난다. 하지만 희곡에서는 아기장수의 비극적 죽음보다 아기장수를 낳음으로써 오히려 고통을 겪는 민중의 심리에 더욱 중점을 두고 있음[26]을 강조한다.

장수 출현의 징후는 지배층과 민중의 갈등을 심화시키고 극적 긴장을 형성한다. 용마가 울면 장수가 따라 태어날 것이고, 그 장수에 의해

---

26) 홍진석, 「최인훈 희곡 연구」, 우석대 대학원 박사학위논문, 1996, pp.64-65.

무능한 지배 계급이 척결되고야 말 것이라는 점이다.

셋째 마당은 위기와 절정의 부분으로 부모가 자신의 아기를 아기장수로 판단하고 아버지가 자루로 눌러 죽이는 장면이다. 음향효과, 인형, 확성기 소리 등을 활용하여 민중의 아픔을 효과적으로 형상화하고 있다.

넷째 마당은 아내가 자살하고, 아비도 죽으려 하나, 재생한 아기장수가 용마를 타고 나타나 어머니를 살리고 셋이 승천하는 대단원의 구성 단계이다.

최인훈은 '작가의 말'에서 이 전설의 상징구조가 예수의 생애-절대자의 來世·亂世에서의 짧은 생활·순교·승천의 그것과 같으며, 구약성서 출애굽기의 過越節의 유래와도 동형[27]이라 말한 바 있다. 이처럼 우리 고유의 설화를 성서에 기록된 사건에 비기는 것은 원초적인 신화성의 모티브 확장이고 작가의 말에서 원화가 아기장수를 눌러 죽이는 데까지로 명기되었다면 그 이후의 줄거리는 작가가 창의적으로 만들어 낸 것이라 볼 수 있으며[28] 아기장수의 가족이 승천함으로써 아기장수 가족의 비극성은 완화되어 가족의 아픔을 화해의 메시지로 이끌고 있다.

설화는 민중에 의해 향유되는 민중의 문학으로 민중의 보편적인 의식이 반영된 문학이다. 설화가 변이를 수반하는 유동의 문학이라는 점에서 설화에 표출되어 있는 민중의 생각은 다른 무엇보다 객관성과 보편성을 지닌다고 할 수 있다.[29] 이러한 설화 소재를 활용한 희곡<옛날 옛적에 훠어이 훠이>는 기존의 서사 구조가 변형되고 재창조된 부분을 통해 새로운 주제의식을 쉽게 전달할 수 있는 효과를 충족시켰다.

....

27) 최인훈, 「옛날 옛적에 훠어이 훠이-최인훈 문학전집.10, 문학과지성사, 2000, p.78.
28) 김회연, 앞의 논문, p.50.
29) 임철호, 「설화와 민중」, 전주대학교출판부, 1996, p.8.

(2) 한국 문학의 전통적 미의식 반영

<옛날 옛적에 훠어이 훠이>는 '인류의 보편적 비극'으로 읽혀지기 바란다는 작가의 의도처럼 서양의 예수가 보여주는 짧은 삶과 죽음, 승천과 같은 '입사제의'의 과정과 비교되고 동양적 사고로는 이해하기 힘든 아버지의 자식 살해, 즉 '근친살해'라는 충격적인 모티브를 차용하고 있다. 비극성을 바탕으로 한 '비장미(悲壯美)'는 서양문학에서 비극적 원형을 더 많이 찾을 수 있지만 민족적 범위에서 벗어나서 볼 때 두려움과 죽음 앞에서 맞서려는 인물의 도전적 행위의 좌절은 비장하며 또한 숭고한 미의식도 담고 있다고 본다.

인간의 삶 속엔 항상 불안, 공포, 무기력, 초조함 등이 배어 있으며, 이를 극복하기 위해서 인간은 자의식을 바탕 삼아 부단히 주위 세계를 정복하려는 꿈을 꾼다. 현대 문명은 인간에게 편안한 삶을 제공하기보다는 고통의 원천이 되어버렸다[30]고 최인훈은 그의 저서에서 말하듯 인간의 근원적인 갈등과 슬픔을 전통적 소재의 인물을 통해 표현하였다.

아기장수의 부모는 농업에 종사하는 인물로 현실적으로 억압받고 착취당하고 있어서 현실과 이상 사이의 모순을 인식하고 좌절하는 인물이라면 아기장수는 민중의 소망을 담고 있는 존재이다. 민중은 현실의 고통이 개선되기를 바라고 세계를 개혁할 장수의 출현을 기대하고 있지만 막상 아기장수가 출현하자 그것을 받아들일 준비가 되어 있지 않고, 오히려 기존의 체제에 순응하기 때문에 세상의 구원자를 상징하는 아기장수를 부모의 손으로 죽게 만든다. 아기장수는 불행한 삶을 받아들이고 인정하는 비장미를 갖추면서 그 내면에는 민중의 의식이 삶의 절망과 함께 잘 나타나고 있다. 현실적 존재인 민중의 입장에서

30) 최인훈, 「유토피아의 꿈-최인훈 전집.11」, 문학과지성사, 1979, p.242.

아기장수라는 초월적 존재는 재앙을 가중시킬 뿐이다. 아기장수는 민
중의 고통을 해결하러 온 존재라 할지라도 결국 민중의 수동적이고 현
실에 안주하는 자세 때문에 거부되고 만다.

사람들	훠이 다시는 오지 말아, 훠어이 훠이(밭에서 새쫓는 시늉을 하며) 하늘에서 젖 안 먹고 크는 애기……
사람들	훠이 다시는 오지 말아, 훠어이 훠이 사람들, 어느덧 손짓 발짓 장단맞춰 춤을 추며, 어깻짓 고갯짓, 곁들어, 굿 춤추듯, 농악 맞춰 추듯, 춤을 추며 <옛날 옛적에 훠어이 훠이> (pp120-121)

아기장수의 측근 인물의 성격에 부여된 수동성은 비극적인 세계를
의도적으로 전개하기 위함이다. 만약 희곡 속의 인물이 개혁적이고 진
보적이었다면 희곡의 서사적 구조는 설화와 매우 큰 차별성을 갖게 될
것이다. 그러나 민중은 내면적으로는 현실의 부조리성을 깨고 새로운
세상을 창조하려는 마음이 있지만 현실적으로 어려운 상황에서 좌절
하고 아기장수 역시 현실에서 생존할 수 없는 좌절을 통해 비장미를
전달한다. 결말에서 '사람들'은 승천하는 아기장수 가족을 보면서 다시
는 이 세상에 오지 말라고 당부하며 그들을 보내줌으로써 화해의 구도
를 보여주기도 한다. 그러나, 전반적으로 민중과 지배층과의 갈등을 중
심으로 전개하고 현실과 이상의 거리를 극복하지 못한 민중의 모습을
부각시키고 있다.
한편 <옛날 옛적에 훠어이 훠이>의 '개똥 어미'는 희극적인 인물로
골계미를 담은 대사를 표현한다.

개 어	그, 놈, 흰하게, 장수처럼-안, 생겼소
	<옛날 옛적에 훠어이 훠이> (p95)
개 어	아니- 그런, 밭이, 아니라-아니구, 요놈의, 요년의 주둥아리야
	(입을 때린다) -
	아니, 아니 그런 말이-아니라-아니구 요놈의, 요년의-주둥아리야
	(입을 때린다)
	<옛날 옛적에 훠어이 훠이> (p96)
개 어	짐승, 수탉인지, 사람, 수탉인지, 어느 수탉이냐, 말일세
	<옛날 옛적에 훠어이 훠이> (p102)

개똥어미는 비속어를 쓰고 돌발적인 행동으로 독자나 관객에게 웃음을 유발하고 있다. 아기장수의 출현을 두려워하는 부부에게 태어난 아기가 '장수'처럼 생기지 않았다는 표현은 '반어적 의미'를 담은 '복선'의 장치이다. 독자나 관객은 개똥어미의 발언을 통해 부부의 아기가 '장수'의 가능성이 있음을 웃음과 함께 짐작할 수 있다. 희극적 인물은 독자의 예상이나 기대를 배반하고 상황을 폭로하는 것으로 웃음을 유발하는데 기본적으로 낙천적이고 긍정적인 가치관이 있다. <옛날 옛적에 훠어이 훠이>에서는 모순된 상황이 분노의 표출을 극대화시켜만 가는 것이 아니라 관대한 상황 해석으로 골계미 또한 보여주는 것이다.

(3) 시적 언어의 상징성

<옛날 옛적에 훠어이 훠이>에서 '남편'은 자연스럽게 발화할 수 없는 말더듬이이다. 만약 무대에서 공연이 된다면 관객들은 답답한 느낌을 받을 것이고 이는 내면을 솔직하게 표현하지 못하는 민중의 소극적인 삶을 반영하고 있다. 또한 발화 상황만이 아니라 느린 행동으로도 보여준다.

남편이 말을 더듬는다는 것은 말을 못하는 상황의 반영일 수도 있고, 역설적인 의미로 해석하면 할 말이 너무 많아서 말을 못하는 상징적 상황으로 해석될 수도 있다. 이 희곡이 창작된 시기는 4월 혁명 이후 군부세력이 집권하고 1970년대 고도의 산업화 속에서도 국민들의 자유로운 의사소통에 한계가 있던 시기라고 할 수 있다. 이처럼 침울한 면도 있는 시대적 현실을 '말더듬이' 행위로 표면화시킴으로 표출하고 싶은 내면적 욕망을 간절하게 보여주는 것이다. 여기서 학습자는 이러한 희곡 텍스트 속 인물의 행동과 사고방식을 통하여 사회·문화적 관계를 파악할 수 있다.

희곡은 다른 문학 장르에 비해 인물의 행동이 상징성을 담기 때문에 학습자는 상상력을 발휘하여 사회적 의미를 찾는 문학과의 의사소통 과정을 경험하게 된다.

아 내 해마다-있는-일인데
남 편 그, 그런데, 그, 그 중, 하, 한 도적을 자, 잡아서, 모, 모, 목을 잘라, 과, 과, 관가 앞에 거, 걸어놓은 걸 봤어
아 내 쯧쯧, -구, 굶어죽거나-카, 카, 칼 맞아-주, 죽거나-
남 편 사, 살자고 나, 나, 나라를 거, 거스린 것인데 주, 죽어서야 보, 보, 보람 있나
　　　　　　　　　　　　　　　　　<옛날 옛적에 훠어이 훠이> (p84)

애 기 엄마, 엄마!(확성기를 통한 목소리)
남 편 (방으로 들어가 꽃묶음을 아내 가슴에 얹는다) 여, 여, 여보, 다, 다, 당신, 애, 애, 애, 애기가, 가, 가, 가, 가져왔소, 다, 다, 다, 당신, 애, 애, 애, 애기가, 사, 사, 사, 사, 살아왔소. [중략]

남 편 (아내를 말에 태우면서) 자, 자, 자, 자, 가, 가거라, 어, 어, 어, 어-
      어, 어, 어서가거라, 사, 사, 사, 사, 사람들이 오, 오, 오, 오, 올라.
      네, 네, 네, 네가 주, 주, 주, 주, 죽었다고 해, 해, 해, 해, 했으니 마,
      마, 마, 마, 마을 사람들이, 오, 오, 오,-오, 오, 오,-오, 오, 올게다.
      <옛날 옛적에 훠어이 훠이> (p119)

이 부분은 남편이 아내에게 도적이 처형되었음을 알려주는 장면과
죽은 아기장수가 살아나 부모를 찾아오자 놀란 남편의 대사, 아기가
잡힐 것을 걱정하며 달아나라는 남편의 대사를 옮긴 것이다. 극의 구
성단계가 발전할수록 인물의 갈등이 심화되고 긴장 상태를 어눌한 발
화 상황으로 표출함으로써 텍스트를 읽는 학습자는 극적 긴장감을 느
낄 수 있다.

또한 희곡에서는 극적 언어가 상징성을 보여주고 함축적인 의미를
내포한다는 점에서 <옛날 옛적에 훠어이 훠이>에서는 시적인 언어이
면서 지문의 시각적, 청각적 효과가 뛰어나다.

희곡은 독자가 읽기 위해서 존재하기도 하지만 희곡의 최종 목적인
무대 상연을 전제로 하는 것이 일반적이다. 극의 대화는 일상의 회화
처럼 자연스러워야 하면서도 동시에 낯설어야 되는 모순을 지닌다. 즉,
현실의 모방이라는 점에서는 일상 생활의 구어체 언어를 사용해야 하
지만, 인생의 은유적 의미를 동시에 드러낼 수 있으려면 함축적이고도
상징적인 언어를 사용해야만 하고 이를 위해서는 인위적인 기교가 가
미되어야만 하는 것이다.[31]

다음에 제시될 장면은 <옛날 옛적에 훠어이 훠이>에서 아기장수가
자신의 아기임을 알게 된 남편과 아내가 세상에 대한 두려움 앞에서

----

31) 양승국, 「희곡의 이해」, 태학사, 1996, p.112.

작은 동작을 반복하는 장면이다. 말을 더듬는 행위에서 말이 없는 상황으로의 변화는 더욱 긴장감을 고조시킨다. 아울러 조용한 상황에서 포졸들의 소리만 들린다. 등장인물의 '새끼 꼬는 행동'과 '바느질'이라는 반복적인 행위가 침묵 상황 속에서 강조되고 있는 것이다.

아 내 (일어서서 부엌으로 들어간다)
      남편 뒷모습을 쫓는다
      아내, 나온다
      남편, 아내가 다시 문지방 밑에 자리를 잡을 때까지 눈으로 쫓다
      가, 아내가 다시 나물을 뒤적이기 시작하자, 눈길을 거두면서 얼핏
      사립문 쪽을 본다. 한참 그대로 있다가 다시 아내의 손 움직임을
      따른다. 조금 엉덩이를 들면서 아내한테 무언가 말할 듯 하다가 그
      만둔다.
      남편, 일어나서 뒤꼍으로 간다
      짚을 가지고 나온다
      아내, 쳐다본다
      남편, 사립문 앞에 짚을 벌여놓고 새끼를 꼰다
      오랜 사이
      남편, 문득 손놀림을 멈춘다
      끌리듯, 아내 따라 멈춘다
                              <옛날 옛적에 훠어이 훠이> (pp109-110)

희곡에서 지시문에는 무대지시문과 동작지시문이 있다. 그러나 여기서는 지시문의 구별보다도 기존의 희곡과는 다른 형식의 파격을 보여주는 지시문이 눈에 띈다. 비유적인 동작이나 운율감 있게 배열한 지시문을 통해 시적 언어로 확장하는 가능성을 보여주고 있는 것이다. 지시문을 운문화 하고 있어 지시문으로서 역할만 하는 것이 아니라 지시문 자체도 작가의 의도가 숨겨있는 중요한 특질로 나타내고 있으며

지시문의 행 구별을 통해 시각적인 효과를 준다.

독자로 하여금 지시문 자체의 독립성을 느끼게 하고 간결하게 지시문을 파악함으로써 내적 의미를 찾아 볼 여유를 주는 것이다. 그 예가 <옛날 옛적에 훠어이 훠이>의 결말 부분으로 사람들이 아기장수 가족을 배웅하는 장면이다.

사람들   훠어이 훠이, 다시는 오지 말아, 훠어이 훠이
　　　　점점 신명이 난
　　　　　하늘과 땅이
　　　　　　서로 주고받는 사이에
　　　　　천천히
　　　　　- 막 -
　　　　　　　　　　　　　　<옛날 옛적에 훠어이 훠이> (p121)

이렇듯 사건을 객관적으로 서술하는 지시문의 역할을 확대시켜 새로운 의미체계로 창조했으며 극적 상황이 지시문을 통해 감각적으로 표현되고 있다.

저녁놀이 비치기 시작한다.
차츰 짙어가는 노을
시뻘건, 핏빛 같은 노을
보랏빛으로 바뀐다.
　　　　　　　　　　　　　　<옛날 옛적에 훠어이 훠이> (p112)

위에서 제시된 지시문에서는 조명이 아기장수의 죽음이 임박해짐을 알리는 무대 기호의 의미로 작용한다. 노을이란 하루가 끝나가는 시간

임과 동시에 아기장수 생명의 끝을 의미하는 상징적 기호로 나타난다. 또한, 희곡 텍스트에 나타난 등장인물의 '대사'와 '행동', 텍스트 내 '지시문'에서 보여주는 극적 언어의 상징성은 '노래'를 극중에 삽입시킴으로 더욱 확대될 수 있다. 이러한 음악적 요소로 극중 배경 음악인 '아내'가 아기를 달래기 위해 부르는 노래를 살펴보기로 한다.

> 우리애기 착한 애기 / 젖안먹고 크는애기 /
> 보채면서 자란애기 / 흉년들면 도적되지 /
> <옛날 옛적에 훠어이 훠이> (p117)

이 노래는 극 후반부에 자신의 아기가 비극적 운명을 지녀야 할 아기장수임을 알게 된 아내가 다시 부르게 된다. 문고리를 흔들면서 용마를 찾는 아기의 목소리가 들리면서 아내는 이 노래를 또 부르는데 여기서 극적인 비극성을 더욱 고조된다. 노래는 리듬이 있기 때문에 운율이 중요한 요소인 시문학과 연관성이 있다. 이러한 음악적 요소는 학습자가 희곡 텍스트에서 시적 언어의 경험을 하게 하고 이를 문학 학습 요소로 볼 수 있다.

3.3. 상호텍스트성 교수·학습 계획

지금까지의 문학 텍스트 교육은 텍스트를 학습자가 구성하는 개념으로 접근하기 보다는 이미 정해져 있는 텍스트의 구조를 확인하는 개념으로 주로 접근하였다.

<아기장수 우투리> 교수·학습 역시 설화의 본질적 설명이 강조되고 영웅 이야기 구조에만 집중된 수업 위주였다. 이 연구는 <아기장수

우투리>의 이야기 구조를 파악한 후 상호텍스트성에 입각한 문학교육
으로 확장하여 현대 희곡 최인훈 작 <옛날 옛적에 훠어이 훠이>를 텍
스트로 삼아 읽고 학습자가 서사 구조 학습과 동시에 문학적 학습 요
소를 다양하게 이해하여 문학의 경험적 가치를 확대하기 위한 목적으
로 구안되었다.

상호텍스트성(intertextuality)의 일반적 정의는 한 텍스트가 다른 텍
스트와 맺고 있는 상호관련성을 말한다. 상호텍스트성은 처음에는 텍
스트 구성을 중심으로 논의가 이루어졌으나 독자의 의미 이해의 과정
에 대한 논의로 점차 확대되고 있다.32) 하나의 텍스트는 독자적으로
생겨난 것이 아니라 이전에 존재했던 수많은 텍스트와의 상호연관성
을 통해 만들어 진다는 것이다.

즉 상호텍스트성이란 텍스트와 다른 텍스트 간의 관계, 텍스트와 텍
스트 외부의 사회 문화적 상황과의 관계를 통한 독자의 의미 구성이라
고 정리할 수 있다.

교사가 상호텍스트성을 활용한 문학 수업을 했을 때 두 가지의 수업
방식을 선택할 수 있다.

첫째로 중심 텍스트와 다중 텍스트(중심 텍스트와 연관된 다양한 텍
스트)로 적용하느냐의 방식, 둘째로 중심 텍스트와 중심 텍스트로 적
용하느냐의 방식의 선택에 관한 문제이다. 전자의 경우에 다양한 텍스
트가 선별되고 그것의 활용도를 높이는 것이 효율적인 수업방식일 수
있겠지만 중학생의 수준과 교육과정을 고려했을 때 문학교육을 위한
텍스트의 범위가 광범위해질 수 있는 우려가 있다. 따라서 이 연구에
서는 후자의 경우를 선택하여 문학 텍스트의 경험을 확대한다는 가치

---

32) 김도남, 「상호텍스트성과 텍스트 이해 교육」, 박이정, 2005, p.97.

형성에 중점을 두고 희곡 문학 텍스트를 면밀히 해석하고 희곡이 부여하는 다양한 문학적 요소를 찾음으로써 문학교육의 범위를 넓히고자 한다. 교사는 중학교 2학년 교육과정에 충실하되 문학 텍스트 영역을 폭넓게 제공하고 이에 관한 학습 요소를 제공하는 것에 의미에 더욱 초점을 두는 것이다.

학습자가 설화만 배울 때보다 어떤 학습 효과를 기대할 수 있을지 염두에 둔다면 희곡이 문학 텍스트로서의 역할을 하면서 학습자는 설화와 희곡의 장르적 특성을 구체적으로 구별하게 되고 학습자 스스로 창의적 경험으로 희곡과 연극을 감상한다면 매체 국어 교육으로 발전을 기대할 수 있다. 희곡은 무대 공연을 전제로 한 문학 텍스트이기 때문이다.

중학교 2학년 2학기 국어 교사용 지도안에서는 이야기의 줄거리 파악하기, 이야기의 구조 파악하기, 일반적인 영웅이야기와 <아기장수 우투리>의 구조상의 차이점 알기 등 서사적인 '이야기'에 한정하여 수업하도록 제시하고 있다. 또한 이야기 장면 모두가 개별성이 있으므로 이야기의 구조를 정형화된 것으로 규정하지 않는 것이 바람직하다고 본다.[33] 이렇듯 구조의 구별을 지양하라는 제안이 있지만 희곡은 구성 양식(발단 - 전개 - 절정 - 하강 - 대단원)이 명확하다. 따라서 희곡 텍스트를 통하여 학습자가 깊이 있는 서사 구조 파악을 하기 위한 분석력을 높이는 데는 도움이 될 것이다.

아래의 표는 설화 <아기장수 우투리>와 희곡 <옛날 옛적에 훠어이 훠이> 두 텍스트를 상호텍스트성 교수·학습으로 진행하는 단계를 세 단계로 나누어 정리한 것이다.

---

33) 교육인적자원부, 「중학교 2-2국어」교사용 지도서, 2008, pp.102-105.

<표 2> 【'아기장수 우투리'와 '옛날 옛적에 훠어이 훠이'의
상호텍스트성 교수·학습 단계 】

1 단계	상호텍스트성 학습 전 활동	· 설화 텍스트 읽기 · 설화 텍스트 서사 구조 분석 · 희곡 텍스트 읽기 · 희곡 텍스트 서사 구조 분석 · 희곡의 장르적 특성 이해하기
2 단계	상호텍스트성 학습활동	· 학습목표 인식 · 설화 텍스트와 희곡 텍스트의 서사 구조 비교 분석 · 각 텍스트의 차이점과 특징 찾기 · 조별 협동 학습 및 학습 내용 구성 및 정리 · 발표 및 동료 학습자와 교사의 피드백
3 단계	상호텍스트성 학습 후 활동	· <아기장수 우투리> 관련 다른 텍스트 조사 · 수업 후 달라진 텍스트 인식 내용 정리 및 자기평가 · 창조적 텍스트 생성

　1단계의 ≪상호텍스트성 학습 전 활동≫에서는 두 개의 텍스트에서 학습자 스스로 인상 깊은 장면을 정리할 수 있도록 한다. 이는 교육과정에 제시된 이야기의 구조 학습에 일부분을 의미하는데 설화에 관한 교수·학습이 일차적으로 이루어져야 한다. 희곡 텍스트에서는 설화 텍스트의 모티브를 수용하고 있기 때문에 교과서에 제시된 설화 텍스트에 관한 충분한 학습이 전제가 되어야 할 것이다. 다만 희곡과 상호텍스트성 학습을 하기 위하여 희곡이라는 장르가 주는 특성을 이해하는 학습이 첨가되어야 한다. 희곡 텍스트에 관한 학습자의 거부감을 최소화하기 위해서는 학습자가 텍스트 외면에 나타나는 희곡의 요소를 분별할 수 있도록 희곡 장르만이 가지는 특성 즉, 희곡 구성단계의

214 국어교육의 전략과 탐색

특징, 형식적 구성 요소인 대사와 지시문의 구별, 희곡에서의 등장 인물 유형에 관한 이론적 지식을 확인해야 하며, 보다 심화된 학습으로 나아갈 때 학습자는 인물의 행동과 심리, 갈등 양상, 복선, 소재나 장면의 상징성을 텍스트를 통하여 최대한 이해하려는 노력을 할 수 있게 된다. 이는 중학교 2학년 2학기 교과서의 3단원 '문학의 표현' 중에서 소단원 <들판에서>라는 이강백의 희곡을 배우기 전의 선수학습 요소로 적용될 수 있다.

교과서가 상호텍스트성을 고려하여 구성되어 있지 않더라도 교사는 중심 텍스트와 관련된 다양한 자료를 찾고, 수업을 계획하는 노력을 기울일 수 있다. 따라서 교사가 2단계 상호텍스트성 학습을 진행하기 전에 관련 텍스트가 학습자의 학습 수준에 맞는가의 검토가 필수적이다. 이를 위해서는 학습자와의 의견을 조율하고 관련 텍스트가 학습자의 수준에 어려울 때는 교사가 학습자의 텍스트 분석이 이루어지기 전에 텍스트의 서사적 특성에 관하여 지도를 하여 학습자의 조력자 역할을 성실히 하여야 한다.

2단계의 《상호텍스트성 학습활동》은 학습자가 협동학습을 통하여 설화와 희곡을 함께 분석하며 문학의 학습 영역을 확장하는 단계이다. 이 단계에서는 먼저 교사가 상호텍스트성과 관련된 학습목표를 선정하고, 학습자의 수준을 고려한 협력 집단을 형성한 후에 상호텍스트성 수업을 진행하여 학습자가 수업 활동 학습지를 작성할 수 있도록 지도한다. 이 단계에서는 교사가 융통성을 발휘하여 수업을 진행해야 한다. 설화 텍스트와 희곡 텍스트 모두 중심 텍스트로 보고 수업에 적용해야 하므로 현실적으로 학습자 협력 집단별 토의와 발표는 1차시 분량으로 진행하기에는 어려운 경우가 많기 때문이다. 교사는 학습자 협력 집단의 특성에 따라서 토의와 발표의 수업 차시 배분을 결정해야 한다.

　아래는 교사가 수업 장면에서 보조 설명 자료로 활용할 수 있는 설화 <아기장수 우투리>와 희곡 <옛날 옛적에 훠어이 훠이>의 비교 분석 내용이다.

<표 3> 【'아기장수 우투리'와 '옛날 옛적에 훠어이 훠이' 분석】

	아기장수 설화	옛날 옛적에 훠어이 훠이
외양	겨드랑이에 날개가 있어 날아다님	날개, 비늘이 있고, 걷고 말 함
시련과 죽음	어머니 실수, 임금과 관군의 위협	아버지는 직접적 가해자
아기장수 의 재생	곡식과 함께 무덤에 묻혔다가 재생을 도모함	결말에서 부모와 함께 승천 함
가해자의 태도	부모는 시련을 겪고, 임금과 관군은 비정함	부모는 양심의 가책에 괴로워 함
용마 출현	아기장수 죽음 직후에 출현	아기 출생과 동시에 출현
아기장수 의 표현	표현 양식이 희곡에 비해 다양하며 부모의 역경 앞에서 눈물을 흘리며 인간적인 면모를 보임	단순한 문장의 언어만을 표현함
공통점	출생 신분 : 평민 부모의 태도 : 아기장수 때문에 가문에 화를 입을까봐 두려워함.	

　이와 같은 상호텍스트성 교수·학습을 통하여 <아기장수 우투리>와 비슷한 서사 구조의 희곡인 <옛날 옛적에 훠어이 훠이>를 학습자가 협동학습을 통해 함께 의견을 나누게 되는데 이러한 과정에서 다음과 같은 문학 학습 요소를 제시할 수 있다.

<표 4> 【'아기장수 우투리'와 '옛날 옛적에 훠어이 훠이'
문학 학습 요소 】

문학 학습 요소	'아기장수 우투리' 와 '옛날 옛적에 훠어이 훠이'
서사 구조	설화와 희곡의 서사 구조의 차이점 발견 및 해석
문학적 상징성	설화 속 상징적 요소 해석 → 희곡에서 심화된 상징성 이해
시적 언어의 경험	희곡 : 희곡 대사 속의 노래(운율), 연극의 마당극적 요소 찾기
전통적 미의식 이해	희극적 인물, 비극적 인물의 특성 탐구
문학의 사회적 의미	지배층과 피지배층의 사회구조적 대립 이해 부모와 자식의 사회구조적 관계 및 가족 구성체 관계 이해

두 텍스트 간의 서사 구조에 관한 분석을 통해 학습자는 분리되었던 두 텍스트의 구조를 총체적으로 파악하는데 도움이 될 수 있으며, 희곡 속 인물의 대사와 행동을 통해 비극적 요소와 희극적 요소를 문학의 미의식과 연관시킬 수 있다. 또한 희곡 텍스트 속에 나타나는 노래나 시적 요소를 찾아냄으로써 희곡과 연극, 나아가 마당극적 요소도 함께 이해할 수 있다.

문학이 작가와 독자와의 상호 의사소통 과정을 거치듯이 연극 또한 무대와 관객 사이에 상호 의사소통 과정이 있다. 문학이 작가의 의도나 사상을 문자를 통해 독자에게 전달한다면 연극은 무대 위에 공연되는 상황 즉 배우의 대사나 행동을 통해 관객에게 직접 전달된다. 연극이 문학과 다른 특별한 의사소통 과정을 경험할 수 있다면, 연극 기호학적 관점에서 보았을 때 이는 무대와 관객 사이의 기호체계를 바탕으로 성립되고, 무대 위의 모든 것은 기호인 것이다.[34] 설화에서도 학습자가 소재의 상징성을 이해하고 분석할 수 있지만 희곡에서는 더욱 확장된 상징적인 요소 즉 무대 위에 재현될 무대 기호의 장면이 부여하는 상징성이 있어 학습자가 이를 해석할 수 있도록 능력을 신장시키는 것이다.

또한 문학을 통해 사회와 문화적 상황을 관련지으며 인간의 삶을 통찰하는 주제 의식을 형성하는 등 학습자의 다양한 시각과 관점으로 문학을 해석하는 감상의 틀을 마련하게 된다.

희곡은 인간의 행동을 그리는 것으로 무대상연을 전제로 한다. 따라서 다른 문학 장르와 차별화 시켜서 교수·학습이 이루어진 것이 사실이다.

교육적 현실을 되돌아보면 교사가 희곡을 가르친다고 해서 완성된 연극으로 공연화 시켜야하는 데는 무리가 있고 문학 텍스트로 가르치기에는 다른 서사적 문학에 비하여 비중을 적게 두기도 한다.

하지만 공연이 되어야만 극문학의 결정체로 완성된다는 희곡의 고유 특성만을 강조한다면 희곡을 문학교육의 중요한 텍스트로 정체성을 구체화하는 데는 현실적 어려움이 있다. 따라서 이러한 상호텍스트성 문학 수업에 희곡을 활용하여 텍스트 상호작용의 교육적 효과를 찾는다면 학습자가 새로운 문학 감상 영역을 넓혀갈 수 있을 것으로 본다.

3단계의 《상호텍스트성 학습 후 활동》에서는 학습자 스스로 문학적 가치를 내면화하는 과정이라고 볼 수 있다. 텍스트는 어떠한 방식으로든 다른 텍스트들과 관계를 맺고 있다. 상호텍스트성을 통한 문학교육은 장르의 관점과 학습자의 입체적 독서 차원, 구조와 기법 차원,

---

34) 김만수, 「희곡 읽기의 방법론」, 태학사, 1994, p.96.

작중인물의 차원, 주제의 차원에서 효과적으로 교육하는 방안이 될 수 있다.[35]

학습자의 특성에 따라 상호텍스트성 문학 수업 이후 설화에 더 관심을 가지는 학습자는 또 다른 영웅 이야기를 텍스트로 탐색할 수 있고, 다른 학습자는 설화 관련 새로운 희곡에 관심을 가지고 텍스트를 탐색할 수 있다. 낯선 텍스트를 조사한다는 것은 학습자 스스로 문학에 관심과 흥미를 가지고 능동적으로 문학을 접근한다는 의미이다. 또한 학습자가 문학적 경험을 새로운 텍스트로 창조하는 것도 가치가 있다. 가령, 설화나 희곡 텍스트를 학습한 후에 감상문을 쓰는 단계에서 '아기장수의 마음을 표현한 글이나 편지' 혹은 '아기장수에게 내(학습자)가 하고 싶은 말 쓰기', '부모가 아기장수에게 하고 싶은 말 쓰기', '아기장수 설화 뒷 이야기 고쳐쓰기' 등을 학습자의 창의적인 텍스트로 구성한다면 문학교육에서 작문 교육의 효과도 기대할 수 있다. 한편 학습자가 희곡 <옛날 옛적에 휘어이 휘이>의 무대 공연을 감상할 수 있다면 매체 국어의 학습 영역으로 전환하는 가능성까지 부여할 수 있다. 즉 이 단계에서는 문학 텍스트를 이해하고 감상하며 얻은 결과를 자신의 삶과 관련하여 창조적으로 내면화하는 단계이다.

이 연구에서 제안한 상호텍스트성 교수·학습 계획은 7차 교육과정 및 개정 교육과정에서 제시한 문학교육을 통한 성취기준과 학습 요소를 참고하여 구안한 것이다.

문학 텍스트를 이해하고 감상한다는 것은 하나의 텍스트의 내용 파악을 통해 쉽게 이루어지는 것이 아니라 개인적 경험이나 사회 문화적인 맥락에서 텍스트간의 관련성을 이해하는 것이다. 학습자가 상호텍

35) 안성수, 「상호텍스트성과 문학교육」, 문학교육학 여름호, 문학교육연구회, 1998, pp.291-296.

스트성으로 텍스트를 분석하기 위해서는 기본적으로 적극적인 활동이 필요하다.

교수·학습 과정에서 명시화된 학습 목표를 달성한 후에 새로운 텍스트를 분석하려면 학습자는 수동적인 역할에서 벗어나 잠재된 문학적 발상을 스스로 이끌어 내야 하기 때문이다.

문학교육에서 논점이 되는 것은 학습 요소의 의도적인 연결이다. 교과서에 나오는 중심 텍스트만을 전달하는 방법보다 상호텍스트성을 활용하는 의도적인 교수·학습 방법을 현실적으로 적용하는 것이 학습자가 자신의 배경 지식을 적극적으로 발휘하여 다양한 텍스트와 상호작용을 하면서 문학적 안목을 넓힐 수 있는 효과적인 방안이라 본다.

4 정리

지금까지 상호텍스트성에 기반을 둔 문학교육의 방법으로 설화 <아기 장수 우투리>와 최인훈 희곡 <옛날 옛적에 훠어이 훠이>를 텍스트로 정해 이를 분석하고, 교수·학습 계획을 구안해 보았다. 국어 교사는 학교 현장에서 실제적으로 상호텍스트성을 활용하여 텍스트를 지도한다.

특히 문학 수업을 할 때 텍스트와 관련된 교사의 경험을 말해주고, 텍스트와 연관된 다른 텍스트를 알려주거나 매체 텍스트를 보여주기도 한다.

앞으로 국어 국정 교과서가 검인정 교과서가 되기 때문에 교과서에

수록된 텍스트를 교수·학습에 적용하는데 있어서 교사의 역량이 중요하고 텍스트 선택의 범위는 커질 것이다. 따라서 이러한 상호텍스트적 활동에 교사가 관심을 갖고 교수·학습 내용으로 실천한다면 텍스트에 대한 학습자의 인식을 넓혀주어 문학교육 활용도가 높아질 수 있다.

그동안의 설화 교육이 하나의 텍스트로 이야기의 구조적 흐름을 파악하는데 중점을 두었다면 이 연구에서의 상호텍스트성 교수·학습 과정은 설화에서 희곡으로 텍스트의 범위를 넓혀 문학 감상 영역을 확대하였다.

희곡 텍스트에 내재되어 있던 문학 학습 요소들은 학습자의 문학 비평 능력 및 상상력과 감수성을 길러 수준 높은 문학 소통 능력을 향상시킬 수 있다. 또한 학습자의 역동적인 활동을 전제로 토의를 할 때 학습자 간 상호 협력 태도가 신장될 수 있으며 말하기 능력을 향상시켜 통합교육에도 긍정적인 영향력을 주게 된다. 교사는 학습자가 제출하는 학습 관련 결과물을 문학 감상 향상을 위한 과정 평가의 자료로도 활용할 수 있다. 아울러 문학교육으로서의 상호텍스트성을 넘어 독서 능력을 신장하여 창의적인 사고력을 향상시키는 효과도 기대할 수 있다.

문학교육은 학습자의 문학적 능력을 신장시킴으로써 바람직한 문학 주체로 성장하기 위한 의도적 모색의 과정과 실천이다. 문학교육의 본질을 포괄적으로 말하면 학습자로 하여금, '형상화된 언어 경험'을 통하여 인간과 세계에 대한 의미를 지속적으로 발견·재해석하게 하고, 그러한 과정을 통해 '삶과 문화의 주체적인 존재'로 살아갈 수 있도록 하는 것이다.[36]

최근 교육 연구의 흐름은 구성주의 이론을 바탕으로 그 주류를 이루

---

36) 박인기, 「문학교육과정의 구조와 의미」, 서울대학교 출판부, 1996, p.7.

고 있다. 하지만 학습자의 자발적인 학습 의지 및 문제 해결을 중시하는 구성주의 이론 그 자체가 문학교육의 대안이 되기보다는 학습자의 수준을 고려하되 문학 텍스트가 갖는 고유한 특성을 학습자가 현실성 있게 수용할 수 있도록 교수·학습 전략을 다양하게 모색하려는 자세가 중요하다.

참고문헌

교육인적자원부(2008), 「중학교 2-2국어」교과서.

_____(2008), 「중학교 2-2국어」교사용 지도서.

구인환 외(1998), 「문학교육론」, 삼지원.

권로사(2009), 「상호텍스트성을 통한 고전소설 교수학습 방안 연구 – 만복사 저포기, 원생몽유록, 운영전과 임치균의 '검은바람'을 중심으로 –」, 한양대 교육대학원 석사학위논문.

김도남(2001), 「상호텍스트성에 기반한 읽기 지도를 위한 전제」, 한국어문교 육, 한국교원대 한국어문교육연구소.

_____(2002), 「상호텍스트성을 바탕으로 한 읽기지도 방법 연구」, 한국교원 대 대학원 박사학위논문.

_____(2005), 「상호텍스트성과 텍스트 이해 교육」, 박이정.

김동용(1988), 「아기장수 전설과 '옛날 옛적에 훠어이 훠이' 비교연구」, 기전 어문학, 수원대 국어국문학회.

김만수(1994), 「희곡 읽기의 방법론」, 태학사.

김서영(2002), 「창의성 신장을 위한 설화교육의 교수-학습모형 연구」, 이화 여대 교육대학원 석사 학위논문.

김판수 외(2000), 「구성주의와 교과교육」, 학지사.

김희연(2001), 「아기장수이야기에서 '옛날 옛적에 훠어이 훠이'로의 변용」, 충남대 대학원 석사학위 논문.

노지숙(2005), 「학습자 중심 설화 교육 연구」, 전북대 교육대학원 석사학위 논문.

류덕제(2001), 「구성주의 관점의 문학교육」, 한국초등교육 18호, 한국초등교 육학회.

박인기(1996), 「문학교육과정의 구조와 의미」, 서울대학교 출판부.

박진용(2006), 「텍스트 의미 구조의 읽기 교수·학습 연구」, 한국교원대 대 학원 박사학위 논문.

선주원(2002), 「상호텍스트성의 관점에 의한 소설교육」, 청람어문교육 제24 집, 청람어문교육학회.

신수자(2006), 「국어과 설화의 교수·학습 방법 연구」, 국어교과교육연구, 국 어교과교육학회.

심정섭(1977), 「전설의 문학적 구조」, 문학과 지성 27.
안성수(1998), 「상호텍스트성과 문학교육」, 문학교육학 여름호, 문학교육연
　　　　　구회.
양승국(1996), 「희곡의 이해」, 태학사.
우대권(2004), 「설화교육연구 '아기장수 우투리'를 중심으로」, 한국외국어대
　　　　　교육대학원 석사학위논문.
이성영(2001), 「구성주의적 읽기 교육의 방향」 한국초등국어교육 18, 한국초
　　　　　등국어교육학회.
이혜화(1986), 「아기장수 전설의 신고찰」, 한국학논집 13.
임철호(1996), 「설화와 민중」, 전주대학교출판부.
정종미(2007), 「고전소설과 현대소설의 상호텍스트성을 통한 교수학습 방안
　　　　　연구 : 김만중의 <구운몽>과 이광수의 <꿈>을 중심으로」, 충
　　　　　남대 교육대학원 석사학위논문.
최래옥(1979), 「아기장수 전설의 연구」, 한국민속학 11.
최인훈(1979), 「유토피아의 꿈-최인훈 전집.11」, 문학과지성사.
_____(2000), 「옛날 옛적에 훠어이 훠이-최인훈 문학전집.10, 문학과지성사.
홍진석(1996), 「최인훈 희곡 연구」, 우석대 대학원 박사학위논문.

현덕 소설 「남생이」의 사실구조 분석

 현덕의 생애

본명이 경윤(敬允)인 현덕(玄德)은 1912년 서울 삼청동 세균검사소 뒤 별장[1]에서 태어났다. 유년기에 집안 사정으로 이십 여 회 이사를 다녀야했고, 생활은 점점 더 어려워져 가족 모두다 각자도생으로 헤어져 현덕은 대부도에 있는 당숙의 집으로 가게 되고 "그곳에서 보내던 삼사 년간의 소년시절이 가장 꽃다운 때"[2] 라고 말하고 있다. 그 후 두문불출하며 도서관 등에서 책을 읽는 것으로 시간을 보냈다고 기술하고 있다. 1932년 그의 나이 21살 때 『동아일보』 신춘문예에 동화 「고무신」이 당선 되고, 그때부터 소설가 김유정과 안회남과 교유하여 1938년 『조선

----

1) 작가의 自敍小傳에서 출생에 대한 기억을 "푸른 잔디 위에서 저물어가는 하늘을 바라보며 오래오래 울던 것이 머리에 남았을 뿐"이라고 회상하며, 암울했던 출생과 유년기의 기억을 표현하고 있다.
2) 自敍小傳에서 "중산계급의 의식주에 근심이 없는 생활을 맛볼 수 있었다"라고 하며 가장 꽃다운 때라고 표현하고 있다.

일보』에 「남생이」가 당선되면서 본격적으로 등단, 활동을 시작했다.

그의 작품 활동은 1930년대 후반에 집중되어 있기 때문에 카프시기와 해방 후를 잇는 교량적 성격을 지닌다. 현덕의 소설은 민중의 고통과 시대의 어둠을 정직하게 응시한 결과물이다. 소작농과 이농민, 도시빈민과 무직자에 대한 일관된 관심은 그의 소설이 지닌 사회적 성격을 말해준다. 하지만 현덕은 카프작가들이 빠져들곤 했던 계급적 도식이나 주관적인 전망을 앞세우지 않고 시대의 모순을 한층 깊이 있게 드러내는 독특한 서술원리를 창안함으로써, 이전 시기의 문학을 계승 발전시켰을 뿐만 아니라 우리 근대소설의 자산을 다채롭게 하는 데 기여했다.3)

그에 대한 문헌적 기록을 살펴보면 현덕, 정인택, 이근영, 계용묵 등의 작품이 모두 우수하긴 하나 이 우수함은 기술적 우수성이며 따라서 그것은 부분적 차이이지 독자적 조건이 될 수 없다고 김남천은 보았다.4) 또한 현덕은 1938년 「남생이」로 등단하여 2년 남짓한 기간 동안 「경칩」「군맹」 등 소작농과 도시 빈민의 애환을 제대로 짜인 구조와 서정적인 문체로 잘 그려낸 작가5)라고 했으며, 원종찬의 현덕 문학의 재조명에서는 현덕의 소설에는 위의 작가들만큼 지식인의 자의식이 드러나 있지 않다. "이것은 그의 소설이 주로 농촌과 도시 변두리의 하층민 세계를 다루고 있는 데에서 비롯한다".라고 하고 있다.

그를 바르게 이해하기 위해서는 소설과 함께 동화도 연구해야 하지만 본고에서는 소설 중 「남생이」를 중심으로 작품의 구조를 분석하고 그 문학적 성과를 검토해 보기로 하겠다. 여기서 작품의 구조란 사실구조(factual structure), 주제(theme), 문학적 장치(literary device)의

---

3) 원종찬, 「현덕 연구」, 인하대학교 박사논문, 2005, p.157.
4) 김윤식, 「한국근대문예비평사연구」, 일지사, 2006, p.366.
5) 김재용·이상경·오성호·하정일, 「한국근대민족문학사」, 한길사, 2006, p.692.

세 가지를 말한다.

 작품 분석

작가는 사실(facts)과 주제를 문학적 장치를 빌어서 융합시킨다. 여기서 사실이란 로봇 스탠턴(Robert Stanton)이 쓴 말로 등장인물, 플롯(plot), 배경(setting)을 의미한다. 이것들은 허구적인 사건의 기록으로서 사실구조(factual structure)라고도 한다. 그리고 문학적 장치는 작가의 의미 있는 패턴(pattern)을 창조하기 위해 작품의 세부사항(details)을 선택, 배열하는 방법을 의미한다. 이런 장치들엔 제목, 시점, 문체와 어조, 상징, 아이러니(irony)등이 있다.

(1) 사실구조(factual structure)

① 플롯(polt)
　「남생이」는 다음과 같이 여섯 장면으로 구성되어 있다.

　　㉠ 노마는 아픈 아버지를 수발하느라 옆집 영이와 맘 놓고 놀지도
　　　 못한다.
　　㉡ 아버지는 농민이었으나 땅을 빼앗기고 항구의 인부가 되고, 무리
　　　 하다가 드러눕게 되었다.
　　㉢ 어머니는 선의 들병장수가 되고, 털보가 따르고 있다.
　　㉣ 어느 날, 저녁을 지어주곤 하던 영이 할머니가 부적과 남생이를

가지고 와 무병장수에 효력이 있다며 내놓고, 아버지는 그것을
믿고 의지한다.

ⓜ 노마가 양버들나무에 올라간 날, 노마 아버지는 세상을 뜨고 남
생이도 사라진다.

ⓗ 아버지의 죽음에 대한 슬픔보다는 나무 오르기에 성공으로 기뻐
하고, 영이를 울려버리고 만다.

이와 같은 이야기 단위는 크게 두 부분으로 나눌 수도 있다. 즉 아버
지가 살아 있을 때 와 아버지가 죽은 후로 나누는 것이다. 비록 전체
이야기의 90%이상이 아버지가 살아계실 때에 집중되지만, 아버지의
죽음을 통해 한걸음 더 성숙한 인간으로 거듭나는 모습을 보이고 있기
때문에 아버지의 생사에 기준을 두고 나눌 수 있는 것이다.

결말을 참고하여 플롯을 나누어보면, 노먼 프리드먼(Noman friedman)
이 이야기한 연민의 플롯(the pathetic plot) -그 자신이 잘못이 없으면서
불행에 처해지는 연민적 주인공이 나온다. 고통의 플롯(plot of
suffering)을 내포한다.-에 해당된다. 또한 성격의 플롯(plot of character)
중 성숙의 플롯(the maturing plot)-인물의 성격이 향상되어 나가는 플
롯이다-에 해당된다. 사상의 플롯(plot of thought)으로 나누어 본다면
교육의 플롯(the education plot)-주인공의 생각과 믿음과 태도를 통한
사고의 향상적 변화를 보이는 플롯이다-에 해당된다.

노드롭 프라이(Northrop Frye)의 방법으로 플롯을 나누면 반어와
풍자(irony and satire)-첫 상황과 마지막 상황이 둘 다 현실적, 절망적
이거나 바람직하지 않은 플롯이다-에 해당된다.

신동욱(申東旭)은 그의 「최신 문학 개설」에서 플롯 유형을 상승적
짜임, 하강의 짜임, 평행적 짜임으로 나누었는데, 이 작품은 이야기에

나오는 주인공과 적대적 세계 사이의 겨룸이 서로 팽팽하여 좋던 궂던 해결이 나지 않는 이야기의 짜임을 가진 평행적 짜임으로 볼 수 있다.

「남생이」는 위의 장면 요약에서 보듯이 ㉠~㉫이 사건의 진행 순서로 되어있다. ㉠에서 ㉡으로 넘어가는 부분에서 아버지의 처지를 이해할 수 있게 해주는 과거 회상부분이 나온다. 이런 회상은 아버지의 무능력이 단순히 개인의 능력에서 나온 것이 아닌 사회적인 문제로 인하여 발생한 것임을 독자들에게 말해주고 있다. 다시 말해, 이러한 실업자의 생활상은 1939년 만주사변 등 당대의 현실과 상당한 인과관계를 형성하고 있다.[6]

이 소설의 갈등은 개인과 개인의 갈등으로 표현되곤 있지만, 결국 개인과 사회와의 갈등을 표현하고 있다. 당시의 삶의 현장이 약육강식의 모순된 사회로, 비인간적이며 비도덕적인 인륜에 위배되는 행위를 과감하게 행하는 비정의 현실을 작가는 당대 우리 민족이 처한 아픔을 역설적으로 대변하는 것이라고 할 수 있다.[7]

② 등장인물(character)

「남생이」의 등장인물은 '순진한 어린아이' 노마와 아버지, 어머니, 영이, 영이할머니, 바가지, 털보 이렇게 7명으로 볼 수 있다. 이 중 소설의 핵심을 이루고 있는 노마와 아버지에 대해 살펴보겠다. 먼저 주인공 노마를 살펴보면,

길 하나 건너 영이집 토담 밑에서 노마는 그 소리를 곰보 아버지가 곰보를 부르는소리로쯤 들어 넘기고 만다.[8]

6) 조기철 「玄德의 남생이 硏究」, 인하대학교 석사논문, 1993, p.1.
7) *Ibid*, 국문 요약에서 발췌

그러나 이 말은 어머니 자신이 할 일이지, 노마가 할 일은 아니다. 자기가 할 일은 노마에게 맡기고 어머니는 한종일 좋은 데 나가 멋대로 지내다가 해가 저물어서야 돌아온다. 그동안 아버지나 노마가 얼마나 자기를 기다렸던거나 그 하루가 얼마큼 고초스러웠던가는 조금도 아랑곳하려고도 않는다.9)

노마는 안심이 안 된다. 요즈음으로 더 아침은 일찍이 나가고, 저녁에는 늦게 돌아오는 어머니는 이렇게 야금야금 집에서 떨어져가는 시초인지 모른다.10)

이날처럼 노마에게 집의 아버지가 불쌍하고 쓸쓸하게 생각된 때는 없다. 아버지는 쓰레기통 옆에 다리병신보다 더 가엾고 노마 자신보다 더 작고 쓸쓸하다. 오늘도 아버지는 앞가슴에 남생이를 올려놓고 누웠으리라.11)

노마가 급기야 토담 모퉁이 양버들나무를 올라갈 수 있던 날, 노마 아버지는 세상을 떠났다.12)

노마는 사실 제 식으로 진정 울려해도 도시 울음이 나지 않는다. 거기 실감이 따르지 않는다. 그보다는 오늘 노마가 나무 올라가기에 성공한 그 장면이 똑똑히 나타나 덮는다. 갑자기 노마의 키가 자라난 듯

....
8) 현 덕, 「남생이」, 슬기, 1987, p.40.
9) *Ibid*, p.40.
10) *Ibid*, p.62.
11) *Ibid*, p.68.
12) *Ibid*, p.68.

싶은 그만큼 보는 세상이 달라지는 감이다. 노마는 부지중 마음이 기뻐진다. 어쩔 수 없는 기쁨이다. 아아, 그러나 이것은 아버지에게 죄스런 마음이다. 어떻게 무슨 커다란 착한 일을 하기나 하지 않으면 무얼로 이 마음을 씻을 수 있으리요.13)

이러한 해설과 극적 묘사에서 보면 노마는 아버지에 대해서 측은하게 생각하며, 어머니에 대해서는 미움과 사랑이 공존하고 있음을 알수 있다. 몸을 다쳐 자유롭지 못한 아버지를 돌보면서도 그 일을 자신보다는 어머니가 해야 한다고 생각하며, 아버지의 죽음을 맞았을 때에는 아직 성숙하지 못한 어린아이의 모습을 보이면서 한 편 미안한 감정이 일어나는 모습을 통해 그 전 보다는 성숙해가고 있음을 보여준다. 이러한 성숙에 과정 속에는 같은 또래로 보이는 영이가 있으며, 영이의 존재는 노마의 성숙과정을 보조해주는 역할을 한다.

힘없는 소리다. 대답은 없다. 좀더 소리를 높여 부른다. 세 번째는 오만상을 찡그리고 악성을 친다. 역시 대답은 없다. 다시금 터져나오는 기침에 두 손으로 입을 싼다.14)

털보는 때로 노마집에 왔다. 슬며시 노마 아버지는 몸을 일으킨다. "쥔 어딜 가슈. 같이 앉아서 노시지 않구" "요기 좀 갈 데가 있어서. 편히 앉아서 노슈"15)
"더럽다. 그거 버려라. 버려"

· · · · · · · · · · · · · · · · · · · ·
13) *Ibid*, p.71.
14) *Ibid*, p.39.
15) *Ibid*, p.49.

까닭을 모르게 아버지는 사지를 부들부들 떨도록 노하였다.

이튿날 아침 노마 아버지는 옷을 갈아입고 나갈 차비를 차리는 안해에게서 술병을 빼서 깨뜨리었다.[16]
"몸을 추수는 대로 나두 하던 일을 계속하겠구. 하루 천이 되던 이천이 되던 붙이는 대로 쓰지 않고 모으면 새끼 꼬는 기계 한 틀쯤은 작만할 미천은 모일 게구. 그것 한 틀만 가졌으면 앉아서두 안해가 하는 하루벌이는 나두 능히 벌 수 있겠구. 오냐 두 달만 참아라"[17]

"영물의 짐승이라 사람의 일은 모르는걸세"
이번에는 노마 아버지 자신이 무심중 영이 할머니의 말을 입에 옮기어본다.[18]

이러한 대화와 해설을 살펴 볼 때 아버지는 몸이 불편하여 좌절의 모습을 보였지만 이야기 중반부터 자신의 처지를 이겨내려는 의지를 보이고 있다. 이러한 의지는 처음에는 계획적이며, 타당한 생각으로 접근하지만, 어쩔 수 없는 현실에 부딪혀 좌절하고, 그 희망의 끝을 남생이라는 미신을 빌어서라도 이루려고 노력한다.

③ 배경(setting)
흔히 사건이 언제 어디서 발생했는지를 나타내 주는 소설의 요소를 배경이라고 한다.[19]

----

16) *Ibid*, p.51.
17) *Ibid*, p.54.
18) *Ibid*, p.60.
19) 신춘호, 윤병기, 한승옥 「문학이란 무엇인가」, 집문당, 1996, p.155.

브룩스, 워렌, 에이브럼즈, 케니 등이 배경에 대해 정의했다. 배경의 기능으로는 등장인물과 사건에 대한 신뢰감을 증가시키며, 곧 작중 인물과 그들의 행동에 리얼리티를 부여함으로써 신뢰감을 준다. 또한 소설의 일반적인 의도에 대하여 적절한 분위기를 형성해 준다. 즉 배경은 작품의 심리적 색조를 강렬하게 함으로써 소설의 의도를 분명하게 나타내는 데 이바지한다는 것이다.[20] 이처럼 소설의 리얼리티와 의도를 알기위해 배경을 알아보겠다. 그중 케니는 배경의 요소를 네 가지로 분류했는데,

첫째, 지형, 장면, 방 내부의 세부사항까지를 포함한 실제의 지리적 장소

둘째, 인물의 일상적인 생활방식이나 하는 일(직업)

셋째, 행위가 벌어지는 시간, 예를 들면 역사적인 시기, 정서적 환경이 이에 속한다.

넷째, 등장인물의 종교적, 도덕적, 지적, 사회적, 정서적 환경이 그것이다.

본고에서는 그 중 케니가 말한 배경을 자연적 배경, 사회적 배경, 정신적 배경으로 재분배하여 「남생이」의 배경을 알아보겠다.

자연적 배경으로는 「남생이」, 「경칩」, 「두꺼비가 먹은 돈」은 농촌에서 항구도시로 배경이 옮겨지면서 노마네 집안의 몰락을 그린 연작소설이다.[21]이라고 했으며, 「남생이」는 항구도시로 유입한 이농민의 삶을 그렸다. 인천의 선창가를 배경으로 이른바 자유노동자와 그 축에도 들지 못하는 각양각색의 인물군상이 벌이는 생존의 몸부림이 펼쳐진다.[22]라고 선행 연구자들이 이 작품의 배경으로 항구도시, 즉 인천 선

20) 브룩스와 워렌의 「소설의 이해」에 나오는 배경의 기능을 요약함.
21) 조기철 「玄德의 남생이 硏究」, 인하대학교 석사논문, 1993, 국문요약

234 국어교육의 전략과 탐색

창가를 자연적 배경으로 제시하고 있다.

어머니는 이른바 '항구의 들병장수'다 노마는 이런 어머니를 보았다. 몰래 어머니의 뒤를 밟아 선창엘 갔었다.[23]

그는 헌양복에 캡을 재켜쓰고 어른과 함께 선창에 나가 해를 보냈다.[24]

가난한 사람처럼 해변 쪽으로는 목선이 겹겹이 모여서 떠든다. 잔교 한편에 여객선이 붙어 서서 사람과 짐을 모여들인다. 통통통 고리진 연기를 뽑으며 발동선이 우편으로 돌아가리라 한다.[25]

이러한 해설과 묘사를 살펴보면, 자연적 배경이 되고 있는 것이 선 창가라고 말하는 것에는 이의를 달 수 없다. 하지만 구체적인 지명의 제시는 현실을 사실적으로 묘사하는데 기여하지만 그곳을 굳이 인천 이라고 지칭하는 것은 문제가 있을 듯하다. 작가의 고향과 어린 시절 에 대한 전기적 사실에 근거하여 굳이 작품의 배경을 인천으로 한정 할 필요는 없다고 생각된다. 일제강점하에 살아가는 우리 민중의 보편 적인 아픔을 포괄적으로 표현하기 위해서는 구체적인 지역 보다는 포 괄적인 지역이 주제를 형성하고 이해하는 데 더 유용할 듯하다.

아버지의 정신적 배경을 살펴보면

사실은 그때 영이 할머니의 편지를 믿는 구석이 없었드면, 그처럼 단판 씨름으로 지주가 보는 앞에서 마름 김오장의 멱살을 잡지는 못하

22) 원종찬, 「현덕 연구」, 인하대학교 박사논문, 2005, p.66.
23) *Ibid,* p.41.
24) *Ibid,* p.63.
25) *Ibid,* p.67.

였을 것이다.26)

　“쥔 어딜 가슈. 같이 앉아서 노시지 않구” “요기 좀 갈 데가 있어서. 편히 앉아서 노슈”27)

　“몸을 추수는 대로 나두 하던 일을 계속하겠구. 하루 천이 되던 이천이 되던 붙이는 대로 쓰지 않고 모으면 새끼 꼬는 기계 한 틀쯤은 작만할 미천은 모일 게구. 그것 한 틀만 가졌으면 앉아서두 안해가 하는 하루벌이는 나두 능히 벌 수 있겠구.28)

　선창벌이로 목숨을 부지하고 있는 하층민의 삶에는 희망이 보이지 않는다. 하지만 도저한 암흑 속에서도 나름대로 생존을 모색하는 다양한 모습을 또한 새겨 넣었다. 도덕의 유무를 떠나, 포기할 수 없는 삶의 의지와 시대의 절망이 함께 부딪히면서 작품에 역동성이 부여된다.29) 불의에 항거할 줄 알면서도 때로는 불의를 묵인하기도하는 이중적 성격과 계획적으로 일을 생각하는 모습도 나타난다. 이런 이중적인 모습은 당시의 사회상과 연관있다고 생각된다. 왜곡된 세상 속에서 왜곡됨을 왜곡되었다고 말할 수 없는 일제 강점기의 현실을 이처럼 인물의 이중적인 행동을 통해 비판한다고 볼 수 있다.

----

26) *Ibid,* p.43.
27) *Ibid,* p.49.
28) *Ibid,* p.54
29) 원종찬, 「현덕 연구」, 인하대학교 박사논문, 2005, p.67.

(2) 주제(theme)

위의 사실 구조 분석에서 「남생이」의 주제는 어느 정도 드러났다고
본다.

「남생이」의 주제에 대한 접근은 두 가지 측면에서 볼 수 있을 것이
다. 그 하나는 일제 강점하의 빈민층의 몰락과 죽음으로 보는 것이고,
또 다른 하나는 노마의 정신적 성장에 초점을 맞추는 성장과정으로 보
는 것이다. 이 둘은 분리시킬 수 없는 것이지만, 어느 쪽에서 보느냐에
따라 결말의 의미를 달리 해석 할 수 있다.

노마는 빤히 영이의 얼굴을 마주 본다. 이처럼 영이가 어여뻐 보이기
는 처음이다. 눈두덩 위의 곁두데기까지 무척 귀엽다. 노마는 불시에 두
팔로 영이 목을 끌어다녀 흔든다. 다시 무릎 사이에 넣고 꾹꾹 누른다.
"아이 아이 아이"
뜻에 반하여 노마는 고만 영이를 울리고 만다.[30]

전자로 본다면 아버지의 죽음에도 슬픔을 인식하지 못하고 장난을
치는 어린아이를 통해 당대의 모순된 사회상을 다시 한 번 고발하는
것으로 결말을 볼 수 있으며, 후자로 본다면 남성으로서 영이에 대한
보호의식 같은 게 생겨나고 있음을 결말[31]로 볼 수 있을 것이다.

이 두 가지를 합하여 결말을 도출한다면, 절망적이며 모순된 사회인
일제 강점 속에서도 어린아이가 성장하는 모습으로 결말을 이끌어 내
면서 이 시대에도 희망이 존재함을 보여주며, 긍정적인 주제를 만들어
낸다고 볼 수 있다.

30) *Ibid*, p.71
31) 원종찬, 「현덕 연구」, 인하대학교 박사논문, 2005, p.75.

(3) 문학적 장치(literary device)

위의 주제를 효과적으로 나타내기 위해 어떠한 문학적 장치들을 사용했는가를 살펴보겠다. 문학적 장치에는 여러 가지가 있으나, 여기서는 제목과 시점, 문체와 어조의 세 가지 측면에서 살펴보겠다.

① 제목(title)

"-잡귀를 쫓고 보심을 해주고 있는 병은 떨어지고, 없는 병은 붙질 않고 남생이 이놈만큼 무병장수를 하리라"[32]

「남생이」은 무병장수와 악귀를 쫓아내는 희망을 상징한다. 아버지에게 있어서는 현재의 상황을 떨칠 수 있는 유일한 구원의 대상인 것이다. 그러므로 이 제목은 작품의 주제를 암시해 주고 있는 것이다. 아버지의 죽음과 남생이의 실종은 희망의 실종을 의미하는 것이다. 하지만 남생이를 결말 부분에서 죽이지 않고 잃어버린 것으로 마무리하는 것은 희망의 끈을 놓지 않으려는 작가의 의도인 것으로 생각된다.

② 시점(point of view)

시점을 분류하는 가장 일반적인 방식은 화자가 서사텍스트의 내부에 존재하면서 서사내용을 바라보느냐, 아니면 텍스트의 외부에서 서사내용을 바라보느냐에 따라 1인칭 시점과 3인칭 시점으로 나누는 것이다.[33] 「남생이」의 시점은 전지적 작가시점(omniscient author narration)으로 볼 수도 있다. 하지만 전지적 작가시점이라고 하기에는 많은 부분에서 무리가 따른다. 이 작품의 시점은 노마와 노마아버지의 교차시

---

32) *Ibid*, p.59.
33) 브룩스와 워렌의 「소설의 이해」에 나오는 문체를 요약함.

점이 가장 두드러지는데, 특히 노마의 눈에 기대어 절망적인 현실에
아이러니의 긴장과 생기를 불어넣는다. 시점을 어린 노마로만 제한하
지 않은 것은 우선 대상을 특정 인물에 고정시켜 바라보는 것보다는
그때그때 초점화를 이동시키는 방법이 여러 층위로 이루어진 현실을
더욱 '있는 그대로'바라보게 해준다는 계산이 작용했을 것이다.[34] 시점
의 용어 대신 이를 보다 세분하기 위해 '초점화(focalization)'라는 용어
를 도입한 즈네트의 서사이론은 시점과 서술을 분리하여 규명한 대표
적인 이론이 있는데, 시점과 서술을 구분한다는 것은 '누가 보는가'와 '
누가 말하는가'를 분리하여 논한다는 것을 의미한다.[35]정리하면 전지
적 작가시점을 이용하면서도 상황과 인물에 따라 시점을 교차함으로
써 일방향적 시점 보다 역동적이며 입체적인 느낌을 주고 있다.

③ 문체와 어조(style and tone)

'문체는 바로 사람'이라는 말이 있다. 이는 문체가 그 사람의 개성적
인 특질을 가장 잘 드러낸다는 뜻일 것이다.[36]브룩스와 워렌은 「소설의
이해」에서 문체란 언어의 질서화 또는 단어의 배열이라고 하였으며[37]
로버트 스탠턴은 '작가가 언어를 사용하는 태도'라고 했으며, 피츠제럴
드(J. D. Fitzerald)와 메리디스(Robert C. Meredith)는 「소설 작법」에서
소설의 문체란 작가가 쓰는 언어에서 그가 가진 개성을 전적으로 진실
하고 정직하게 표현하는 것을 뜻한다. 결국 문체는 작가를 올바르게
이해하는 중요한 열쇠가 된다는 것을 알 수 있다. 그럼 「남생이」의 문
체적인 특징과 그 문체가 만들어낸 독특한 어조를 살펴보겠다.

34) 원종찬, 「현덕 연구」, 인하대학교 박사논문, 2005, p.67.
35) 한승옥 「현대소설의 이해」, 집문당, 1998, p.45.
36) 신춘호, 윤병기, 한승옥 「문학이란 무엇인가」, 집문당, 1996, p.174.
37) 브룩스와 워렌의 「소설의 이해」에 나오는 문체를 요약함.

시커먼 화물차가 한참 지나가고 훤하게 앞이 열리자, 건너편 일대는 전부 볏섬이 더미 더미 산을 이루었다. 말구루마 소구루마가 길이 미어 나온다. 볏섬 사잇길을 왼편으로 꺾어 나서면 바다, 제이 잔교서부터 제삼 잔교 일폭은 크고 작은 목선이 몸을 비빌 틈이 없이 들어찼다. 꾸벅꾸벅 고개를 빼고 볏섬을 져나르는 자, 섬에다 삭대를 찔렀다 빼며 '다마금요, 은방요' 허청대고 외는 자, 뒷짐을 지고 서서 두리번거리는 모직 두루마기를 입은 자, 그리고 지게를 벗어 놓고 볏섬 위에 혹은 가슬에 무더기 무더기 입을 벌리고 앉았는 자, 그들의 무심한 눈은 거의 한곳으로 모인다. 가운데 무럭무럭 오르는 더운 김과 시큼한 냄새를 휩싸고 섰는 한 덩어리가 있다. 각기 젓가락과 사발을 들고 고개를 쳐들어 먼 산을 바라보며 입을 쩍쩍거린다. 바가지는 그들 사이를 뻐기며 소리를 친다.[38]

위의 문장을 어법(diction)면에서 검토하면 외연성에 의존하고 있음을 알 수 있다. 외연성은 명확한 진술을 하는데 유리하며, 보다 현실적으로 상황을 제시하는데 초점을 둔다고 볼 수 있다. 따라서 현덕은 막연하고 모호한 의미를 담고 있는 단어보다는 분명하고 또렷한 의미를 지닌 단어를 선택했음을 알 수 있다. 그것은 그가 보여주고 싶었던 사회적 모순을 독자로 하여금 보다 현실적으로 느끼게 하기 위해서라고 생각해 볼 수 있다.

몰래 어머니의 뒤를 밟아 선창엘 갔었다. 그러다, 마당 군중 가운데서 어머니를 잃었다.[39]

---

38) *Ibid*, p.65.
39) *Ibid*, p.41.

노마 아버지는 이내 선창과 연을 끊었다. 몸살이거니 하고 며칠만 쉬면 하던 병은 점점 골수로 깊어갔다.[40]

선창 사내들은 노마 어머니에게 실없이 구렀고, 노마 어머니는 그들이 만만히 보였다.[41]

위의 문장 외에도 선창가는 줄곧 등장한다. 선창가의 반복은 사건의 주요 무대이기도 하지만 선창가가 가지고 있는 부정적 면모를 드러내기 위함이라고 볼 수 있다. 선창가는 일제에 의해 수탈되어지는 장소이며, 하지만 그곳에서 일을 해야만 살 수 있는 처절한 공간이다. 노마 아버지는 그곳에서 희망을 가졌지만 절망이 되고 말며, 어머니는 그곳에서 들병장수 일을 하며 생계를 이어간다. 결국 그곳은 절망의 장소이지만, 필요악의 장소가 되는 것이다. 주제를 형성화하기 위해 꼭 필요한 설정인 것으로 보여 진다. 이것은 문학적인 상징이라기보다는 인습적인 상징에 가까워 큰 암시력을 발휘하지 못한다.

너무 잔잔해 유리 같은 바다다. 놀라움밖에 더 표현할 줄 모를 커다란 기선이 떠 있다. 가난한 사람처럼 해변 쪽으로는 목선이 겹겹이 모여서 떠돈다. 잔교 한편에 여객선이 붙어 서서 사람과 짐을 모여들인다. 통통통 고리 진 연기를 뽑으며 발동선이 우편으로 물살을 가르며 달아난다. 저 배가 보이지 않거든 노마는 그만 집으로 돌아가리라 한다. 마침내 발동선은 시커먼 중국 배 뒤로 사라진다. 그러나 어쩐지 미진해 다시 이번에는 여객선이 사람을 다 태우고 움직이기 시작하거든

40) *Ibid*, p.44.
41) *Ibid*, p.57.

하고 노마는 자리를 뜨지 못한다. 어머니를 기다리는 것이다. 그 배가
움직이기 전에 어머니는 왔다.[42)

　위의 문장을 보면 장문(長文)보다는 단문(短文)을 많이 사용하고 있
음을 알 수 있다. 단문 중에서도 구성이 간단한 홑문장을 쓰고 있음을
알 수 있다. 때로는 장문을 쓰는 경우도 있는데 그때는 주로 사건을 설
명을 해야 할 때만 사용한다. 이렇게 구성이 단순한 문장을 사용하는
것은 그의 인생에 대한 통찰력과 관계가 있다고 볼 수 있다.

3 「남생이」의 문학사적 의의

　지금까지 현덕의 「남생이」를 사실구조, 주제, 문학적 장치의 세 가지
측면에서 분석해 보았다. 그 결과 다음과 같은 특징으로 요약 할 수 있다.
　사실구조를 분석한 결과는 다음과 같다.
　먼저 플롯상의 나타난 특징을 보면,
　운명의 플롯으로 보면 연민의 플롯이고, 성격의 플롯으로 보면 성숙
의 플롯에 해당되며, 사상의 플롯으로 보면 교육의 플롯에 해당된다.
또한 노드롭 프라이의 시작과 끝을 비교한 플롯으로 볼 때 반어와 풍
자에 해당된다. 결국 우리 민족이 처한 아픔을 역설적으로 대변하기
위한 효과적인 장치로 볼 수 있다.
　성격상에 나타난 특색은 다음과 같다.

....
42) *Ibid*, p.67.

먼저 주인공이라고 칭할 수 있는 노마는 아버지에 대해서 측은하게 생각하며, 어머니에 대해서는 미움과 사랑이 공존하고 있음을 알 수 있다. 또한 아버지의 죽음으로 한층 성숙되어가는 모습을 보인다.

노마아버지는 희망적이며, 의지적으로 삶을 꾸려나가려하지만 종 례에는 결국 좌절(죽음)할 수밖에 없는 인물이 된다. 이러한 인물의 모습들은 간접적인 인물 묘사와 해설의 방법으로 조화 있게 제시하고 있다.

배경상의 특징은 다음과 같다.

첫째, 해방 직후의 정치적 사회적 혼란상을 반영하고 있으며, 둘째, 사건의 장소로 선창가로 설정하고 있는데 이는 작가의 전기(傳記)적 사실을 미루어 볼 때 관계가 있는 장소임을 알 수 있다.

다음으로는 주제면의 특색이다.

「남생이」의 주제는 일제 강점하의 빈민층의 몰락과 그것으로 인해 죽음으로 치닫게 되는 처참한 사회상의 고발이며, 또 다른 하나는 그런 상황 속에서도 희망이라는 끈을 놓지 않으려는 의지의 표출이다.

끝으로 문학적 장치의 특색을 살펴보면 다음과 같다.

첫째, 제목은 작품의 주제를 암시해 주고 있다. 둘째, 시점은 전지적 시점을 사용하지만 부분적으로 인물 입장에서 서술하는 초점화 방식을 사용한다. 셋째, 문체는 외연적인 어법을 바탕으로 간단한 상징을 사용하고 있다. 주로 단문과 홑문장을 사용하며, 때때로 장문을 사용하기도 하면서 작품에 사실적 제시에 기여한다.

이상을 통해 볼 때 「남생이」는 일제 강점기에 비참했던 우리민족의 모습을 수준 높은 기법(특히 시점 부분)을 사용하여 사실적으로 그려낸 좋은 작품이라고 할 수 있다. 현덕에게 영향을 준 작가로는 김유정을 꼽지만 앞으로 현덕에게 영향을 받았을 것으로 추정되는 작가(황순원 「황소들」 「기러기」등) 작품을 연구한다면 좋은 연구과제가 될 것이라고 생각한다.

참고문헌

김윤식(2006), 「한국근대문예비평사연구」, 일지사.

김재용·이상경·오성호·하정일(2006), 「한국근대민족문학사」, 한길사.

신춘호, 윤병기, 한승옥(1996), 「문학이란 무엇인가」, 집문당.

원종찬(2005), 「현덕 연구」, 인하대학교 박사논문.

조기철(1993), 「玄德의 남생이 硏究」, 인하대학교 석사논문.

한승옥(1998), 「현대소설의 이해」, 집문당.

현 덕(1987), 「남생이」, 슬기.

노드롭프라이(1989), 「비평의 해부」, 한길사.

브룩스와 워렌, 「소설의 이해」.

외재적 관점을 중심으로 한 문학 읽기

이상 소설 〈날개〉를 중심으로

 ## 1 바람직한 문학교육

문학교육이라는 것은 단순히 그 텍스트를 구조적으로 분석하는 것에서 끝나는 것이 아니다. 문학 작품을 통해 자신을 발견하고, 세계를 이해하며 학생들이 스스로 자신의 가치관을 만들어 가는데 도움을 주는 역할을 해야 하는 것이다. 그러나 실제 교육 현장에서 이러한 문학교육의 진정한 의미를 실현하고 있는 곳이 얼마나 될까?

기존의 문학교육에 대한 일반론적인 설명을 살펴보면 다음과 같다.[1]

1) 인경수(2003) <창의적인 문학교육 방안 연구:문학의 수용과 창작을 중심으로>, 아주대학교 교육대학원 석사논문, pp.5~6.

1. 문학교육은 문학 현상이 바람직하게 이루어지기 위한 일체의 의도적 과정 및 결과이다.
2. 문학교육은 문학 작품을 바르게 이해하고 감상하는 능력을 길러 풍부하고 다양한 문학적 체험을 하게 하고, 이를 통해 미적 인식력과 인간에 대한 통찰력을 길러 바람직한 인간을 형상화하는 것이다.
3. 문학교육은 학생들로 하여금 상상력을 키우기 위한 하나의 교육 활동이다.

여기서 말하는 '바람직하다'라는 의미는 위에서 언급했듯이 문학 작품을 통해 독자 자신을 발견하고 각자의 가치관 형성에 도움을 준다는 뜻으로 해석할 수 있다. 그런데 지금까지 위와 같은 문학교육의 일반적인 목적들이 이야기 되고 있음에도 불구하고, 교육 현장에서의 문학교육이란 주로 단순한 분석적 관점으로 이루어진 것이 사실이다. 다시 말해 단편적 지식들을 '습득'하는 차원이었다고 말할 수 있다. 현재도 그렇지만 앞으로도 문학교육의 중요성은 독서 교육과 연계되어 날로 커질 것이다. 통합적인 교육, 특히 '인간'에 대한 통찰력을 기를 수 있는 교육이 가능한 '문학교육'이야말로 그 중요성과 진정성을 거듭 강조해도 지나치지 않을 것이다.

앞서 말했듯이 이제까지의 문학교육이 주로 분석적 지도 중심이다 보니 학생들이 '문학'이라는 과목에 대해 느끼는 감정들은 주로 지루하고, 재미없는 것이 대부분이었다고 해도 과언이 아니다. 좋아하는 과목을 물어봤을 때 '문학'이라고 말하는 학생들도 흔하지 않고, 이 분야에 관심이 많다고 하는 학생은 무엇인가 특별한 학생이라는 생각을 갖는 듯싶다. 문학을 가르칠 때 분명 흥미만이 중요한 것은 아니다. 하지만 지금과 같은 상황에서 학생들에게 '문학'이라는 학문에 조금 더 흥미를 불어 넣어 주어야 할 필요가 있다고 생각한다. 필자는 이를 위한 방법으로 기존의 학교 현장에서 행해져 왔던 내재적 관점의 문학 읽기 보다는 외재적 관점의 폭 넓은 문학 읽기, 문학교육 방법을 지향하며 의견을 피력하려 한다.

2 외재적 관점을 중심으로 한 문학 읽기

2.1. 문학 작품을 감상하는 방법

문학 작품을 감상하는 방법은 크게 내재적 관점과 외재적 관점으로 구분할 수 있다. 그 텍스트 안에서만 문제를 해결하려는 내재적인 관점과는 달리 작품의 외적 요인을 바탕으로 이해하는 것을 외재적 관점이라고 한다. 외재적 관점을 다시 아래와 같이 나눌 수 있다.[2]

① 반영론적 관점 : 작품을 그 대상이 되는 사회 현실의 반영으로 보고 작품의 시대적 상황 등과 관련시켜 보는 관점
② 표현론적 관점 : 작품을 작가의 체험, 사상, 감정 등을 표현한 것으로 보는 관점
③ 효용론적 관점 : 작품이 독자에게 미적 쾌감, 교훈, 감동과 효과를 주기 위해 창작된 것으로 보고 그 효과에 초점을 맞추는 관점

. . . .
2) 박화선(2001), 「시 교수・학습의 개선 방안 연구」, pp.62~63.

이 세 가지 관점 중 ③의 효용론적인 관점은 작품을 이해하고 감상하는 정도나 개인의 취향, 성격 또는 독자가 처한 상황 등에 따라 얼마든지 다르게 나타난다.

물론 이 모두가 합해진 총체적인 감상 방법을 통해 감상하는 것이 가장 좋은 방법일 것이다. 그런데 특히 학교 현장에서는 내재적 관점의 문학교육이 대부분을 차지하고 있다.

<문학교육의 탐구>에서는 문학 작품을 읽는 목표에 대해 다음과 같이 말하고 있다.3)

1. 좀 더 긍정적인 태도로 독서 경험을 할 수 있도록 문학을 감상하게 한다.(문학작품을 읽는 것에 큰 부담을 느끼게 하거나 어려운 것으로 생각되게 하지 않도록 한다. 편안한 마음으로 문학 작품을 대할 수 있도록 한다. 즉 책을 읽는 것은 즐거운 것이라는 생각을 가지도록 한다.)
2. 독서 경험을 통하여 인간의 모습을 폭넓게 이해하도록 한다.
3. 작가가 이용한 문학적 도구와 기교 즉 테마, 상징, 추리, 풍자, 비유, 구성, 인물, 배경 등을 학습함으로써 문학적 예술 형식에 대한 더 깊은 이해를 가능하게 한다.
4. 문학적 경험을 통하여 인간의 여러 가지 역할의 대리체험을 하게 되며, 그들을 통하여 세계와 인간의 물음에 대한 답을 얻을 수 있음을 깨닫게 한다.

그러나 국어 시간에 행해지는 문학 작품 지도는 주로 문체론적 분석

---

3) 문학과문학교육연구소(1996), 「문학교육의 탐구」, 국학자료원, pp.340~341.

이나 문학적 요소, 이를테면 인물, 성격, 상징 비유, 구성, 배경 등에 대한 내재적 관점의 분석적 지도가 중심이 되고 있다.[4] 이러한 감상을 통해 학생들이 과연 감동하고, 그 문학 작품을 통해 자신의 삶을 들여다 보며 나름대로의 가치관을 형성하는데 도움을 줄 수 있을까 의심하지 않을 수 없다. 따라서 문학교육은 단순히 내재적 관점, 즉 절대론적 관점으로만 이루어지면 안 되고, 문학작품을 보며 먼저 학생들이 '즐겁게 감상'할 수 있도록 하는데 힘을 써야 할 것이다. 이를 위해서는 문학 작품을 감상하는 방법 중 외재적인 관점을 활용하면 좋을 것이다. 작가의 삶이나 그가 살았던 시대를 통해 그의 삶을 이해하면서 독자는 인간적으로 그 작품에 접근해 가는 것이다. 물론 문학 작품은 특히, 소설과 같은 장르는 기본적으로 작가의 계획된 의도로 쓰여진 산물이긴 하지만 어떠한 문학 작품이든지 작가의 삶이 녹아들어가지 않은 작품은 있을 수 없다고 생각한다. 왜냐하면 그 계획된 의도 자체도 삶의 반영이라고 할 수 있기 때문이다. 또한 앞에서 말했듯이 학생들에게 문학교육을 하는 목적 자체가 여러 작품을 통해 자신의 삶을 성찰해 보면서 바람직한 가치관을 형성해 나갈 수 있도록 하는 것에 있기 때문이다. 문학교육이 이러할 때, 문학에 대한 학생들의 흥미는 자연히 커지게 될 것이다. 여기에서는 이상의 작품을 바탕으로 교육 현장에서의 해석을 간단히 살펴보고, '이상'이라는 한 인간을 이해하며 작품에 다가갔을 때의 해석을 살펴보도록 하겠다. 구체적인 교수·학습 지도안을 만들지는 못하고, 작품을 살피는 관점을 제시하며 문학교육에 대해 제언하는 것으로 마무리하는 것이 아쉬움으로 남는다.

----

4) 위의 책, p.340.

2.2. 문학 작품 해석 방법 - 이상 소설 〈날개〉를 중심으로

2.2.1. 교육 현장에서의 해석

다음은 학생용 문학 참고서 등을 이용하여 교육 현장에서 〈날개〉를 어떤 식으로 가르치고 있는지를 살펴본 것이다.[5]

① 핵심정리
    갈래: 단편 소설, 심리 소설, 신변 소설
    성격: 고백적, 상징적
    배경: 시간-1930년대 어느 날, 공간-경성(서울)
    시점: 1인칭 주인공 시점
    주제: 무력한 삶과 자아 분열 속에서 벗어나 본래의 자아를 찾고
        자 하는 의지

② 어휘풀이, 구절풀이, 소재의 의미
    → '나'와 '아내'의 방, 커피, 날개, 아달린과 아스피린, 미스코시
        백화점 등

③ '나'와 '아내'의 대조적인 모습
    → '나': 내성적, 어두운 방, 생활력 없음, 주변인
        '아내': 외향적, 밝은 방, 생활력 있음, 중심

④ 전체 줄거리와 구성 단계에 따른 중심 내용 제시

....
5) 권일경(2004), 『해법 문학 참고서』, 천재교육, pp.112~115.

⑤ 표현상의 특징(의식의 흐름)

→ '날개'에서 사건은 논리적인 전개에 의한다기보다는 '나'의 의
식의 흐름에 따라 전개되므로 사건 자체도 뚜렷하지 않고 사
건들 사이의 연계성을 찾기 힘들다. 이러한 기법은 '나'가 지
닌 자의식의 혼란을 그대로 옮겨 놓은 것이다. 이와 같이 의식
의 흐름 기법은 인간의 의식을 조각 조각 분리하지 않고 마치
강물이 흐르듯이 연속적으로 서술하는 소설의 기법이다. 이
기법은 이야기들의 논리적인 인과 관계를 불투명하게 하므로
독자 스스로가 능동적으로 스토리를 짜면서 읽어야 한다.

⑥ 소설의 의의: 현대인의 무의미한 삶과 자아 분열을 그려 낸 최초
의 심리 소설

⑦ 1930년대 경성(서울)의 면모와 지식인의 삶

→ 지식인의 무기력한 삶: ∵소비적 삶을 뒷받침할 만한 경제력
이 없었기 때문

①∼⑦까지의 항목들을 보면 거의 내재적 관점 중심으로만 해석을
전개해 나가고 있다. 무미건조하고, 어떻게 보면 작품을 단지 해부만
하는 것으로 보인다. 문학교육이란 이러한 작품 해부만 가지고서는 그
원래 목적을 달성하기 어렵다고 생각한다. 외재적 관점을 동원하여 그
작가나 작중 인물에 대해 충분히 이해하고, 인간적으로 다가가는 것이
필요하다. 다시 말해 그 작품에 대한 감흥이 일어나야 하고, 그러기 위
해서는 외재적 관점에서 문학 작품을 볼 필요가 있다는 것이다. 그럴
때에 그 작품에 비추어 자신의 삶을 돌아보거나 가치관을 형성해 나가

는 데에 도움을 줄 수 있을 것이라고 생각한다. 필자가 본고에서 작품의 예로 <날개>를 든 이유 중의 하나도 이에 속한다. 한창 정체성을 확립해가고, 나를 찬찬히 들여다보았던 학생 시기에 <날개>를 만났다. 필자는 사실 작품의 구조적인 해석에는 그다지 관심이 없었고, 작중 인물 '나', 아니 '이상'에 대해 인간적으로 다가가게 되었다. 그리고는 그의 생애를 공부했고, 연민을 느끼면서 내 삶을 다시 한 번 돌아보게 되었다. 이런 경우를 생각해 봤을 때, 작품을 통해 자신의 삶을 깊이 있게 생각해 보게 되었다는 것만 가지고도 문학교육의 목적을 어느 정도는 이루었다고 말할 수 있다. 작품을 그저 시험 문제에 나오는 부분으로써 공부하는 것이 아니라 작품이 내가 되고, 내가 그 작품이 되는 경험을 하게 하는 것이 문학교육이 아닐까 한다.

2.2.2. 작품 <날개>에 인간적으로 다가가기

다음은 주로 외재적인 관점을 중심으로, 특히 작가의 생애 중 중요한 경험들을 염두에 두고 작품을 살펴본 것이다.

1) 나는 아내의 이름을 속으로만 한번 불러보았다 – "연심(蓮心)이!"[6]

① 엄마(or =연심)의 사랑을 한없이 갈구하는 가련한 아기

이상의 소설 <날개>를 살펴보면 여인의 이야기가 주가 되어 이루어

---

6) 이상(2005), 『이상 단편선 날개』, 문학과 지성사, pp.293~294.

지고 있다. 이상은 모두가 알고 있듯 양자 충격에서 벗어나지 못했던 사람이다. 가족의 사랑이라고 하면 통념적으로 부성보다는 모성이 더 크다고 생각한다. 이상은 처음에 어머니(여성)에게 버림받았다. 또한 백부의 집에서도 -물론 백부가 따뜻한 사랑을 준 것도 아니었겠지만, 자신의 아들을 데리고 들어온 계백모(여성)는 더군다나 이상을 좋아했을 리 만무하다- 어려서부터 이리 저리 눈치만 보아야 했을 것이다. 어린 나이에 그러한 큰 충격을 받으면서 처음에는 모성에 대한 그리움이 너무나 컸을 것이고, 이것이 커지다 보니 원망으로 변했을 것이며 더나아가 이것이 여성에 대한 하나의 두려움으로 다가왔을 것이다. 본질적으로 이러한 어렸을 적 기억이 -모성에 대한 애정 결핍이- 여성성에 대한 비딱한 감정으로 실현되었을 것이라는 것이다.

통절한 자극 심각한 인상 그것은 사람의 성격까지도 변화시킨다. -중략- 어느 때 무슨 종류의 일이고 참으로 아픈 자극과 참으로 깊은 인상을 거쳐서야 비로소 그 사람의 성격 위에까지의 결정적 변화를 찾아볼 수 있을 것이다.[7]

이상은 각혈 경험 후, 여인들을 유희적 존재로 생각하고 -물론 금홍(연심)은 조금 다르지만- 죽음을 앞둔 자의 삶에 대한 오만함으로써 여성들을 대했다. 그런데 그에 앞서 이상은 기본적으로 모성에 대한 애정 결핍으로 이미 여성은 두려움의 존재였으며 그것의 반어적인 행동으로 여성들을 유희적 존재로 전락시킨 것이다. 이것은 각혈 경험까지 이어지며 '죽음'이라는 것이 가까이 다가오게 되자 반어적으로 표현된 것이긴 하지만, 그 동안 한 번도 가져 보지 못했던 '어머니'라는 존

....
7) <12월 12일>, 위의 책, p.9.

재에 대한 마지막 매달림이라고 생각할 수 있다.

그런데 이상은 그의 여인들 중에서 유독 연심에게만은 벗어날 수 없었던 것 같다.

> 지어가지고 온 약을 집어치우고 나는 전혀 금홍이를 사랑하는데만 골몰했다. 못난 소린 듯하나 사랑의 힘으로 각혈이 다 멈췄으니까.
> 나는 금홍이에게 노름채8)를 주지 않았다. -중략-
> 금홍이가 내 아내가 되었으니까 우리 내외는 참 사랑했다.9)

연심에게서 '엄마'를 느꼈던 것일까.

> 금홍이는 겨우 스물한 살인데 서른한 살 먹은 사람보다도 나았다. 서른한 살 먹은 사람보다도 나은 금홍이가 내 눈에는 열일곱 살 먹은 소녀로만 보이고 금홍이 눈에 마흔 갈 먹은 사람으로 보인 나는 기실 스물세 살이요 게다가 주책이 좀 없어서 똑 여남은 살 먹은 아이 같다. 우리 내외는 이렇게 세상에도 없이 현란하고 아기자기하였다.10)

<날개>속에서의 '아내'는, '내'가 '아내'의 체취들을 맡으며 놀다가 절정의 순간 금홍의 본명인 "연심이!"로 불리워진다. 이는 마치 '김춘수'시인의 '꽃'에서 이름을 불러주었을 때 하나의 의미가 되는 것처럼, '황석영'의 <삼포가는 길>에서 '영달'과 '정씨', 그리고 '백화'가 서로 믿게 되어 관계가 회복된 후, 헤어지는 장소에서 '백화'가 아닌 '이점례'가

---

8) 잔치 때 기생이나 악공에게 수고했다고 주는 돈이나 물건. 화대.
9) <봉별기>, 위의 책, pp.303~304.
10) <봉별기>, 위의 책, p.304.

되는 것처럼 이렇게 딱 한 번이지만 금홍의 본명인 '연심'으로 내뱉어진 행위를 보면 '상'은 그녀에게 인간적으로 안정을 느꼈고, 모성으로 느끼기까지 했다고 볼 수 있다. 이는 위와 같은 면 뿐 아니라 작품에서 전반적으로 느낄 수 있다. <날개>속에서 '나'는 '아내'에게 매춘을 시킬 만큼 너무나 무력한 존재임에도 불구하고 그러한 자신에 대해 깊은 자괴감을 느끼고, 무엇인가 다르게 살아보아야겠다는 생각 보다는 '아내'가 정한 규칙을 지키지 않아 혼날까봐 걱정하고, 아내에게 이불속에서 사죄하며 아내가 오해를 한 일에 대해서 크게 뭐라고 하고 싶지만 화를 돋우는 일 밖에 되지 않을 것 같아 아무 말 못하고 집에서 도망 나와 버린다. 또한 '내'가 '아내'의 매춘 장면을 보았을 때에도 화가 나는 것이 아니라 냉큼 미닫이를 닫았고, 아내가 쫓아 나와 자신의 멱살을 잡고 내동댕이치고 물어뜯는대도 불구하고 아무 말 못한다. 그리고 방에서 한 남자가 나와 그녀를 데리고 들어갈 때는 평소와는 완전히 다른 모습으로 다소곳이 안겨 들어가는데도 밉다라고만 생각할 뿐이다.

연심의 사랑을 원하지만, 그리고 그녀를 사랑하지만,

내 아내 외의 다른 사람과 인사를 하거나 놀거나 하는 것은 내 아내 낯을 보아 좋지 않은 일인 것만 같이 생각이 들었기 때문이다. 나는 이만큼까지 내 아내를 소중히 생각한 것이다.[11]

위 인용문에서 볼 수 있듯이 오히려 행동이 아이만 같고, 어떤 적극적 행동을 취해 보지도 못하는 그는 그저 사회와 모든 생활까지도 서먹한, 무력한 사람이다. 무력한 사람이다 못해 아이로 퇴행한 것 같다.

. . . .
11) <날개>, 위의 책, p.271.

나는 조그만 '돋보기'를 꺼내가지고 아내만이 사용하는 지리가미(휴지-인용자)를 그슬어가면서 불장난을 하고 논다. 평행광선을 굴절시켜서 한 초점에 모아가지고 고 초점이 따끈따끈해지다가 마지막에는 종이를 그슬기 시작하고 가느다란 연기를 내면서 드디어 구멍을 뚫어 놓는 데까지에 이르는 고 얼마 안 되는 동안의 초조한 맛이 죽고 싶을 만치 내게는 재미있었다.12)

그것들은 하나같이 다 빛이 검다. 그것은 내 짐작 같아서는 즉 빨래를 될 수 있는 데까지 하지 않아도 보기 싫지 않도록 하기 위한 것이 아닌가 한다. 나는 허리와 두 가랑이 세 군데 다 고무 밴드가 끼여 있는 부드러운 사루마다(팬티-인용자)를 입고 그리고 아무 소리 없이 잘 놀았다.13)

그러나 이와는 반대로 '나'의 '아내'가 어떤 일을 하는지에 대해 계속적으로 이야기를 끌고 나가는 것을 보면 아이의 모습이라기보다는 마치 독자와 탐정놀이라도 하자는 듯도 하고, 무력한 사람의 탈을 쓰고 독자를 가지고 노는 아주 지능적인 사람처럼 느껴지기도 한다.

② 아기인척 하는 어른 - 싱거운 일들의 탈출구 : 반어

'나'는 처음부터 '아내'가 어떤 일을 하는지 다 알고 있었다. 그럼에도 불구하고 독자에게 조금씩 조금씩 힌트를 주면서 그 의미를 더욱

---

12) 위의 글, p.273.
13) 위의 글, pp.274~275, 앞으로 이 글이 나올 경우는 본문에 페이지 수만 표시하기로 한다.

키워갔다. 독자도 사실, 다 알 수 있다. 그런데도 그는, 반어적으로 알면서도 모르는 것처럼 행동하고 있는 것이다. 아니면 알고 싶지 않았다거나, 부정하고 싶었을 것이다.

　침침한 방 안에서 낮잠들을 잔다. 그들은 밤에는 잠을 자지 않나? 알 수 없다. 나는 밤이나 낮이나 잠만 자느라고 그런 것은 알 길이 없다. -후략- (p.270)

　아내에게 직업이 있었던가? 나는 아내의 직업이 무엇인지 알 수 없다. -중략- 아내는 외출한다. 외출할 뿐만 아니라 내객이 많다. 아내에게 내객이 많은 날은 나는 온종일 내 방에서 이불을 쓰고 누워 있어야만 된다. -중략- 아내에게 내객이 있는 날은 이불 속으로 암만 깊이 들어가도 비오는 날만큼 잠이 잘 오지는 않았다. -후략- (pp.276~277)

　나는 우선 내 아내의 직업이 무엇인가를 연구하기에 착수하였으나 좁은 시야와 부족한 지식으로는 이것을 알아내기 힘이 든다. 나는 끝끝내 내 아내의 직업이 무엇인가를 모르고 말려나 보다. (p.278)

　깨달았다. 아내가 쓰는 돈은 그 내게는 다만 실없는 사람들로밖에 보이지 않는 까닭 모를 내객들이 놓고 가는 것에 틀림없으리라는 것을 나는 깨달았다. 그러나 왜 그들 내객은 돈을 놓고 가나. 왜 내 아내는 그 돈을 받아야 되나 하는 예의 관념이 내게는 도무지 알 수 없는 것이었다. -중략- 그러나 아랫방에서 먹고 남은 음식을 나에게 주려들지는 않는다. 그것은 어디까지든지 나를 존경하는 마음일 것임에 틀림없다. (p.279)

왜 아내의 내객들이 아내에게 돈을 놓고 가나 하는 것이 풀 수 없는 의문인 것같이 왜 아내는 나에게 돈을 놓고 가나 하는 것도 역시 나에게는 똑같이 풀 수 없는 의문이었다. -중략- 벙어리 주둥이에서 자취를 감추기까지의 하잘것없는 짧은 촉각이 좋았달 뿐이지 그 이상 아무 기쁨도 없다. 어느 날 나는 고 벙어리를 변소에 갖다 넣어버렸다. (p.280)

아랫방에서 아내와 그 남자의 내 귀에도 들리지 않을 만치 옅은 목소리로 소곤거리는 기척이 장지 틈으로 전하여 왔던 것이다. 청각을 더 예민하게 하기 위하여 나는 눈을 떴다. 그리고 숨을 죽였다. 그러나 그때는 벌써 아내와 남자는 앉았던 자리를 툭툭 털며 일어섰고 -중략- 두 사람의 발소리가 대문간 쪽으로 사라졌다. (p.283)

무슨 목적으로 아내는 나를 밤이나 낮이나 재웠어야 됐나? 나는 밤이나 낮이나 재워놓고 그리고 아내는 내가 자는 동안에 무슨 짓을 했나? -중략-
나는 내 눈으로는 절대로 보아서 안 될 것을 그만 딱 보아버리고 만 것이다. (p.296)

이러한 반어는 소설을 처음 시작할 때부터 '상' 자신이 의도하고 염두에 두었다고 할 수 있다.

육신이 흐느적흐느적하도록 피로했을 때만 정신이 은화처럼 맑소. -중략- 나는 아마 어지간히 인생의 제행이 싱거워서 견딜 수가 없게 쯤 되고 그만둔 모양이오. 굳빠이. (pp.268~269)

꾿빠이. 그대는 이따금 그대가 제일 싫어하는 음식을 탐식하는 아이러니를 실천해보는 것도 좋을 것 같소. 위트와 패러독스와…… (p.269)

그대 자신을 위조하는 것도 할 만한 일이오. 그대의 작품은 한 번도 본 일이 없는 기성품에 의하여 차라리 경편(손쉽고 편리함-인용자)하고 고매하리다. (p.269)

서두의 이러한 부분은 마치 이 소설 전체가 반어로 덮여 있는 것처럼 느껴지고, 처음 부분을 그리 중요하지 않게 넘기면서 소설을 다 읽고 다시 앞으로 돌아와 이 부분을 읽으면 무언가 작가에게 홀딱 속은 것 같다는 생각을 갖게 한다.

③ 근대성에 대한 유희를 맛보다.-상대적 좌절, 우울, 불안정

근대성이라고 한다면 우선적으로 돈(자본주의), 편리함, 더 나아가 쾌감으로 연결될 수 있을 것이다. '상'은 이미 이 작품을 쓰기 전 여러 카페 경영의 실패로 경제적인 어려움에 처해 있었다. 따라서 돈 앞에서 무력해지는 인간을 느꼈을 것이다.

<날개>에서 '나'는 돈을 주어도 쓰지도 못하는, 아내가 매춘을 해도 어떤 행동도 취하지 못하는 무력한 인간임에도 불구하고, 내객에게 받은 돈임에도 불구하고, 아내가 자신에게 돈을 주는 것, 단지 그 자체에 즐거워한다.

그런 날은 나는 의식적으로 우울해 하였다. 그러면 아내는 나에게 돈을 준다. 50전짜리 은화다. 나는 그것이 좋았다. (p.277)

그러나 아내에게 받은 동전을 넣는 벙어리를 변소에 가져다 버린 후에 그는 '돈 주는 행위'에 대한 쾌감에 대해 생각해 본다. 그것은 바로 아래와 같은 관계이다.

$$\text{쾌락} \rightarrow \text{돈} \qquad \text{돈} \rightarrow \text{쾌락}$$
$$\text{'내객'} \xrightarrow{\hspace{3cm}} \text{'아내'} \xrightarrow{\hspace{3cm}} \text{'나'}$$

위와 같은 형태에서 한 단계 더 나아가 '나'도 그러한 쾌감을 느끼게 되는데, '돈을 쓰는 기능을 완전히 상실한 것 같았던(p.282)' '나'가 '아내'에게 돈을 쥐어 주는 행위를 하고, '아내'의 방에서 처음으로 잠을 자 보게 된다. 이로써 '나'도 '돈을 줌'으로써 오는 쾌감을 알게 된다.

그 돈 5원을 아내 손에 쥐여주고 넘어졌을 때에 느낄 수 있었던 쾌감을 나는 무엇이라고 설명할 수가 없었다. 그러나 내객들이 내 아내에게 돈 놓고 가는 심리며 내 아내가 내게 돈 놓고 가는 심리의 비밀을 나는 알아낸 것 같아서 여간 즐거운 것이 아니다. 나는 속으로 빙그레 웃어보았다. -후략- (p.287)

$$\text{쾌락} \rightarrow \text{돈} \qquad \text{돈} \rightarrow \text{쾌락} \qquad \text{돈} \rightarrow \text{쾌락}$$
$$\text{'내객'} \xrightarrow{\hspace{2cm}} \text{'아내'} \xrightarrow{\hspace{2cm}} \text{'나'} \xrightarrow{\hspace{2cm}} \text{'아내'}$$

그런데 좀 이상하지 않은가. '나'와 '아내' 연심은 부부임에도 불구하고, 또 연심을 모성처럼 느꼈음에도 불구하고 처음 한 방을 쓰게 된 것이 '나'가 아내에게 돈을 주었을 때이다. 사랑과 한없는 신뢰가 바탕이 되어야 할 '가정'이라는 곳 자체가 매춘의 형태를 띠고 있다. 다시 말해 그 속까지 자본주의적 형태 -돈으로 무엇인가를 사고 파는- 가 침투해 온 것임을 알 수 있다. 근대성 속에서 집안까지 비틀어진, 무엇인가 비정상적인 모습이다.

'이상'은 어렸을 때부터 신식교육을 받았다. 또한 그가 공부했던 학문을 이용해 총독부 건축기사로 들어간 것까지 그가 속했던 시스템은 근대적 성격을 띠었었다고 볼 수 있다. 실로 1930년대에는 많은 근대 양식들, 예를 들어 카페나 백화점, 여러 근대적 상점 등이 많이 들어와 있었다고 한다.(이경훈:2000)

<날개>에서 보여 주는 근대 사회는 불안하고, 안정적이지 못하며 흐릿하다. 어쩌면 '나'는 이러한 사회 속에서 그것을 부정하는 방법으로 무력한 모습을 보이고, 자신의 이불 속 세계에 들어가 있는 것을 가장 좋아했던 것일지도 모른다.

나는 어디로 어디로 들입다 쏘다녔는지 하나도 모른다. 다만 몇 시간 후에 내가 **미쓰코시**(일본의 삼정(三井)재벌이 1906년 서울 충무로 1가에 설립한 **백화점**-인용자)옥상에 있는 것을 깨달았을 때는 거의 대낮이었다. -중략- **몽롱한** 기억 속에서는 이렇다는 아무 제목도 불거져 나오지 않았다. -중략- 나는 거의 **나 자신의 존재를 인식하기조차도 어려웠다.** -중략- 나는 또 **회탁**(회색의 탁한-인용자)의 거리를 내려다보았다. 거기서는 **피곤한 생활**이 똑 금붕어 지느러미처럼 **흐늑흐늑 허비적거렸다.** -중략- 이때 뚜우 하고 **정오 사이렌**이 울었다. 사람들은 모두 네 활개를 펴고 **닭처럼 푸드덕**거리는 것 같고 온갖 **유리**와 **강철**과 **대리석**과 **지폐**와 **잉크**가 부글부글 끓고 **수선을 떨고** 하는 것 같은 찰나, 그야말로 **현란**(정신이 어수선함-인용자)**을 극한 정오**다. (pp.298~299)

④ **작위적 표현을 통한 잘난 척 쟁이 모더니스트**
-봉건적(전통적)인 것에 대한 반항의 표현, 철저하게 독자를 무시
함.

③에서 언급했듯이 <날개>속에 나오는 근대성이라는 것은 그리 긍정적인 이미지들로 묘사되어 있지는 않다. 그런데도 '상'은 <날개>에서 작위적이라는 생각이 들 정도로 어려운 단어들을 쓰고 있고, 내용 전개 역시도 몇 번을 생각해 보고, 그의 생애와 관련지어서도 생각해 보아야 한다. 읽을 때마다 새로운 생각이 떠오르게 한다.

19세기는 될 수 있거든 봉쇄하여버리오. (p.269)

또한 외국 위인들의 이름이 여럿 나온다. 꼭 이렇게 어려운 말들과 익숙하지 않은 것들로 소설을 만들어야 했을까.

철저하게 그의 머릿속에 독자는 없다. 그가 말한 것처럼 그가 천재이기 때문에 그렇게 했을까. 이와 같은 것들이 봉건적(전통적)인 것과는 무엇인가 다르다는 것을 표현하기 위한 '상' 자신의 하나의 퍼포먼스로도 보이는 것이 사실이다. 자신의 생각을 더 많은 사람들에게 전달하고 싶었다면 이렇게 쓰지는 않았을 것이다.

⑤ **상징성-'여왕벌'과 '미망인'**

먼저 <날개>에 나오는 숫자를 살펴보도록 한다.

그 삼십삼(三十三) 번지라는 것이 구조가 흡사 유곽이라는 느낌이 없지 않다.

　한 번지에 십팔(十八) 가구가 죽 어깨를 맞대고 늘어서서 창호가 똑같고 아궁이 모양이 똑같다. 게다가 각 가구에 사는 사람들이 송이송이 꽃과 같이 젊다. (p.270)

(이경훈:2000)에 보면 '이상'의 <날개>와 대칭을 이루는 작품이 박태원의 <보고>라고 했다. 이 작품에서도 33과 18이라는 숫자가 나온다.

　그러나, 이곳, 관철동 삼십삼번지에 방을 하나 얻어 가지고 산다고, 오직 말로만 들었을뿐으로, 최군도 자기 생활에 자신을 가질턱 없이, 그래, 다만 빈말로라도 놀러오란 말 한마디 한 일 없었고, -중략- 한 집안에 열여덟 가구나 살고 있다는 이 안에서, 최군의 방을 찾아낸다는 것은 나에게 있어 결코 수얼한 노릇이 아니었다.[14]

　이 작품은 '이상'의 생활을 소재로 했고, 또한 <날개>와 같은 1936년에 나왔기 때문에 33번지와 18가구는 실제로 그러했을 수도 있다고 한다.

　그러나 이 보다는 이 작품에서의 33이나 18은 성적인 것을 상징하는 것으로 보인다. 유곽을 표현하고, 매춘을 하는 '아내'를 표현하는 방법으로써 그 곳의 작은 제재 하나까지도 은유적으로 나타냈던 것이다.

　'상'의 많은 작품(예를 들어 <△는 나의 AMOUREUSED>, <날개>, <봉별기>, <종생기>, <차8씨의 출발> 등등)들에서 많은 학자들이 성적인 것들을 읽는다. 그런데 성적인 것을 상징하는 것이든 아니든 중요한 것은 그 성적이라는 것에서는 여성이 비하되어 나타난다는 사실

14) 이경훈(2000), ≪이상, 철천의 수사학≫, p.93, 재인용.

이다. ①에서 말했듯이 이는 본질적으로 모성에 대한 그리움이 비딱하게 표현된 형태가 아닐까 싶다.

여왕벌과 미망인 – 세상의 하고많은 여인이 본질적으로 이미 미망인 아닌 이가 있으리까? 아니! 여인의 전부가 그 일상에 있어서 개개 '미망인'이라는 내 논리가 뜻밖에도 여성에 대한 모독이 되오? 꼳빠이.

위는 <날개>의 서두 부분이다. '여왕벌'과 '미망인'의 공통점이 무엇일까. 바로 남성 존재가 없다는 것이다. 물론 미망인은 그 뜻 그대로 '아직 따라 죽지 못한 여인'이라고 한다면 좀 이야기가 달라지겠지만, 우리가 흔히 쓰는 미망인은 남편이 죽고 혼자 남은 아내를 이야기한다. '여왕벌'은 한 무리를 이끌어가는 대장으로 '여왕벌'에 대비되는 남성성은 없다. 또한 '미망인'도 지금 현 상태에서 남성성은 없다. 그렇다면 지금 '여왕벌'과 '미망인'의 현실에서 존재 자체가 없는 남편, 혹은 남성, 혹은 부성은 무력하고 의미 없는 것이다. 이는 '상'이 가지고 있었던 양자 충격일 수도 있다. 자신을 큰아버지에게 뺏길 수밖에 없었던 친아버지의 무력함을 이야기 하고 있는 것이다. 이것이 고스란히 작품으로 이어져 무력한 존재인 '나'로, '부(夫)존재의 부재'로 표현되고 있다. 여기서 본질적으로 '아내'는 미망인과 다를 바 없는 것이다. 한편, '아내'는 매춘으로지만 돈을 벌고 힘을 가진 존재이다. 이는 '여왕벌'과도 같다. 또한 '여왕벌'은 그 특성상 여러 수벌과 교미한다. 이도 역시 '아내'가 매춘을 하는 상황과 동일하다고 볼 수 있다.

'상'은 소설에 들어가기 전 서두에서부터, 이후에 이야기 될 것들을 전부 제시해 주고 있다고 볼 수 있겠다.

　이상의 문학은 아마도 너무나 아팠던 자신의 경험이 만들어낸, 그의
아픔의 대가일 것이다. 그 아픔의 대가로 전무후무한 작품들을 남겼지
만 그래서 많은 학자들에 의해 아직도 끊임없이 연구 되고 있지만 한
인간의 측면에서 볼 때, 그 작품의 대가는 그 훌륭한 작품에 비해도 전
혀 뒤지지 않을 만큼, 아니 더더욱 큰 아픔이 아니었나 생각한다. 그는
항상 우울과 예민함과 절망이 함께 했고, 그의 생애 중 가장 행복했던
때라 여겨지는 <날개>의 시절에도, 그 행복이 달아날까 그것을 또한
걱정하고 불안해하지는 않았을까 하는 생각이 든다.

　나는 커다랗게 기지개를 한번 펴보고 아내 베개를 내려 베고 벌떡
자빠져서는 이렇게도 편안하고 즐거운 세월을 하느님께 흠씬 자랑하
여주고 싶었다. 나는 참 세상의 아무것과도 교섭을 가지지 않는다. 하
느님도 아마 나를 칭찬할 수도 처벌할 수도 없는 것 같다. (p.294)

　불행한 운명 가운데서 난 사람은 끝끝내 불행한 운명 가운데서 울
어야만 한다. 그 가운데에 약간의 변화쯤 있다 하더라도 속지 말라. 그
것은 다만 그 '불행한 운명'의 굴곡에 지나지 않는 것이다.[15]

　그 불안을 떨치기 위한 외침으로 "날자 날자꾸나"를 외쳤던 것은 아
닐까 생각해 본다.

　위와 같은 해석은 기본적으로 '이상'이라는 작가에 대한 이해가 없으
면 안 된다. 물론 문학을 '가르친다'는 것은 '탐구'하는 것과 달라서 어
느 정도 객관성을 갖추지 않으면 안 된다. 하지만 국어의 영역 중 특히

----

15) 이상, <12월 12일>, 위의 책, pp.8~9.

'문학'에 있어서는 다양한 생각들과 감흥을 불러일으킬 수 있는 교육을 해야 한다고 생각한다. 작품을 통해 각각의 가치 있는 삶들을 대하면서 자신의 삶 속에서 의미를 찾아갈 수 있는 살아있는 교육이 가능한 것이 바로 이 문학 영역이다.

물론 모든 문학 작품을 외재적 관점으로만 보아야 한다는 말은 아니다. 적어도 학습자들에게 문학을 통해 무엇인가를 느끼게 해 주기 위해서는 현재의 분석적인 관점만으로 부족하다는 이야기이다. 그래서 외재적인 요인들을 고려하여 인간적으로 작품에 다가가고, 거기서 얻은 의미들을 자신의 삶 속에 녹여 낼 수 있는 문학교육이 필요하다는 것이다.

 3 더 나은 문학교육을 위한 제언

본고에서는 기존의 문학교육이 내재적 관점에 치우쳐 있다는 점을 지적하고, 외재적 관점을 통한 문학교육을 제안하였다. 그래서 그 작가나 배경에 대해 인간적인 이해를 바탕으로 하여 작품에 다가가고, 이러한 과정을 통해서 학생들 스스로 자신의 삶을 살펴보며 삶에 의미를 더할 수 있도록 도와줄 수 있는 문학교육이 되어야 한다고 이야기했다. 물론 이를 위해서는 교사가 더 많은 노력과 시간을 투자하여야 한다. 또한 현장에서의 평가 문제와도 직결될 수 있다. 하지만 현재의 분석적인 문학교육 방법으로는 학생들이 학생 시절에 한 번쯤은 느껴봐야 할 문학적 감흥을 느껴볼 수나 있을지 의문이다.

　여기서는 <날개>라는 한 작품을 외재적 관점을 중심으로 분석해 보
았다. 이러한 관점은 특히 교사 주도의 학습보다는 학생 중심의 수업
에 더욱 의미가 있다. 이와 같은 관점을 이용한 수업으로 문학 작품이
학습자 자신에게 하나의 의미가 되어 다가올 때, 앞서 말한 진정한 문
학교육의 목적을 이룰 수 있을 것이다.

참고문헌 ————————————————————————————

권일경(2004), 『해법 문학 참고서』, 천재교육.

김윤식(1993), 『이상연구』, 문학사상사.

문학과문학교육연구소(1996), 「문학교육의 탐구」, 국학자료원.

박화선(2001), 「시 교수・학습의 개선 방안 연구」, 가톨릭대 교육대학원 석
　　　　　　사 논문.

이경훈(2000), 『이상, 철천의 수사학』, 소명출판.

이　상(2005), 『이상 단편선 날개』, 문학과 지성사.

인경수(2003), 「창의적인 문학교육 방안 연구: 문학의 수용과 창작을 중심으
　　　　　　로」, 아주대 교육대학원 석사 논문.

<참고사이트>

국립국어원(www.korean.go.kr): '표준국어대사전'

네이버(www.naver.com): '국어사전'

황순원 후기 장편소설 연구

1 황순원 장편소설 연구의 필요성

황순원[1]은 1930년 시를 써 문단에 나왔으며 1940년 단편집 『늪』을 출간하면서 소설 창작에 전념하기 시작했다. 2000년 작고하기 전까지 시 104편, 단편소설 104편, 중편소설 1편, 장편소설 7편을 집필하였다. 왕성한 작품 활동이 말해주듯이 「소나기」를 비롯하여 그의 소설 한편을 읽어보지 못했거나 각색되어 영화화된 소설작품 하나쯤을 보지 못한 사람이 없을 정도로 그의 작품은 우리 곁에 가깝게 있어 왔고 우리 정서에 깊이 뿌리 박혀 있다. 황순원 그가 한국 근대사의 다양한 역사적 배경과 더불

1) 1915년 3월 평안남도 대동군에서 평양 숭덕학교 고등과 교사였던 아버지 찬영과 어머니 장찬붕의 장남으로 태어났다. 오산중학교를 거쳐 숭실중학교를 마쳤으며, 1934년 일본 와세다대학 제2고등학원에 입학, 1939년 와세다대학 문학부 영문과를 졸업하고 고향에서 생활하다 1946년 월남했다. 서울중·고등학교 교사를 거쳐 1957년 경희대학교 문리대학 교수가 되었으며, 1980년 정년퇴임 후 명예교수를 지냈다. 2000년에 85세로 타계하였다. 자는 晩岡이며 본관은 齊安이다.

어 현실 속에서 자신의 생과 사를 함께 해온 작가이기 때문이다. 고전이라 할 수 있는 그의 작품은 중학교나 고등학교 대학의 문학교육에 빠뜨릴 수 없는 중요한 텍스트가 되어 자리하고 있다.

일제 말기의 식민지 탄압과 한국전쟁 속에서도 작가로서의 중심이 흔들리지 않고 해방 이후 오늘날에 이르기까지 거의 반세기의 세월을 섬세하면서도 꼿꼿한 작가적 태도로 문학의 길을 걸어왔던 그의 작가 정신을 이해하는 데 있어서 그의 작품들은 중요한 근거 자료가 된다. 그러나 다양한 문학적 특성들을 포괄하는 작가의 작품을 대상으로 하여 그 문학작품의 본질과 작가 세계를 명확하고 정확하게 규명하는 것은 쉬운 일이 아니다. 200여편이 넘는 그의 작품을 하나하나 면밀히 분석하고 매 작품의 본질과 그 속에서 발견되는 또 다른 공통된 본질을 찾아낸다는 것은 어느 한 사람의 몫이 아니라 문학을 공부하는 모든 이들의 일련의 커다란 과업이 될 것이다. 그러한 노력은 초창기 단편소설을 중심으로 시작된 연구가 지금까지도 이어져 활발히 진행되고 있다. 그에 대한 두드러진 문학적 평가는 탄탄한 구성과 시적 문장으로 단편소설로써의 미학을 완성하였다는 견해이다.

단편소설에 대한 긍정적인 평가에도 불구하고 본고에서 주목한 것은, 단편소설의 미학적 완성을 이뤘다고 하나 단편에서 사금파리와 같이 각각 흩어져 독립된 이야기들이 장편소설에 이르러서 더 집요하고 구체적으로 나타난 서사를 통하여 한국인의 근원적인 정신상황에 관련된 시대적·사회적 문제에 폭넓게 접근해오고 있다는 것을 밝혀보기 위해서다. 보다 다양한 각도에서 그와 그의 작품세계를 이해하고자 하는 노력이라 할 수 있겠다. 따라서 황순원의 후기 장편소설 『日月』, 『움직이는 城』, 『神들의 주사위』에서 각 작품의 서사를 이끄는 인물을 찾아내어 그 인물들을 우리 시대에 처해 있는 인간 유형으로 보아 분석하고 그것과 전체서사와의 관계를 밝혀 황순원 작품세계를 보다 깊이 이해하는 동시에 그의 소설이 우리의 현실 문제에 대한 이해의 과정임을 확인하게 될 것이다.

이들 세편의 선정은 작품의 내용적 측면이나 재적 측면에서 서사의 개연성이 밀접하였음에도 불구하고 아직까지 구체적인 작품 연구가 없기 때문이기도 하지만, 황순원의 후기 정신의 소산인 이들 세 작품을 집중적으로 살펴봄으로써 작가의 현실인식과 주제의식이 어떻게 일관되는지 혹은 어떤 변화를 보이는지 그 흐름의 변모 양상에 대한 궁금증이 본고의 출발점이라 할 수 있다. 따라서 이 세편의 묶음으로 그의 문학의 전개 과정과 문학성을 온전히 파악 할 수 있는 또 다른 지표가 될 것이다.

 ## 신분근원의 탐색과 자기성찰 과정 -『日月』

『日月』은 3부로 이루어진 장편소설로 제 1부에서는 주인공 '인철'이 백정 가문의 후손이라는 사실이 밝혀지면서 우리 사회에 남아 있는 신분제도의 잔재를 보여주고 있고, 제 2부는 그로 말미암아 심화되는 소외와 실존의 문제를 그리고 있다. 제 3부에서는 그의 일상적 삶이 붕괴되어 가는 과정과[2] 신분근원을 찾아가는 모습을 통해 내면의 변화를 갖는 주체적 자아를 발견하는 과정을 그리고 있다. 김치수, 성민엽 등이 이 소설이 숙명적 고독과 구원의 문제에 천착한 작품이라고[3] 평가한 것은 '인

....
2) 송현호, 『황순원』, 건국대학교출판부, 2000, p.107.
3) 김치수, 「외로움과 그 극복의 문제」, 『문학』, 1권 8호. 1966.
   성민엽, 「존재론적 고독의 성찰」, 『황순원전집 8』, 문학과지성사, 1983.

철'에게 주어진 삶의 고독과 한 인간이 숙명적 고독에만 몰입하여 빠져 나오지 못하는 것이 아니라 스스로가 진정한 자아를 발견하고 눈떠가는 모습 속에서 인간이 고통과 죄의 굴레에서 벗어나는 문제를 다뤘다고 보았기 때문이다.

『日月』의 전체적 서사를 이끌어 가는 인물 인철의 관점에서 서사의 흐름을 살펴보자면, 인철은 잘 나가는 중소기업 사장 상진영감의 두 번째 부인과의 사이에서 태어난 인물로 대학원에서 건축을 전공하는 학도이다. 백정의 후손임을 숨긴 채 삶을 살아온 그의 아버지 상진영감은 자신의 출세를 위해서 부모 형제와 인연을 끊고 자신의 과거를 철저히 숨기며 살아가는 사람이다. 인철이 백정의 후손이라는 것을 알게 된 것은, 어린 시절부터 알고 지내던 취미가 문화유산을 수집하는 대학교수 지교수의 만남에서 큰아버지 본돌영감의 사진을 보게 되고 알 수 없는 느낌을 받게 되면서부터이다. 인철의 이복형인 인호가 백정인 큰아버지를 만나면서 아버지 상진영감에게 진실의 진위 여부를 확인하기 위하여 찾아오게 되고 백정의 후손이라는 인철의 짐작은 사실로 들어난다. 형 인호는 백정의 후손이라는 것이 밝혀짐과 동시에 아버지 상진영감이 그랬던 것처럼 자신의 출세를 위해서 신분을 철저히 숨기고 가족들과의 인연을 끊어가며 도피 한다. 인호의 모습 속에서 인철은 비난할 수도 위로할 수도 없는 감정에 휩싸이게 된다. 인철은 어려서부터 함께 자란 다혜에 대한 애틋함이나, 은행장의 딸인 나미에 대한 연애사가 백정의 후손이라는 신분 때문에 고백할 수 없거나, 그들 사이의 신분차를 뛰어 넘을 수 없는 현실문제에 부딪히게 된다. 인철은 백정의 후손으로 살아가고 있는 큰아버지 본돌영감과 사촌인 기룡을 찾아 만나면서 아버지나 형의 태도에서 깨달았던 도피가 아니라 자신의 문제를 직접적인 대면을 통해 자신의 문제를 이끌어가며 운명이 가지고 있는 굴레의 실타래를 풀어보자 한다.

2.1. 신분근원을 찾는 주체적 자아

『日月』의 주인공 인철은 대학원생으로 건축을 전공하고 있다. 중산층의 삶을 살고 있는 그가 백정의 후손이라는 가문의 내력을 알게 되면서 신분제도가 폐지된 현대의 삶에 들어섰음에도 불구하고 비합리적인 봉건 신분제도의 잔재로 인하여 고뇌하는 과정을 그린다. 백정의 후손이라는 이유로 그와 그의 가족들은 사회를 이루는 구성원으로 흡수되지 못하고 무력감과 열등감에 휩싸여 고립되고 배척당하는 현실에 부딪히게 된 것이다. 또한 인철을 중심으로 그의 가족이 모두가 가문의 내력으로 인하여 일상적 삶이 무너지고 가족끼리 마저 등지게 되는 과정을 보여준다.

인철이 '백정'이라는 전통적인 특수한 신분과의 운명적인 만남은 알고 지내던 지교수의 집에서 '백정의 피'를 물려받고 그 습성을 그대로 지켜 내면서 사는 분디나뭇골 본돌영감의 사진을 통해서이다. 본돌영감의 모습 속에서 인철은 예사롭지 않은 '피의 알림'을 받게 된다.

> 인철이 사진을 받아들었다. 그리고 무심코 사진에 눈을 주는 순간이었다. 무엇인가 가슴에 확 안겨지는 듯한 감정에 사로잡혔다. 동그마한 얼굴에 조용히 감고 있는 눈. 물론 아는 사람도 아니요, 어디서 본 듯한 얼굴도 아니었다. 그런데 대체 자기 가슴에 확 안겨지면서 온몸의 피를 더 웁게 해주는 것은 무엇일까?[4]

예사롭게 느껴지지 않았던 본돌영감의 사진보고 난 뒤 '백정이라는 신분이 따로 있었다는 것조차 전혀 모르'던 인철은 운명적으로 백정의 후손이라는 자신의 신분과 조우하게 된다. 인철의 이복형인 인호는 고향의 군수로 있으면서 앞으로 국회의원에 출마할 계획을 가지고 있었던 인물

---

4) 황순원, 『日月』, 문학과지성사, 1983, p.30.

로 인철에게 본돌영감이 자신들의 큰아버지이며 백정의 후손이라는 신분을 직접적으로 알게 된 사건을 만든 장본인이다.

아버지 상진영감과 형 인호의 대화를 통하여 백정이기에 주변 사람들로부터 부당한 멸시와 천대를 받고 살아야 했던 아버지의 고통스런 과거를 알게 되면서 자신 또한 '백정의 세계가 곧 자신의 세계'로 받아 들여야 하는 굴레에 놓여 있다라는 것을 깨닫게 된다.

> 그러나 지금에 와서 그 것들이 제 삼자의 남의 일이 아니고 자신과 불가분의 관계가 있는 일로 앞에 나타나고 보니, 양수척의 집시 같은 생활도 단순히 흥미의 대상으로만 생각할 수 없게 된 것은 물론, 백정의 세계가 곧 자기 세계처럼 여겨야 할 처지에 놓이게 된 것이었다. 그 다시없는 천민 취급을 받아오는 백정 세계가, 인철은 검은 그늘이 온몸을 휩싸는 듯함을 느끼기 시작했다.[5]

백정이라는 계급은 봉건사회에서 온갖 질시와 냉대를 받은 신분이었고, 그것은 오늘날까지 사람들의 의식의 밑바닥에서 얼마간 잔존해 있다. 그러한 현실 속에서 인철은 점차로 그러한 사실이 자신의 힘으로는 피할 수 없는 숙명임을 인정하게 되면서 '검은 그늘이 온몸을 휩싸는 듯함'을 느끼게 된다. 인철은 자신의 신분을 아무것도 아닌 척 회피하지도 받아들일 수도 없는 것에 심리적인 고통과 괴로움을 갖게 된다. 그에게 있어 당장 직면한 현실적 문제는 인철에게 호감을 보이며 인철과의 연애 관계로 발전하기를 기대하고 있는 나미나, 어머니의 빈자리를 채우듯 자신에게 어린 시절부터 한결같은 모습의 사랑으로 감싸고 있는 다혜의 관계에 있어서 자신은 자신의 신분으로 인하여 더욱 소극적인 사람이 되어야 한다는 사실이다. 왜냐하면 자신이 그들에게 관심을 가지고 있더라도 사회

---

5) 황순원, 앞의 책, p.86.

통념상 백정이라는 신분이 가져다주는 차별적 고정관념은 무시될 수 없기 때문이다.

"저의 어머니도 그럼……"
상진영감은 비통한 듯 맏아들의 얼굴을 바라보다가,
"그 시절에야 어디 보통사람들하고 통혼할 엄두나 냈었니."
"지금은 안 그런가요. 백정의 자손이란 걸 알면 누가 혼인을 합니까."6)

그러한 번뇌 속에서도 인철은 아버지처럼 백정이라는 신분을 숨기지도 형처럼 현실을 도피하여 떠나지도 않은 채 피할 수 없는 운명을 받아들이고자 하는 노력은 그도 인식하지 못했던 무의식에 자리하고 있다. 인철이 신분근원을 찾고자하는 강박관념은 꿈을 통하여 표출된다. 꿈속에서 인철을 부르는 익명의 목소리는 다름 아닌 자신의 운명일 것이다. 백정의 후손이라는 운명을 받아들여야 한다는 현실은 인철에게도 두렵고 떨린 것은 사실이다. 그러나 운명 앞에 용기를 내어 정면으로 대면하고자 하는, 눈을 번쩍 뜨는 주체적 자아를 만나게 된다.

마침내 인철은 동굴을 벗어나 눈부신 햇살 속에 섰다. 그는 소리쳤다. 자 나왔다, 넌 어디 있느냐. 소리의 임자가 대답했다. 바루 네 옆에 있다. 인철은 주위를 살펴보았으나 아무도 없었다. 어디냐, 어디. 바루 네 곁에 있다, 아직두 네 눈은 두려움에 떨구 있기 때문에 보이지 않는 거다, 그런 눈을 하지 말구 똑똑히 보아라, 인철은 눈을 크게 뜨려고 하다가 잠이깼다.7)

자신의 신분의 근원을 찾아 길을 나서겠다는 그의 다짐은 사촌을 만

6) 황순원, 앞의 책, p.90.
7) 위의 책, p.110.

나는 것부터 시작된다. 그의 사촌인 기룡은 백정의 후손이라는 사실을 애써 감추거나 들어내지 않아도 될 만한 곳에 있다. 기룡이 있는 곳은 백정이라 해서 천대를 받거나 무시를 당하는 가혹한 현실만은 아니다. 운명 그대로를 스스로 받아들이고 백정의 후손으로 묵묵히 자신이 해야 할 일을 해나가는 기룡을 찾는다는 것은 인철에게 신분의 근원에 다가서 자신에게 다가온 신분근원에 대한 운명을 어떻게 극복해야 해야 하는 길을 모색하고자 하는 과정과 같다. 처음부터 자신의 신분을 알고 그 운명을 순순히 받아들인 자와의 만남을 통해 인철은 백정의 후손이라는 신분의 근원을 받아들이고 인정하는 주체적 자아가 되어 길을 나선 것이다.

> "쫓아간 쪽은 제쪽에요. 그분은 제가 아버지께 그 일을 듣기 전부터 백정들에 대한 걸 조사하고 있었어요. 그날 소 제 지내는 걸 보시러 간다는 걸 알구 있다가 제편에서 따라나선 거예요."[8]

그러나 백정으로 살아가는 사촌 기룡이 인철과의 친족관계를 부인함을 보고 아버지와 본돌영감이 절연할 수밖에 없는 현실을 인정하게 된다. 차라리 아버지가 노력해온 것처럼 그 세계와는 외면하고 사는 것이 현명한 일이 아닌가라고 인철은 지난 며칠 동안 마음속에서 싸워온 생각에 또다시 말려들어가기 시작한다. '우연이건 고의이건 서로가 절연 상태로 있는게' 상책이라고 체념하며 아버지 상진영감이나 형인 인호의 태도를 이해하게 된다. 그럼으로 주체적 자아는 폭풍전야와 같은 일시적인 안정에 들어선다.

인철은 자기 자신을 찾는 자기실현을 극복할 수 없었던 현실의 비극을 스스로 감당함으로서 극복해 보려는 적극적인 의지의 표현은 결코

....
8) 황순원, 앞의 책, p.176.

숨길 수가 없다. 일시적으로 찾아오는 신분근원을 찾은 안정감, 그 진동은 주기적으로 찾아오고 더 짧은 간격으로 찾아오게 됨으로 인철은 심리적 안정감과 자신이 처해 있는 현실에 대한 외면없이 그것을 극복하고자 하는 힘을 갖게 된다. 현실을 있는 그대로의 자신을 받아드리게 된 것이다.

2.2. 내면변화를 통한 자아발견

『日月』의 인철은 백정의 후손이라는 신분근원을 받아들여하는 현실 앞에 아버지 상진영감처럼 자기 숙명을 은폐하고 허위의 가면 속으로 칩거해 버리거나, 혹은 형 인호처럼 그 숙명으로부터 도피해버리는 태도를 가질 수 없다. 그러기에 신분근원을 인정하려는 주체적 자아가 너무 커져 있다. 따라서 인철에게 주어진 길은 오직 하나 자신에게 처해있는 숙명과 정면으로 맞서 싸우는 일이다. 인철이 이미 백정의 후손임을 인정한 사촌 기룡을 만나거나 분디나뭇골에 사는 큰아버지 본돌영감을 찾아나서는 이유는 인철의 내면에 변화의 계기를 마련하기 위함이다. 즉, 자신에게 주어진 운명의 실체를 확인하는 동시에 자신의 신분근원을 받아들이기 위해 선행되는 행동인 것이다. 그러나 큰아버지 본돌영감에게서 그가 본 것은 백정의 후손으로 수많은 피를 묻히고 반성 없는 삶, 숙명적 조건 속에 함몰된 비인간적인 모습일 뿐, 남은 것은 혐오감이다.

> 인철은 줄곧 마음이 어두워있었다. 눈앞에 벌어지는 모든 일들을 이미 남의 일로만 볼 수 없는 자기의 처지. 얼마 전만 해도 호기심이 일었을 이런 일들이 바로 자기 조상들이 해왔고 지금은 큰아버지 된다는 사람이 하고 있다는 사실에 직면하자 복잡하고도 강한 혐오감마저 솟는 것이다.[9]

인철은 자신과 백정이라는 숙명을 짊어진 자신의 피붙이들에게 느끼는 괴로움이 섞인 혐오와 증오이다. 백정의 신분으로 살아가고 있는 큰아버지의 모습에서 인철은 그동안 느끼지 못했던 조상들에 대한 증오가 일어난다. 백정을 하나의 직업으로 시작돼서 직업으로 끝나야 한다는 그것은 자신과는 별개의 것으로 간주하고 싶어 한다. 그러나 인철은 이미 신분근원에 대한 깨달음을 얻었고, 그것이 도망가거나 덮어버린다고 해서 해결되는 문제가 아니라는 것을 알고 있다. 그렇게 인철은 자신이 백정의 후손이라는 것을 깨달으면서 내적변화를 갖게 된다. "전 아버지가 택하신 길을 우리가 너무 탓할 수는 없다고 보는데요. 앞으루 남은 문젠 우리들이 어떻게 자신의 방향을 정하는가에 달려있지 않은가 해요."(p.94)라고 자신의 생각을 말할 수 있게 된 것이다.

자기의 변화를 인식한 그는 이제 다시 예전으로 되돌아 갈 수는 없다. 되돌아가기에는 그것이 지닌 허위를 간파할 수 있는 인식이 열린 것이다. '자기 신분의 비열함에 대한 자의식'10)이 싹트기 시작한 인철은 신분상의 열등감과 그것으로 인한 피해의식으로 사로잡히게 된다. 내면에서 복잡하게 오가고 있는 자신만의 갈등은 인철 자신도 어찌 할 수는 없다.

그러나 분명한 것은 '예전의 자기가 아님'을 인식하면서 '마음의 부담'이 피할 수 없는 현실이라는 것을 느낀다. 인철은 지교수에게 자신의 큰아버지가 바로 백정의 후손이며 아직까지도 백정의 정신을 고수하며 살아가고 있는 분디나뭇골 본돌영감과의 관계를 고백하기에 이른다. '분디나뭇골 그분이 제 큰아버지가 됩니다. 그쪽에선 절 모르지만요. 너무나 쉽게 나오는 언어들이었다. 망설임도 앞뒤 생각도 없이.'(p.152)라고 자신도 모르게 말이 쏟아져 나온다. 마치 그동안 가슴에 담아 두었던 그 무엇

---

9) 황순원, 앞의 책, p.143.
10) 김 현, 「계단만으로 된 집」, 『말과 삶과 自由』, 문학과지성사, 1985, p.171.

을 고백하듯 말이다.

지교수에게 자기와 분디나뭇골 본돌영감과의 관계를 말해버리고 난 인철은 그것이 단순히 어떤 돌발적인 충동에서 온 것이 아님을 깨달았다. 그렇다고 오래 두고두고 꼭 그것을 발설해야만 하겠다고 별러온 것도 아니었다. 그저 이쪽의 관계를 모두 알고 있을 듯한 지교수에게, 아니 설사 그걸 전연 모르고 있다 하더라고 이쪽에서 그가 알고 있을지도 모른다는 그 무거운 감정으로부터 벗어나고 싶은 잠재적인 데서 온 것인지 몰랐다.[11]

'무거운 감정으로부터 벗어나고 싶은 잠재적'인 욕망을 억누르고 있었던 인철이었던 것이다. 인철은 백정의 신분이라는 외적갈등으로 인한 내적갈등에 시달리는데, 검은 그늘이 온몸을 휩싸는 듯한 느낌과 세상이 이제까지 그가 보아오던 세상일 수가 없고 의식 없이 친해 왔던 주변의 모든 사람들도 어느샌가 먼 타인으로 느껴지기도 한다. 이러한 피해의식과 소외의식은 적극적으로 다가오는 나미나 모성적인 사랑으로 감싸오는 다혜에게까지 과민성을 보인다. 인철이 다혜나 나미를 두고 방황하는 것은 그들 쪽에 이유가 있는 것이 아니라 흔들리는 자기를 아직 바로 세우지 못한 인철 자신에게 이유가 있는 것이다.[12]

기룡이 자기 보고 어젯밤 복잡해 뵈더라고 한 걸 가지고 그에게 지껄였던 일. 이제까지의 생활에 그냥 순응해서 살면 무난하고 마음 편한 것을 무엇하러 이러고 다니는지 자신도 모르겠다. 그렇다고 형 인호처럼 피해버려야 하는가 어쩌는가.[13]

....
11) 황순원, 위의 책, p.153.
12) 김인숙, 『황순원 장편소설 연구』, 연세대 교육대학원 석사논문, 1995. p.29.
13) 황순원, 앞의 책, p.257.

"좀 자세히 보세요. 새집 그림이 길래 어쩌면 인철씨가 알아낼 것 같애
서……"

나미는 이때 인철의 눈동자가 가늘게 떤 걸로 느꼈다.

"누구의 짓인진 몰라두 왜 이런 걸 보냈나 하는 건 알 것같군."

이번에는 인철의 눈길이 확 타는 듯함을 나미는 느꼈다.

"그건, 이 집의 설계자는 백정입니다, 하는 것을 말야."

나미는 흠칫 놀랐다. 설계한 사람, 곧 인철이 백정이라는 말에서 보다
도, 뒤이어 인철에게서 솟은 웃음소리 대문이었다. 그것은 마주 앉은 인
철의 뒤쪽 먼 어둠속에서 일어 그대로 말할 수 없는 어떤 환희로 변해 가
까이 다가온 웃음소리로 들렸다.[14)

인철은 자신의 신분을 알게 된 사람과의 관계가 불편해짐을 느끼고
도피하고자 하였다. 그러나 그러한 처음의 상태에서 빠져나와 이전보다
더 적극적이고 긍정적인 바탕에서 현실에 대응하자 한다. 사고의 발전을
가져온 것이다. '그러면 어디서 온 변화일까. 변화라면 인철에게도 있었
다. 그네를 대하는 데 옛날처럼 신경을 쓰지 않게 되었던 것이다. 너는
너, 나는 나라는 거리를 둘 수 있었다. 물론 인철이 그런 의식을 버리지
않으려는 노력도 있었으나 어쨌든 그러한 자기에게 만족'하게 된다.(p.311)
"허위나 과장이나 환상 없이 자신의 숙명과 맞부딪쳐 확인하려는 것"[15)
이다. 그는 이제까지의 태도와는 달리 외로움을 회피해 떠나지 않고 사
람들 틈에 끼어 자신이 그 곳에 자리하고 있음을 상기 시킨 후 자신이
있어야 할 진정한 자리를 찾아 나선다.

이대로 나는 관객의 입장에서 다혜와 다미를 대해야 하는가. 나는 나,

····················

14) 같은 책, p.293.
15) 천이두, 「한국적 미학과 현대적 윤리」, 『한국현대문학전집 15권』, 삼성출판사,
1978, p.453.

너는 너라는 인간 관계란 있을 수 없지 않은가. 인간이 소외당한 자기자신을 도루 찾으려면 우선 각자에 주어진 외로움을 참구 견뎌나가는 데서부터 시작해야 할 것이야. 기룡이의 말이었다. ……그건 그렇다. 하지만 그 외로움이란 인간과 인간이 격려돼있는 상태에서만 오는 게 아니지 않는가. 서로 부딪칠 수 있는 데까지 부딪쳐본 다음에 처리돼야만 할 문제가 아닌가. 기룡을 만나야 한다. 만나 얘기해야 한다.

　인철은 머리에서 고깔모자를 벗어 뜰에 서 있는 한 나뭇가지에 걸었다.16)

나미의 집 파티에서 혼자 빠져나와 고깔모자(허위의 가면)를 벗어 버리는17) 인철의 행위는 자기 내면의 숙명적인 고독과 갈등 속에서 벗어나려는 자기 극복의 한 전환점을 시도해 보고 있는 것이다. 인철은 신분상의 열등감과 피해의식으로 인한 인간관계의 단절감과 고독으로 침잠했었으나 그것을 극복함으로써 새로운 인생의 장을 열게 되는 것이다.18) 그가 기룡을 찾아 나려는 것은 기룡이 가지고 있는 인간 내면의 고독의 실체를 가진 사람으로 보였고, 그것은 인철이 자기에게 주어진 고독의 밑바닥까지 깊숙이 들어가서 그 고독의 근원을 깨닫고 극복하려는 지성적이고 의지적인 모습을 가졌기 때문이다.

. . . .

16) 황순원, 앞의 책, p.343.
17) 그는 고깔모자와 함께 과거의 인습적 굴레, 근원적인 고독감의 사슬, 허위를 벗어 나뭇가지에다 걸었다. -유재화, 같은 책, p.26.
18) 이희숙, 『황순원 장편소설 연구』, 숙명여대 교육대학원 석사논문, 1993, p.38.

3 인간존재의 가치추구 – 『움직이는 城』

『움직이는 城』은 각기 외로운 성으로서의 각자의 궤적을 쌓아가고 있는 이들을 통해 정신의 정착을 얻지 못한 한국인의 근원적 심상을 날카롭게 해부[19]한 작품이다. 주된 인물은 기독교 전도 사업에 몸을 담고 있는 성호, 민속학을 연구하는 민구, 그리고 농학을 전공으로 하여 귀농에 관심이 많은 준태가 비슷한 크기의 비중을 차지하고 있다. 이들이 이야기의 주된 흐름을 주도하고 있으며 반대적인 인간상을 보이는 성호와 준태를 통하여 인간 존재에 대한 고뇌와 갈등을 심각하게 고민하고 있을 뿐만 아니라, 사회적 · 정식적으로 파멸해가는 인물들의 모습과 이를 극복하려는 진실 된 인간의 모습을 그리고 있다.

성호와 준태는 민구를 통해 알게 된다. 준태와 민구는 군대시절의 전우관계이다. 민구와 성호는 대학동창이다. 성호는 부유한 집안의 사람으로 희생정신이 강하고 성실한 기독교인으로 시련과 역경을 몸으로 실천하며 자기 내면의 순수를 외롭게 버텨 나가는 인물이다. 성호는 부산피난 시절 알게 된 정목사의 아내 홍여사와의 불륜을 통하여 아이를 갖게 되고 낙태하게 된다. 불륜과 낙태에 대한 죄의식으로 고통 받고 있는 그는, 가난한 사람곁에 남아 봉사하는 사역을 통해 자신을 정화시키고자 한다. 목사가 되고자 하는 과정에서 불륜과 낙태에 대한 과오의 과거가 드러나지만 그것을 외면하지 않고 정면으로 받아들이며 목사의 길을 접게 된다. 성호는 목사의 직함이 중요한 것이 아니라, 기도교인의 삶을 실천하며 살아가는 것이야말로 진정한 의미의 삶임을 깨닫는다. 가난한 사람들 틈에 들어가 그들과 함께하며 버려진 아이들을 돌보며 살아가고자

----

19) 김병익, 「순수문학과 그 역사성」, 『황순원연구』, 문학과지성사, 2000, p.28.

하는 긍정적인 인물이다.

민구는 민속학자로 민속학을 연구하는 과정에서 무속에 대한 호기심을 갖게 되고 무당에 대한 남다른 관심을 쏟는다. 민구는 현실에 안주하여 자신에게 주어진 기회를 놓치지 않는 인물로 임기응변에 강하고 현실과 적당히 타협하며 살아간다. 박수무당 '변씨'의 성 관계마저 그저 흘러가는 무엇으로밖에 생각하지 않는 인물로, 정신적인 고민과 갈등을 커다란 문제로 삼지 않고 약혼녀 은희에 의해 자신의 의사를 결정하는 주관성이 배제된 인간형이라고 볼 수 있다.[20]

준태는 존재에 대한 갈등과 고민에 사로잡혀 부정적 자아를 만들어내고, 끝내 죽고 마는 부정적 인물이다.[21] 준태는 창애와의 결혼 생활에도 흥미를 느끼지 못하고 창애의 외도를 방관하는 무관심한 태도로 일관하고 있기 때문에 진정한 사랑이 무엇인지 깨닫기에는 어려움이 있다. 준태는 결국 부인 창애와의 애정이 없는 결혼생활은 오래 지속되지 못하고 이혼을 하고 만다. 그런 도중 준태는 우연히 헌책방에서 알게 된 지연과의 관계 속에서 자신이 공을 들여 연구하고 있는 감자의 싹을 보면서 사랑도 그 뿌리를 튼튼히 만들고 싹을 틔워 땅 속 깊이 뿌리 내리고자 하는 사랑에 대한 긍정적인 가치관이 생기지만 그 것을 깨닫는 동시에 죽음을 맞음으로 아무것도 해결된 것이 없다.

....

20) 긍정적인 인간상인 성호와, 부정적 인간상인 준태 그 중간쯤에 위치한 인물이라 할 수 있다. 이 논고에서는 긍정도 부정에도 속하지 않는 우유부단한 민구는 논의에서 제외한다.
21) 가장 합리적이며 무신론자인 농학도 준태는 한국인의 정신 풍토에 대하여 매우 비판적이고 부정적이다. -김인숙,「황순원장편소설연구」, 연세대 교육대학원 석사학위 논문, 1995, p.35. 성호는 신의 존재를 긍정하는 낙관적 세계관을 표명하는 반면 준태는 신의 존재를 부정하는 비관적 세계관을 표명한다. -고은숙,『황순원 장편소설의 갈등 양상연구』, 청주대 대학원 석사학위 논문, 1992, p.22.

자신의 삶을 개척하고 인간 존재의 이유를 깨달아가는 긍정적인 인물 성호와 서서히 자신의 삶을 파괴하고 있는 부정적인 인물 준태의 발자취를 따라가면서 인간이 추구해야 하는 가치 있는 삶이란 무엇인지 살펴보기로 한다.

3.1. 긍정적 인간상의 현실극복

성호는 부유한 집안에 태어나 유복하게 살았으며 대학에서 국문학을 전공하던 인물이다. 아버지의 대를 이어 회사를 물려받고 살아갈 수 있는 능력을 가지고 있다. 그러나 그는 기독교의 전도사업에 힘쓰며 자신의 삶을 아버지의 대를 이어 편히 살고자 하는 현실에 안주하는 인물은 아니다. 자신의 삶은 자기가 개척해 나가야 한다고 생각한다. 부산피난 시절 존경하던 정목사가 납북되었다는 것을 알고 정목사의 부인 홍여사를 도와주다가 그만 홍여사와 사랑에 빠지게 된다. 홍여사와의 불륜관계와 자신의 아이를 낙태시켰다는 죄의식 때문에 괴로움 속에 살다가 가난한 삶을 살아가는 사람들을 만나 함께 가난과 고난의 길을 걸으면서 인간 존재에 대한 깨달음을 얻어가는 과정을 그리고 있다.

> 정말 자살의 동기란 남이 보기에 어처구니없을 정도로 맹랑할 수도 있었다. 대낮의 길거리에서 지나가는 자가용차에 홍여사가 자기 남편의 친구와 같이 타고 있는 걸 보았을 따름이었다. 그날밤 홍여사의 집에서 열한시까지 기다린 성호는 밖으로 나가 수면제를 사왔다.[22]

성호는 자신이 가지고 있는 목숨마저 던질 만큼 홍여사를 사랑하게 된다. 성호는 홍여사의 모든 것을 사랑하고 있었기에 자신이 홍여사에게

---

22) 황순원, 『움직이는 城』, 문학과지성사, 1980, p.37.

사랑을 받지 못한다면 수면제를 먹고 죽을 각오를 할 정도로 온 몸과 마음이 열려 있는 사람이다.

홍여사가 정목사의 빈자리를 다른 남자들과의 관계에서 채우고 있다는 오해가 그를 괴롭히고 있지만 홍여사를 사랑하는 마음이 가득하기에 '남이 보기에 어처구니없는' 행동이라도 자신의 몸을 온전히 던져 사랑을 표현하고 실천하려한다.

> 우리는 용서받을 겁니다. 성호는 무덤을 향해 되새기듯 속으로 뇌었다. 당신이 운명할 때, 우리는 용서받는다고, 말 아닌 무언의 대화를 남겼지만 실은 그전에 이미 당신은 오랜 고뇌를 통해, 더구나 정야지인 소사에서 스스로에게 짊어지운 고통을 통해 당신뿐 아니고 나까지를 용서받게 했던 겁니다.[23]

성호에게 뿌리박혀 있던 죄의식은 다름 아닌 사랑의 대가로 넉달 된 태아를 유산시키고 홍여사가 낙태와 불륜에 대한 죄책감에 괴로워하다고 죽었다는 사실이다.

성호는 끝없는 고난과 희생의 길을 택함으로써 자기 내면의 죄의식과 정면으로 맞서 나가는 용기를 보이는 것이다. 홍여사가 죽음을 앞두고 '우리는 용서받을 겁니다'라고 말함으로 성호는 그동안에 가지고 있었던 내면의 죄의식을 벗게 된다. '인간에겐 과학적 지식이나 기술에 의하지 않구두 희망을 가질 수 있'(p.63)게 된 것이다. 보혈을 흘리는 예수의 모습과 같이 홍여사의 죽음은 죄의식을 용서 받고 새로운 희망을 품을 수 있는 계기로 작용한다.

> 예수의 얼굴은 말할 것도 없고, 커다란 못에 박힌 손바닥과 발의 비틀

23) 황순원, 앞의 책, 1980, p.40.

림, 그리고 온 괴로움의 중량이 그리로 몰린 듯 앞으로 불거져나온 가슴, 이세상 고통이란 다 압축돼 있는 성 싶었다. 자칫하면 이 고통에 져버릴 것만 같은, 겨우겨우 지탱하고 있는 예수의 모습이었다. 성호는 왠지 이 고통과 괴로움에 범벅된 예수의 모습에서 도리어 부활하는 예수의 아름 다운 자태가 부각돼오던 기억을 지울 수가 없었다.[24]

성호는 고통으로 일그러진 예수의 형상을 육체에 가해진 단순한 고 통이 아니라 자신을 따르던 인류의 고통을 모두 짊어진 존재자로 인식 하고 예수와 같이 자신 내면에 자리하고 있는 고통을 바라보게 된다. 성호 자신은 고통과 고난의 싸움에서 지는 것이 아니라 새롭게 부활되 어야 하는 자신을 깨닫기에 이른다.

"신문에 난 사진이 흐려서 분명친 않았죠. 그치만 팔을 뒤루 묶인 사내 하나가 총에 맞아 고갤 앞으로 떨어뜨리구 있는 모양만은 알아볼 수 있 드군요. 그 사진을 보면서 생각을 했죠. 결국 죽음이란 헛되지 않는다구 요. 죄없는 사람의 죽음은 죄없는 사람의 죽음재루, 죄있는 사람의 죽음 은 죄있는 사람의 죽음대루 우릴 깨우쳐주는 게 있으니까요. 성질은 다르 지만 말입니다."[25]

예수의 부활을 상기하듯 성호에게 있어 죽음은 홍여사를 상기시키 게 되는 일이다. 홍여사 성호와의 관계에서 많은 죄의식을 느꼈고 그 죄의식으로 인해 도진 심장병이 죽음에 까지 이르게 된 것, 성호에게 있어서 홍여사의 죽음은 헛된 죽음이 아니라 죽음으로 인하여 우리에 게 무엇인가를 일깨워주는 역할을 하고 있다고 믿고 있다. 홍여사의

---

24) 황순원, 앞의 책, 1980, pp.76~77.
25) 같은 책, p.95.

죽음 앞에서 느꼈던 죄의 용서 받음과 홍여사의 죽음이 헛되지 않게
하기 위해서는 살아가야 하는 자신인 것이다. 따라서 성호에게 있어서
죽음은 죄를 외면하거나 묻어버린 채 가는 것이 아니라 죽음 자체도
하나의 정화로 인식된다. 그가 얻은 깨달음은 자신을 숨기지 않는 일
이다. 진실을 밝히고 자신의 죄로부터 당당해져야 했던 것이다. 그것이
첫 번째로 해야 할 속죄의 길로 자신이 했던 사랑을 부인하지 않고 스
스로 인정하는 것이다.

> "순전히 피난민을 위한 봉사정신으루 거제도에 왔었느냐는 물음에두
> 그렇다구 하구, 정목사 사모님을 찾으러왔었느냐는 물음에도 그렇다구
> 하니, 대관절 어느쪽이 진실입네까?"
> "둘다 진실입니다."[26]

'그럼 나도 깨어져야지. 몇 조각이 나든 깨어져야지. 그리고 나서 어
떤 형태로든 다시 빚어져야지.'(p.297)라고 스스로에게 말을 하며 다짐
을 한다. 그 깨어짐은 다름 의미의 깨어짐이 아니라 내부와 외부에서
벌어지는 속죄의식이라 할 수 있다. 두 번째 속죄의 길은 사람들에게
자신의 죄를 밝히고 용서 받는 것이다. 우연히도 정목사와 홍여사 사
이에 있었던 아들 대식이가 어머니의 유품인 일기장을 발견하고 그것
을 폭로함으로써 세상 사람들에게 알려진다. 자신의 죄를 털어 놓음으
로 성호는 뭇사람들의 비난과 야유를 받으면서 목사직을 인정받지 못
하고 목자로서의 역할마저 파면 당하지만 비로소 영혼은 아무런 고통
도 가지지 않게 된다.
　세 번째 속죄의 길은 홍여사의 진실이 담긴 숨겨진 일기가 공개되면

26) 황순원, 앞의 책, p.293.

서 세상에 드러내기를 꺼려했던 자신의 비밀의 노출로 새로운 자기의 실체를 발견하고 그는 과거의 폭로 받게 될 세인들의 눈을 의식하기보다 자신과의 관계로 인해 홍여사가 치루었어야 했던 고통을 인식하고 깨어져서 다시 빚어지는 아픔이 있더라도 자기가 있어야 할 곳으로 돌아가 새로운 삶을 살며 실천하는 삶을 살아야 한다는 깨달음이다.

그에게서 진실의 밝혀짐은 부끄러움이 아니라 오히려 그동안의 허위와 비겁함을 벗고 진실한 자아로 깨어지는 아픔으로 뭇사람들의 비난의 돌팔매질을 정면으로 감당하는 진정한 속죄의 모습을 보여주고 있다.27)

> 판자촌 철거반이 들이닥친 것이다. 동네 어귀에 세워놓은 중형트럭에서 마이크는 동네 안쪽을 향해 연신 짐들을 갖고 나오라고 외치고 있고, 지렛대며 빠루며 망치를 든 10명의 철거반원들이 명령만 내리면 때려부술 태세로 버티고 서있는 반대쪽엔 일 나가지 않은 동네사람들이 우르르 몰려나와 이들과 대치하고 있었다. ……<중략>…… 윗사람을 만나게 해주시오! 주모자 나오너라! 만약 이대루 나가다 사태가 악화되면 이쪽 책임이 아니란 걸 명심하시오! 성호는 자기 혼자만이 아닌 동네사람 전체의 힘을 감지하면서 천천히 앞으로 걸어가 자진해서 트럭에 올랐다.28)

빈민촌에서 군고구마 장사를 하면서도 가난한 자들의 슬픔과 고통을 대변해 주는 성호의 모습은 다름 아닌 성인의 모습을 드러내기도 한다. 판자촌 주민들은 성호의 노력 덕분에 아무것도 없는 척박한 터전이지만 새로운 터전을 받게 된다. 그렇게 척박한 곳에 새로운 싹을 틔울 준비를 하는 성호의 모습은 '내 생활이 우습다는 거지? 여기서 뭣

---

27) 천이두, 「종합에의 의지」, 「황순원연구」, 문학과지성사, 2000, p.124.
28) 황순원, 앞의 책, p.405.

을 해야 할지 아직은 정하지 못했어. 온상은 안되겠구, 우선 내년 봄엔 이 부근에 돌다가며 도라지씨나 뿌리면 어떨까 싶어.'(p.407)라고 자신의 의지를 드러내며 참 사랑을 실천하려 한다. 아버지로부터 받을 수 있는 물질적 조건도 권력과 힘이 될 수 있는 목사라는 직함도 버리는 성호의 태도는 모든 것을 버리는 것이 아니라 물질적인 것이나 권력적인 것으로는 도저히 채울 수 없는 진실한 사랑의 삶을 채우는 것이다. 그러기에 성호는 계속된 어려움과 시련 가운데에서도 자신을 포기하지 않고 극복해 나가는 굳은 의지를 가진 인물이다.

3.2. 부정적 인간상의 현실타협

준태의 어린 시절 아버지는 가족과 가정에는 관심 없고 술과 여자를 빠져 지낸 인물이다. 어머니는 그런 삶을 비관하여 어린 준태를 데리고 자살을 시도하려한 적이 있는 부정적인 인물이다. 종국에는 어머니마저 떠나 버리고 준태는 아무것도 가지지 못하고 결여된 채 친척집에 맡겨지는 불우한 환경에 놓여 있었다. 중학교 시험에 합격하여도 입학금 미납으로 학교에서 쫓겨나 자살을 생각할 정도로 불행했던 과거의 기억으로 상처투성이의 인간이다. 인간관계의 불신감은 준태의 가난하고 불행했던 어린 시절의 어두운 기억에서 비롯된 것으로 보인다. 준태는 어렸을 적에 체험했던 죽음의 잠재의식과 열등감, 죄책감으로 성인이 된 후 누구와도 인간적인 교류를 단절한다.29)

사람이란 생각하는 바가 다르기 때문에 사람이 삶을 이해하기란 어려운 것이며 부모와 자식간이라 하더라도 궁극에 가서는 서로 관여할 수도 없고 관여되어서는 안 된다는 인간존재의 근원적 고독에 이르게 된다.

---

29) 한승옥, 「황순원장편소설연구」, 『한국현대장편소설연구』, 민음사, 1990, p.310.

'나는 과거 몇 차례나 참기 어려운 굴욕을 겪어왔다. 이제도 새로운 굴욕
이 내 앞에 도시라고 있다. 아니, 이미 나는 그 굴욕 속에 내던져져있다.
어떻게 해야 할 것인가. 그냥 당해라.'(p.67)라고 자신을 체념한다.

　　만의 일이라도 아내의 얼굴과 마주치게 된다면? 더구나 어떤 남자와
　팔이라도 끼고 걷고 있는 아내와 마주친다면? 좋지, 좋아, 되레 그런 아
　내와 한번 마주쳐보는 거라. 그걸로 아내와의 어떤 결말을 지을 수 있는
　계기가 만들어질 수도 있으니깐. 그러나 곧 그러한 수단을 거치기를 바라
　는 자기자신이 초라하게 느껴졌다.30)

　　준태에게 현재의 최대 고민은 아내 창애와의 부부관계다. 삶에 적극성
이 없고, 좌절만 있던 그에게 제자였던 창애는 준태에게 관심을 보였던
유일한 사람이다. 창애의 적극성에도 불구하고 준태는 냉소적이고 소극
적인 태도로 일관하여 부부생활을 이끌어간다. 준태는 창애와 결혼 생활
에 불화가 깊어지자 자신의 내면으로 파고들며 자신의 현실에 대해서 더
욱더 소극적인 태도를 보인다. '준태는 자기의 생활의 상실을 미연에 막
지 못한 데 대한 뉘우침 같은 걸 갖는 것도 아니었다. 어쩌면 모든 게 돼
나갈 대로 돼나간다고 생각하는 요즘의 그였'(p.85)던 것이다.

　　이 집마저 날아가버리거니 하면서도 이상하게 동요되지 않는 심정으
　로 준태는 아내에게 마음대로 하라고 끄덕인다. 보잘것없는 집이지만 결
　혼 전 오랜 동안 고생을 하여 얻은 단 한가지의 물적 보상물이다. 그렇다
　고 굳이 애착은 없었다.31)

30) 황순원, 앞의 책, p.53.
31) 같은 책, pp.83~84.

창애와의 부부생활을 지속할수록 그것은 사랑이 아니라 서로에게 상처가 된다. '상처란 말이 준태에게 새삼스럽게 걸렸다. 창애와 나도 분명 상처를 입고 있다. 피차가 입힌 상처.'(p.115)가 되고 있음을 깨닫는다. '그렇지 흉한 흠자국만 남기고 마는 상처이어선 안 된다. 썩고 흉한 상처에서 새살이 나오도록 해야 하는 거다. 그런데 창애와 나는?'(p.116)이라고 말하는 준태의 반문은 결코 새살이 돋아 나오지 않으리라고 스스로가 다짐하는 듯하다. '살과 살은 잘 합접이 되지만 꽃을 통한 교배는 안되죠. 마치 소와 말의 잡종이 없는 것과 같죠. 결국 창애와 나 사이는 나팔꽃과 고구마꽃의 관계 같은 거란 말인가.'(p.116)와 같은 준태의 사고의 기인은 불행했던 과거의 경험과 기억으로 사람과 사람 사이의 관계에서는 피차가 입힌 상처를 입고 있다는 비극적 인식이 깊게 자리 잡고 있기 때문이다. 결국 준태의 결혼 생활은 파경에 이르고 만다. 그가 맺어야 하는 모든 무미건조한 삶과 그로인한 불화는 준태에게 모든 것이 짐이며 시련으로밖에 다가오지 않는다. 정과 사랑으로 맺어진 인간관계 서로에게 상처만 되는 관계는 필요 없다.

그러나 준태에게도 또 사랑은 찾아온다. 준태가 우연히 만난 여성인 지연은 사려 깊고 인정 많은 여성이다. 준태는 그녀에게 이끌려 싫지 않은 감정을 느끼면서도 사랑이라는 감정을 억누르며 인간관계를 맺으려 하지 않는다. 처음 지연을 만나 하숙생활을 하는 듯한 담담함으로 시작해서 점점 서로에게 몰입하게 되는 자신들을 발견한다. 그들에게는 그들만이 통할 수 있는 언어와 공통된 자의식 공간이 있었기 때문이다. 준태와 지연의 만남은 말하자면 자의식이라는 이름의 병을 앓는 사람끼리의 상처라도 핥아주는 듯한 그러한 만남인 것이다.[32]

---

32) 천이두, 앞의 책, p.137.

이 갑작스런 변화는 인간의 의사와는 아무 상관도 없는 것이었다. 준태에게선 쓴웃음이 거둬지지 않았다. 지연이라면 이런 장면을 보고 뭐라고 할까. 인간의 의사 대신 우주를 운전하고 있는 신의 의사가 작용했다고 할까. 인간의 생명이란 이렇듯 허망하다는 걸 알리기 위한. 그래서 현세의 허망함과 내세의 영원함을 인간으로 하여금 깨닫게 하기 위한. 그러나 신이 있다면 그 자체가 허망한 것이 아니고 뭐냐고 준태는 생각했다. 자기의 모습 그대로인 허망한 인간을 만들어낸 신 자체가.[33]

준태는 아내 창애와는 달리 희생적인 사랑으로 접근해 오는 지연에게서 다른 여성에게서는 느끼지 못했던 친근감을 감지하게 된다. 그는 지연을 통해서 최초로 정착의 욕망을 느낀다. 비록 생명이라는 것이 허망한 결과의 하나이지만 준태가 말하고자 하는 것은 허망함에서 멈추자고 하는 것은 아닐 것이다. 강한 부정이 긍정을 낳듯이 준태의 그러한 모습은 생명에 강한 의지가 내면 밑에 도사리고 있음을 예견하게 해주는 부분이라고 할 수 있다.

나는 병자야. 지연이 눈으로 본 내 병은 한낱 표면에 지나지 않아. 병의 근원은 아주 깊숙이 자리잡고 있어서 설명이 안돼. 약이나 메스로 고칠 수 없는 병인 것만은 분명해. 이 병을 나는 얼마 전부터 외면해 왔어. 정확하게 말하면 지연일 생각하게 된 후부터 말야. 그런데 외면하면 할수록 병이 기승을 부리는군. 나는 병과 타협을 시도해봤지. 그건 괜한 시도였어. 종내 나는 병이 요구하는 대로 쫓기로 했어. 이건 내가 병한테 진 때문이 아니야. 실은 병의 근원을 심고 길러온 건 다름아닌 나 자신이었다는 걸 깨달은 때문이야. 앞으로도 이 병을 그대로 지니고 살아가야 할까봐. 날 무능력하고 비겁하다고 비난을 한 대도 할 수 없어. 날 내버려둬 줘.[34]

....

33) 황순원, 앞의 책, p.206~207.
34) 황순원, 앞의 책, p.420.

지연과의 합일점을 찾을 수 없다고 생각한 준태는 자신만의 벽으로 은거하기 위해 아무도 자신을 찾아 낼 수 없는 곳으로 숨는다. 외면하면 외면할수록 기승을 부리는 병의 근원을 길러온 것은 바로 자신이었다. 병을 거부 하지 않는 있는 그대로의 자신을 받아들이기로 한다. 그러나 그러한 각에도 불구하고 준태는 살아 있어도 살아 있는 사람이 아닌 것이다. 준태의 죽음은 예견된다. '당신이 산 사람이라우? 송장이지, 송장! 여인이 제물에 흥분하여 씨근거리면서 내뱉듯이 주절거렸다.'(p.441) 살아 있는 사람의 기운은 이미 다 사라지고 없게 된다. 스스로 자초한 것처럼 그는 타인뿐만 아니라 자기 자신마저도 외면하고 버린 것이다. '사람이란 죽기 위해 결심을 해선 안되구 살기 위해 죽을 결심을 하구 살아나가야 한다는 말을 대학 어느 교수한테 들은 게 생각납니다마는, 죽기 위해 죽을 결심을 하구 그걸 실천하다는 것두 쉬운 일이 아니드'(p.180)시.

　　울구 있군, 그래, 지연이. 울지 말어. 늦지 않았어. 꼭 제때에 와주었어. 다시는 우리가 떨어지지 않을 거야. 떨어지지 않구 말구. 충족한 행복감이 준태의 전신을 적셨다. 그러자 숨이 답답해지면서 기침이 솟았다. 오래 연속되지는 않았다. 대신 가슴이 뻐개져왔다. 조금 가라앉았는가 하다가 더 심해지곤 했다. 새액새액 숨소리가 약해지면서 간격을 벌려갔다. 준태는 버럭 소리를 질렀다. 가자, 이제 가자!35)

지연의 사랑은 무조건적인 헌신과 희생을 전제로 한 것으로 이해관계를 떠난 사랑이다. 준태는 이러한 초월적인 사랑의 의지로 다가오는 지연을 통해 현실에 뿌리내리고 싶은 충동을 느낀다.36) 지연은 준태의

---

35) 황순원, 위의 책, p.446.
36) 고은숙,『황순원 장편소설의 갈등 양상 연구』, 청주대 대학원 석사논문, 1991, p.19.

소식을 기다리다 못해 찾아 나선다. '진작 갔어야 할 건데, 진작'(p.445)
준태의 비극적인 죽음의 결과는 지연과의 합일을 갈망하면서도 자아
가 내적자기에 일치시킬 수 없었던 데서 기인하는 것이[37]라고 할 수
있다. 준태는 지연의 애정을 확인하고 손을 잡으려는 찰나 영원히 돌
아올 수 없는 길을 떠난다. 천식병의 기침은 치열하게 준태를 괴롭히
며 혼자 쓸쓸하게 죽어간다. 준태의 비극적인 결말은 지연과의 새로운
사랑이 찾아 왔음에도 불구하고 유년시절부터 시작된 인간관계에 대
한 상처가 너무 컸기에 현실적으로 받아들이지 못하는 부정적 자신이
있기 때문이다.

4 개인의 현실인식과 삶의 모색 – 『神들의 주사위』

『神들의 주사위』는 농촌의 지주 집안의 3대에 거친 삶을 통하여 도
시화의 진행에 따라 해체되어 가는 전통적인 농촌 가정의 현실을 세밀
하게 담아내고 있다. 한국의 전형적인 농촌의 한 중산층 가족을 중심
으로 이야기하면서 70년대에 진행되고 있었던 갖가지 사회적, 경제적,
문화적, 풍속의 변화를 드러냄으로써 이 시대의 인간과 사회가 경험하
면서 괴로워하는 문제들을 거시적인 전망과 미시적인 접근으로 다루
고 있는 작품이다. 이 작품은 가족사소설, 세태소설, 교양소설, 연애소
설, 상징소설 등의 여러 가지 성격을 복합적으로 가지고 있으며 그런

---

37) 서경희, 「황순원소설연구」, 『한어문학연구』제 5집, 전북대어문학연구, 1985,
   p.43.

여러 가지 성격들은 각기 분산되어 있는 것이 아니라 서로 긴밀히 연관되면서 하나의 총체성을 형성해 나가고 있다.[38]

이 작품은 한수 집안의 가족사적인 성질을 띤다. 전통적인 가정이 새로운 문물과 가치관에 부딪치면서 변화할 수밖에 없는 운명을 비극적으로 체험하게 되는 것을 보여준다. 전답과 가옥을 남보다 많이 소유하고 있으면서 그 세를 받아 부를 누리고 있는 할아버지 두식영감, 할아버지의 강한 권한 행사로 한번도 자기주장을 내세우지 못한 한영 아버지, 할아버지로부터 가계의 후계자로 지목을 받고 집안사람을 맡고 있는 형 한영, 집안에서 출세할 수 잇는 인물로서 기대의 대상이 되어 사법고시 준비를 하고 있는 한수 등 삼대가 빚어내는 개인적, 가정적 갈등이 그것이다.[39]

주인공 격이라 할 수 있는 인물 한수의 관점에서 흐름을 살펴보자면 한수는 서울로 유학하여 사법고시 1차에 합격한 지식인이다. 한수는 어려서부터 할아버지 두식영감의 기대를 한 몸에 받고 가족들과 떨어져 지내는 생활을 하였다. 그가 고향에 내려와 가족들의 일원으로 들어서면서 그동안 자신이 알지 못했던 가족간의 오해와 갈등의 문제에 직면하게 된다. 자신에게는 언제나 너그러웠던 할아버지 두식영감이 아버지나 형 한영에게는 너무도 계산적이며 권위적으로 굴림하고 있다는 것을 깨달은 것이다. 특히 자기 대신 할아버지에게 선택받아 서울 유학을 했어도 되었을 법한 형이 할아버지에게 짓눌려 있는 모습에서 남다른 애틋함과 형에 대한 미안함의 죄의식을 갖게 된다. 할아버지의 억압 때문에 한 번도 주체적으로 무엇인가를 할 수 없었던 형 한영이 아버지에게 새장가를 보내는 결정을 내리고 할아버지 대신 관리

---

38) 천이두, 「한국문학과 한」, 이우출판사, 1985, p.218.
39) 김인숙, 『황순원 장편소설 연구』, 연세대 교육대학원 석사논문, 1995, p.43.

해온 월세 받은 돈을 스스로 쓰는 과정에서 벌어지는 문제를 통하여 한수는 적극적으로 가족구성원의 모습을 보인다. 결국 할아버지가 있는 한 자신이 선택할 수 있는 일이란 자살밖에 없었던 형을 이해하고, 한수 자신도 할아버지의 기대 속에서 무의미하게 무의식적으로 살아온 자신을 깨닫고 앞으로 자신 스스로 해결해야 할 현실 문제를 긍정적으로 모색해 나간다. 그것은 연애라는 개인사를 통하여 드러난다. 서울에서 알고 지내는 미망인 세미와 고향에서 알게 된 교사 진희와의 사이에서 삼각관계의 갈등을 해결하는 과정을 통하여 진정한 자아를 발견하고 새롭게 현실을 인식하게 된다.

4.1. 가족구성원으로의 현실인식

한수는 가족구성원으로 적극적으로 가족의 역할을 하기보다는 할아버지 두식영감의 기대의 대상이다. 개인이 가족의 일원으로 흡수되기 위한 갈등은 쉽사리 해소되지 않는다. 한수는 자신의 의지가 무엇인지 깨닫지 못하는 사이에 할아버지에 의해 길러지고 있는 것이다. 한수는 할아버지로부터 출세의 기대를 받고 있기 때문에 개인적으로는 자유로우면서도 그 자유가 고시공부를 전제로 한 것임을 알고 있다.40)

고향집에서의 생활은 학업에 대한 피로를 풀고 다음에 있을 고시 2차를 준비하기 위한 재충전의 시간을 갖고자 함이다. 그러나 한수는 그동안 가족구성으로 단절되었던 것이 형의 이상한 행동을 통하여 비로소 가족에게 관심을 기울이게 되는 계기를 마련한다.

---

40) 김치수, 「소설의 조직성」, 『황순원 전집 10』, 문학과지성사, 1989, p.309.

사랑방에는 한수가 책상 앞에 앉아 망연해있었다. 오래간만에 집에 돌아와 보름쯤 되는 동안 두 번째로 형의 관계없다아, 하는 고함소리를 듣는 것이다. 망연히 앉아 있는 그의 눈앞에 시커먼 바다가 펼쳐졌다. 그 바다가 잠시도 쉬지 않고 출렁댔다. 출렁대는 시커먼 물두렁 위로 희끗희끗 물머리가 드러났다가는 사라지곤했다.[41]

한수의 눈앞에는 또다시 검은 바다가 펼쳐졌다. 쉬지 않고 출렁이는 시커먼 물두렁 위로 희끗희끗 드러나는 물머리. 곧 시커먼 물두렁에 먹히어버릴 것만 같은 물머리.[42]

'관계없다아'를 외치는 형의 행동에서 '시커먼 바다'[43] 위에 놓인 자신이나 형의 모습을 발견하는 동시에 '희끗희끗 물머리'를 하고 있는 할아버지의 모습을 읽어 낸다. 형 한영과 할아버지 두식영감 사이에 '출렁대는' 깊은 갈등의 고랑이 있음을 예감한다. 그러나 그것이 정확히 어떤 것인지는 오랜 외지 생활을 한 한수로서는 알 수가 없다. 어렴풋이 짐작만을 하는 것이다. 가족과 떨어져 지내면서 가졌던 가족구성원으로써의 소외는 한수 자신이 가족에 대한 관심을 기울이면서 옅어지게 된다. '대체 형은 왜 그러는 것일까?'(p.38), '우리 형이 요즘 왜 그

---

41) 황순원, 앞의 책, p.13.
42) 같은 책, pp.40~41.
43) 한수에게 앞에 드리워졌던 '시커먼 바다'의 환시는 결국 기억할 수 없는 할아버지의 존재이자 할아버지를 통해 제시되고 있는 세계와 운명의 개인에 대한 가해적 양상이라 할 수 있다. 한수의 눈에 보이는 '시커먼 바다'는 작품 전반에 걸쳐 나타나며 심리적 갈등이 심화될 때만다 그의 심리를 구속하는 매개로 작용한다. 결국 한수의 방황의원인은 직접적으로 형 한영과 할아버지 두식영감 사이의 갈등이며 이러한 서사구조는 가족사적 성격을 띠는 것이다. -최성호, 『황순원 소설의 자기부정성 연구』, 경성대 교육대학원 석사학위 논문, 2001, p.30.

러는진 몰라두 자신이 없어서 그러는 건 아냐. 난 그걸 알어. 오래 떨어져 살았지만 그것만은 알 수 있어. 느낌으루(p.47)'처럼 그가 속해 있는 곳의 현실을 조금씩 인식하게 된다.

> "한마디루 말해서 자기에게 주어진 여건을 우선 파괴하려드는 놈은 용기있는 놈이구, 자기에게 주어진 여건에 그냥 안주하려드는 놈은 용기없는 놈이 되는 겁니다."
> "간단하군. 그래 너는 어느쪽야?" 한수가 말했다.
> "그야 용기있는 놈 쪽이지."
> "그럼 난 자진해서 용기없는 놈 축에 들어가야겠군."[44]

한수와 그의 친구 병배의 대화 속에서 한수는 스스로가 자신이 용기없는 축에 드는 자로 주어진 여건을 그저 수긍하고 아무거리낌 없이 받아들이는 사람에 지나지 않고 있다는 것을 밝힌다. 할아버지의 기대를 아무런 의심 없이 그렇게만 살아가는 것이 자신이 자발적으로 하고 있는 일인냥 받아드리고 살아온 한수이다.

> 그러다 한수는 퍼뜩 자기네 가족들 생각에 붙들린다. 할아버지와 우리. 이 상태대로 놔둬도 좋은가. 한수는 크게 머리를 흔들었다. 뭔가 달라져야 해. 그는 내뱉듯,
> "아뇨! 어른들 사정 볼 것 없이 발에 꼭 맞는 신발을 사달라구 떼를 써야 해요! 바보같은 놈!"
> 한수의 격한 소리에 진희는 멈칫 바라본다. 한수는 자기 안으로 침잠해 들어가듯 깊은 눈을 먼 곳에 주고 있다. 아까 이곳으로 오는 버스 안에서도 한수는 이런 갑작스런 변화를 보였다.[45]

....
44) 황순원, 앞의 책, p.97.
45) 같은 책, p.171.

한수는 진희와의 만남을 통해서 마음의 변화를 가져온다. 무엇인가를 결정내려야 하는 때를 인식하게 된 것이다. 자신이 가족 구성으로 '자기가 가구 싶은 길루 가게 해야죠. 자기가 가야 할 길은 자기가 젤 잘 알구 있을 테니까요.' 자기 뜻에 따라 하는 것이 무엇인지를 깨달아가는 과정이다. '집안 앞일에 대한 걱정들이 오가고 있'(p.184)는 상태에 놓인다.

> 가업을 이을 놈이 공부는 많이 해서 뭐하느냐고 하고 싶은 공부도 못하게 된 형. 그리고 집안 꾸려가는 법 가르쳐 재산관리 맡기겠다는 게 고작 지금까지 셋돈이나 거둬들이는 심부름에 그치고 있다. 그 속에서 한수 자기만이 태평한 입장으로 비켜서 있는 것이다. 게다가 그런 형에게 자기는 누차 용돈을 부탁해서 쓰곤 했다. 형의 위신을 생각해서 한 것이라고는 하나 결과적으로 형을 궁지에 몰리게 한 것밖에 더 되지 않지 않은가. 그럴 수는 없다. 우선 내일 할아버지를 찾아가 형에 대한 일을 건의하고 저간의 일도 여쭙자. 그렇게 해서 어떤 돌파구를 찾아보자.[46]

그리하여 한편으로는 한영을 이해하고 그의 독립을 지원하고자 하고 다른 한편으로는 개인적 삶의 내적인 방황을 체험하게 된다.[47] 이런 한수의 마음의 변화는 할아버지 두식영감을 찾아가 형에게 실권을 넘겨주고 형의 분가를 인정하라고 말할 수 있는 용기를 갖게 된다. 다음 날 한수가 할아버지께 찾아가 그간의 마음에 품고 있던 형을 자신 스스로 살 수 있게 해달라고 요구하지만, 두식영감은 쉽사리 모든 것을 놓아주지 않는다. 그것은 자신이 가지고 있는 권위의식과 실권을 넘김으로 자신의 위치를 잃게 될 것 같은 내면이 작용한 것이다. 따라

---

46) 황순원, 앞의 책, pp.185~186.
47) 김치수, 「소설의 조직성」, 『황순원 전집 10』, 문학과지성사, 1989, p.309.

서 두식영감의 행동은 가족구성원을 대하는 방식이었던 것이다. '형이 그토록 못 믿기우시면 최소한 형이 하고 싶어 하는 일이라두 하게끔 해주십시오. 그렇잖구 이대루 나가다간 어쩌면 형을 폐인으루 만들지두 모릅니다'(p.192) 라고 모습으로 할아버지와 맞서는 한수의 모습을 발견하게 된다. 자신과 할아버지 사이에 놓인 관계에 있어서도 당당해지겠다는 암시이자 자신이 처해 있는 현실을 피하거나 '용기없는' 모습으로 수긍하는 것이 아닌 현실에 맞섬과 동일한 맥락을 가진다. 한수는 형 한영에게 짊어져 있는 돈 문제 자신이 나서서 해결하고자 한다. 그것이 형과 동생이라는 가족관계에서 형에게 처음으로 도움을 줄 수 있는 일이라 판단하게 된 것이다. '집에 돌아오니 아직 형은 들어와 있지 않았다. 종이쪽지에 형한테 몇자 적었다.《채용금은 걱정 마세요. 서울 집 처분하겠어요. 계약금 받는 대로 곧 돌아오겠습니다.》' 한수의 내면의 변화는 곧바로 행동으로 나온다. 그러나 한수의 노력에도 불구하고 형은 자살을 하고 만다. 형 한영의 자살은 동생의 또 다른 짐이 되고 싶지 않은 것이고, 할아버지 두식영감에 대한 유일한 자신의 의사 표시였던 것이다. 자신의 삶과 죽음을 선택함으로 한영은 모든 게 다 '괜찮다아'가 되어버린다. 한수는 형의 행동에서 자신이 그동안 갈등하던 현실의 문제를 '이제부터 전 할아버님 뒷바라지를 안 받겠습니다. 아직 구체적인 계획은 없습니다만 어떻게든 혼잣힘'(p.297)으로 나아가보겠다 선언하며 자신이 찾아할 길을 나서려 한다. 이제까지 가족구성원으로 제 역할을 하지 못하던 자신이 진정한 구성원이 되려는 각오일 것이다.

4.2. 남녀간의 애정을 통한 자아발견

『神들의 주사위』가 삼대가 빚어내는 개인적, 가정적 갈등의 문제와
같은 질량만큼이나 이 소설은 한수라는 한 개인의 삶, 사랑, 우정 등을
다루고 있다.48) 가족 중 가장 높은 지적수준을 가진 한수는 가정문제
에 대해서 갈등하면서도 진희와 세미라는 두 여인 사이에서 방황한다.
수동적이며 소심했던 한수가 사랑에 실패한 경험이 있는 세미와, 친구
인 중섭과 어느 정도 교제가 오고가는 진희에게 능동적이며 열정적인
관심을 갖는다. 현실의 능동적인 접근은 자기실현이다. 한수의 자기실
현의 과제는 가정과 애정의 갈등에 있다. 할아버지의 독선과 부딪쳐
나가야 하는 한수는 두 여인에 대한 태도를 구체화시킬 필요를 느낀
다.49) 개인의 삶이 내적인 방황은 사랑의 문제로 상치된다.

> "하긴 <NATO사나이>라는 게 있긴 하지. NATO라구 해서 뭐 북대서
> 양조약기구 어쩌구가 아니구 미국 젊은치들의 은어데 no action, talk
> only의 약자야. 즉 사설만 늘어놓구 행동력이 전혀 없는 남자를 두구 하
> 는 말이지. 여기의 행동력이 뭘을 뜻하는지 알겠지? 그런 의미에서 이건
> 내게 해당되는 말이야. 난 여자에 대해서 전혀 행동력을 못 가지고 있거
> 든. 근데 니놈은 그 방면에선 용기있는 놈이지. 사실 니놈의 여자에 대한
> 행동력은 보통이 아니뭐야. 민선생, 안 그렇습니까?"50)

자신이 결정지을 수 있는 일은 유일한 가족구원으로 자신 스스로가
만들어낸 사법고시생이 아니라 언제든 마음으로 결정지을 수 있는 연

48) 김인숙, 『황순원 장편소설 연구』, 연세대 교육대학원 석사논문, 1995, p.43.
49) 윤성엽, 『황순원 장편소설 연구』, 성균관대 교육대학원, 1999, pp.54~55.
50) 황순원, 앞의 책, p.98.

애는 자신이 결정 내릴 수 있는 범위에 있는 것이다.

> "주말에 만날 수 있을까요? 군청이 있는 거리루 멀리 나가요."
> 희미한 불빛 속에서 진희가 머리를 까딱했다.
> "토요일 오후 세시 고향다방으로요." 한수가 다지듯 말했다.51)

한수는 서울에서 알게 된 세련되고 개방적인 성격의 세미와 고향에 내려와서 친구인 중섭을 통해 알게 된 진희 사이에서 방황한다. 세미는 한번 결혼했으나, 남편이 교통사고로 죽은 아픔이 있는 여자이고 진희는 중섭과 같은 학교에 근무하는 교사이다. 한수는 두 여자 모두에게 애정을 느끼지만 그녀들에게 안착하지 못한다.

> "역시 안되겠어. 두려워." 세미가 조그맣게 말했다. "거기를 실망시킬 거야 종당엔. 그래서 밤을 피하려구 했었어."
> "뭘 그렇게 심각하게 생각하지? 애정 표시의 한 부분일 뿐이야. 마음으로 받아들이면 그만이야."52)

한수는 애정문제에 대해서는 솔직하고 진취적이라는 것을 확인 할 수 있는 대목이다. 새로 알게 된 교사 진희에 대한 호감을 가감 없이 표현하고 있다. 세미에 대한 성적 욕망도 있는 그대로 표현하고 있다. 자신감에 찬 목소리로 말하고 있다. 마치 자신에게 다짐을 하는 것과 같은 모양이다. 그러나 자신도 자신이 가야 할 곳이 어느 곳인지는 모르고 있다. 교사 진희의 곁인지 미망인 세미 곁인지. '한수는 거뜬히 수많은 차량의 헤드라이트 사이를 지나쳐 건너편에 도달할 수 있었다.

---

51) 같은 책, p.141.
52) 황순원, 앞의 책, p.149.

그런데 자기가 찾고 있는 목적지가 생각나지 않'(p.153)고 있는 것이다. '도달할 종착점이란 없는 거 아니겠소? 도달한 종착점 또한 하나의 과정에 지나지않는 게 돼버리니깐 ……＜중략＞…… 허지만 이 과정이 인간만이 누릴 수 있는 특권인지 모르지. 과정 속에서 울구 웃구 넘어지구 일어나구 하면서 말이요. 문제는 어떻게 울구 어떻게 일어나는가가 중요하겠지.'(p.231)라고 말하며 문제는 결론이 아니라 어떻게 그 과정을 인식하고 받아들여 해결해 나가느냐에 달려 있다고 인식한다.

> 갈등. 두 진실 사이에서의 이 갈등을 어쩔 것인가. 한수는 때없이 생각에 잠기곤 했다. 이 갈등이 두 여자에겐 다같이 불성실과 독선으로 보일 밖에 없을 것이다. 그때 그때 자기의 갈등을 그대로 내보인 정직함에 조금은 구원받는 심정이 되기도 했으나, 그 정직의 내세움도 결국 일시적 자기 합리화였을 뿐 자기는 어느 쪽에도 순수하지도 정직하지도 않았던 게 아닐까.53)

한수는 두 여자를 떠나는 건 생활의 빛깔을 잃어버리는 것이 된다고 느끼면서 세미와 진희 사이에서 방황한다. 결국 한수는 두 여인으로부터 떠나면서 자기 앞에 부딪친 시련과 다시 맞선다. '마침내 한수는 두 여자에 대한 갈등에 결정을 내렸다. 자기는 두 여자 모두에게서 떠나야 한다는 결정을'(p.306)내리면서, 한수는 스스로의 현실을 인정하고 깨닫는다. 이것은 한수의 '전체로서의 조화'를 이루어 가는 자기실현의54) 과정을 의미한다. 그것은 과부인 세미와 젊은 진희 사이에서의 사랑의 방황에 종지부를 찍고 모두를 떠남으로써 고시 공부에 전념하고자 하는 결심으로 나타난다.55)

....

53) 황순원, 앞의 책, p.305.
54) 윤성엽,『황순원 장편소설 연구』, 성균관대 교육대학원 석사논문, 1999, p.55.

　　대체 인간생활에서 조화란 무언가. 조화란 타협으로 이루어지는 건가, 양보로 이루어지는 건가. 그런 조화도 가능하리라. 그러나 진정한 조화란 참된 대결에서 찾아지는 균형이어야 하지 않을까. 이 조화의 획득을 위해 인간은 부단히 눈에 뵈지 않는 눈물이나 피를 흘리리라.56)

　　한수의 방황은 어떻게 하면 할아버지의 고집을 꺾어 무너지고 있는 가정을 올바로 세울 것인가라는 가정사의 갈등과 두 여인과의 관계에 있어서 어떤 매듭을 지어야 하는가라는 애정의 갈등에 있다. 할아버지에 대한 갈등이 형 한영의 죽음과 함께 일단락되듯이 두 여자 사이에서의 방황이 결국 오토바이사고를 유발시키는 간접적인 원인이 되어 진희가 죽는 결과로 일단락을 맺는다.

　　한수는 병원에서 큰 교훈을 얻는다. 한수는 자신이 의도하지 않은 집안의 몰락과 사랑하는 여인 진희의 희생과 세미의 지극한 보살핌 속에서 재기할 수 있는 희망을 갖게 된다. 그것은 진희에게서 목격한 죽음도 두렵지 않게 만든 한 남자에 대한 사랑과, 자기가 사랑하는 한수에 대한 극진한 간호와 한수의 의식 회복이라는 성과는 앞으로 방황하되 중심을 잃지 않을 수 있는 자신감을 갖게 해주었다. 여러 날의 죽음의 밤과 진희의 죽음, 세미와의 담담한 마지막 헤어짐을 겪은 한수도 자기 회복의 단계에 들어선57)것이다. 회복단계에 이르는 한 개인의 삶은 작가가 관심을 기울여 온 남녀간의 사랑을 통한 인간 내면의 치유 그것을 말하고 있다.

....
55) 김치수, 「소설의 조직성」, 『神들의 주사위』, 1982, p.412.
56) 황순원, 위의 책, p.329.
57) 이보영 편, 『한국 대표 명작·황순원』, (주)지학사, 1985, p.259.

4 정리

본고에서 주목한 것은 단편소설의 미학적 완성에도 불구하고 각각 흩어져 독립된 이야기들이 장편소설에 이르러서 더 집요하고 구체적으로 나타난 서사를 통하여 황순원 작품세계를 보다 깊이 이해하는 동시에 그의 소설이 우리의 현실 문제 구현과정이라는 것을 깨닫는 것이다. 황순원은 자기실현의 무의식적 의지에 기반을 두고 인간의 근원적인 존재에 대한 탐색과 그로 인한 고독과 갈등으로 정착하지 못하고 방황하는 인간 내면의 문제를 다루고 있다. 따라서 자아에 대한 끝없는 탐색과 방황으로 점철될 수 있는데 결국 황순원이 우리에게 전달하고 싶은 주제의식은 탐색과 방황으로 끝나는 것이 삶이 아니라 문제해결을 모색해 가는 과정에서 새로운 희망을 품고 새로운 사랑을 싹틔워야 하는 그것이 인간이 삶을 살아가는 대처 방식이라고 말하고 있는 것이다.

『日月』에서는 '인철'의 삶을 통해 신분근원을 찾는 주체적 자아가 내면변화를 통해 진정한 자아를 발견해 가는 과정을 그리고 있다. 봉건적 잔재가 남아 있던 지난 날 백정이라는 천민계층 사람들이 겪어야 하는 정신적・심리적 고통과 갈등의 모습을 보여주면서 그 극복과 좌절의 모습을 다뤘으며,『움직이는 城』에서는 빠르게 변화하는 시대의 흐름 속에 젊은이들의 방황과 고뇌의 삶을 드러낸다. 작가는 희망의 싹을 품고 따뜻한 삶을 살아가고자 하는 '성호'와 가난한 유년시절을 보낸 '준태'의 비극적인 삶을 통하여 인간존재의 가치추구는 어떻게 이뤄져야 하는지에 대한 물음을 던지고 있다. 현실을 긍정적으로 혹은 부정적으로 인식하는 인간상인 '성호'와 '준태'를 전면에 내세우고 그 해답을 찾고자 하였다. 마지막으로『神들의 주사위』에서는 '한수'를 중심으로 가족과 동떨어져 지내온 한 개인이 가족 구성원으로 흡수되어가는 과정 속에서 현실을 어떻게 인식하는지와, 개인적인 갈등이 애정사를 통하여 새로운 삶으로 모색되는 과정을 그리고 있다.

이상으로 『日月』, 『움직이는 城』, 『神들의 주사위』를 주요 인물 중심으로 황순원의 작품 세계를 살펴보았다. 그 결과 황순원은 인간 근원적인 문제를 다루며 희망과 사랑의 메시지를 전달하고 있음을 알 수 있었다. 그러나 앞으로도 황순원의 작품을 다양한 각도에서 해석하고 총체적인 의미 분석이 필요하다. 작품 속에 등장하는 주요 인물만을 살펴보았기에 인물들이 종합적으로 분석되지 못함은 이 글의 한계점이다. 이러한 한계는 앞으로의 과제로 남겨 둔다.

참고문헌

황순원(1983), 『日月』, 문학과지성사.
_____(1980), 『움직이는 城』, 문학과지성사.
_____(1982), 『神들의 주사위』 문학과지성사.

고은숙(1991), 『황순원 장편소설의 갈등양상 연구』, 청주대 대학원 석사논문.
김병익(2000), 「순수문학과 그 역사성」, 『황순원연구』, 문학과지성사.
김인숙(1995), 『황순원 장편소설 연구』, 연세대 교육대학원 석사논문.
김치수(1966), 「외로움과 그 극복의 문제」, 『문학』, 1권 8호.
_____(1982), 「소설의 조직성」, 『神들의 주사위』, 문학과지성사.
김 현(1985), 「계단만으로 된 집」, 『말과 삶과 自由』, 문학과지성사.
서경희(1985), 「황순원소설연구」, 『한어문학연구』 제5집, 전북대어문학연구.
성민엽(1983), 「존재론적 고독의 성찰」, 『日月』, 문학과지성사.
송현호(2000), 『황순원』, 건국대학교출판부.
유재화(2004), 『황순원 소설의 인물 유형 연구 : 『나무들 비탈에 서다』, 『日
月』, 『움직이는 城』을 중심으로』, 원광대 대학원 석사논문.
윤성엽(1999), 『황순원 장편소설 연구』, 성균관대 교육대학원 석사논문.
이보영 편(1985), 『한국 대표 명작 · 황순원』, (주)지학사.
이재은(2007), 『나무들 비탈에 서다』와 『움직이는 城』의 작중인물 상관성 연
구』, 경희대 대학원 석사논문.
이희숙(1993), 『황순원 장편소설 연구』, 숙명여대 교육대학원 석사논문.
천이두(1978), 「한국적 미학과 현대적 윤리」, 『한국현대문학전집 15권』, 삼성
출판사.
_____(1985), 「한국문학과 한」, 이우출판사.
_____(2000), 「종합에의 의지」, 『황순원연구』.
최성호(2001), 『황순원 소설의 자기부정성 연구』, 경성대 교육대학원 석사
논문.
한승옥(1990), 「황순원장편소설연구」, 『한국현대장편소설연구』, 민음사.

▌찾아보기 ▌

ㅅ

ㅇ

저자

박덕유   인하대학교 국어교육과 교수
강미영   인하대학교 국어교육과 강사
유성원   인천 학익여자고등학교 교사
김은혜   인하대학교 강사
김영이   인천 전자공업고등학교 교사
강근원   인천 외국어교등학교 교사
김영주   인천 관교중학교 교사
경은정   인하대학교 언어교육원 한국어 강사
김정자   가온테팔림 아카데미 교사

국어교육의 전략과 탐색

초판인쇄   2010년 11월 22일
초판발행   2010년 11월 30일

저 자   박덕유 외
발 행 인   윤석현
발 행 처   도서출판 박문사
책임편집   김진화
등록번호   제2009-11호

우편주소   132-702 서울시 도봉구 창동 624-1 현대홈시티 102-1206
대표전화   (02)992-3253
전 송   (02)991-1285
전자우편   bakmunsa@hanmail.net
홈페이지   www.jncbms.co.kr

ISBN 978-89-94024-48-6 93710   정가 15,000원